外语教育探索与研究

（第二辑）

主编　牛忠光　杨惠芳

Exploration and Research on Foreign Language Education

WUHAN UNIVERSITY PRESS
武汉大学出版社

图书在版编目(CIP)数据

外语教育探索与研究.第二辑/牛忠光,杨惠芳主编.—武汉：武汉大学出版社,2020.12

ISBN 978-7-307-22014-0

Ⅰ.外… Ⅱ.①牛… ②杨… Ⅲ.英语—教学研究—高等学校 Ⅳ.H319.3

中国版本图书馆 CIP 数据核字(2020)第 248903 号

责任编辑:李晶晶　　责任校对:李孟潇　　版式设计:马　佳

出版发行：**武汉大学出版社**　(430072　武昌　珞珈山)

(电子邮箱：cbs22@ whu.edu.cn　网址：www.wdp. com.cn)

印刷:武汉邮科印务有限公司

开本:720×1000　1/16　印张:18.25　字数:261 千字　插页:1

版次:2020 年 12 月第 1 版　2020 年 12 月第 1 次印刷

ISBN 978-7-307-22014-0　定价:52.00 元

前　言

习近平总书记指出：党和国家事业发展对高等教育的需要比以往任何时候都更加迫切，对科学知识和卓越人才的渴求比以往任何时候都更加强烈。在当前新形势下，从高等教育强基固本着眼，必须坚持把立德树人作为根本任务，强化“以本为本”，推进“四个回归”，切实把本科教育放在人才培养的核心地位、教育教学的基础地位、新时代教育发展的前沿地位加快予以推进。近年来，江汉大学外国语学院认真贯彻落实全国教育大会精神，按照教育部关于高等教育工作的部署，积极建设高水平本科教育，全面提高人才培养能力，努力造就堪当民族复兴大任的时代新人，不断取得了新进展。

为切实提高本科教育质量，江汉大学外国语学院适应当前外语教育教学改革新形势，扎实推进教育教学的思想创新、理念创新、方法创新、手段创新和模式创新，着力提高英语、日语、法语、翻译等专业建设水平和大学外语建设水平，成效明显。广大教师立足教育教学本职工作，跟紧学校、学院加快推进“双一流”建设的步伐，紧紧围绕学校、学院的发展战略和人才培养目标，准确把握学院发展的新机遇和新要求，积极投入本科教学质量提升工程、大学外语课程建设工程、科学研究水平提升工程、人才队伍建设工程、优秀文化传承与创新工程的推进实施之中，丰富外语教学实践，开展教学理论研究，加强外语科研工作，不断续写教育教学和科学研究的新篇章。《外语教育探索与研究》的系列成果，就是江汉大学外国语学院教师扎实推进教科研工作的一个生动缩影。

《外语教育探索与研究》分为外语课程思政研究、线下线上教学探索、文学与语言学研究、翻译与社会文化研究、基础英语教育研究五部分，是教师们来自于教学第一线的感悟和思考，凝聚着他们的真知灼见。外语课程思政研究共7篇，主要探讨课程思政在英语教学中实现的途径与方法等。线上线下教学共11篇，内容涉及线上教学的现状、存在问题及对策，法语课堂BOPPPS教学模式的探讨，日语阅读课程改革实践与反思、英语专业八级阅读理解中的词串研究等多个方向。文学与语言学研究共5篇，以电影或美剧为研究对象，从不同角度对文学作品进行了评析。另外还有一篇是关于中国文学地理学批评的文章。翻译与社会文化研究共8篇，对机器翻译、时事政治文本翻译、纺织英语语言特征及其汉译、语境中的标题翻译、中日文化差异等进行了研究。基础英语教育研究公共6篇，从不同角度探讨了初高中英语教学实践中面临的具体问题和对策，以期提高基础英语教学质量。以上五大领域的研究，从不同视角探讨了外语教学中存在的问题，进一步丰富了外语教学的理论成果，反映了一线教师在外语教学方面的探索和进步。

外语教育教学和科研工作永远在路上，《外语教育探索与研究》的系列成果只是江汉大学外国语学院积极建设高水平本科教育的一个初步总结。我们将在此基础上继续探索与思考，力争每一阶段都有新成果，取得新进步。

目　　录

一、外语课程思政研究

我国高校英语类课程教学中的思政教育融入探析

牛忠光

（江汉大学外国语学院　湖北武汉　430056）

引言

2016年12月7日至8日，习近平总书记在出席全国高校思想政治工作会议时指出，要坚持把立德树人作为中心环节，把思想政治工作贯穿教育教学全过程。他指出，在教育教学过程中，要用好课堂教学这个主渠道，思想政治理论课要坚持在改进中加强，提升思想政治教育亲和力和针对性，满足学生成长发展需求和期待，其他各门课程都要守好一段渠、种好责任田，使各类课程与思想政治理论课同向同行，形成协同效应。

在学习和落实这一重要讲话精神过程中，国内高等教育界针对当前和今后教学中思想政治教育的两个主方向，即传统的思想政治理论课如何“因事而化，因时而进，因势而新”，以及其他课程如何与思想政治课形成协同效应，展开了较为广泛的研究和讨论。在中国知网，我们仅以“课程思政”为关键词在篇名中进行精确查找，截至2020年6月5日国内各学科领域学者共发表论文4011篇，其中硕士学位论文10篇(包括高校英语课程思政论文2篇，中学英语课程思政论文1篇)。与学界的广泛研究和讨论相呼应，教育部在 2020 年 5 月 28 日印发了《高等学校课程思政建设指导纲要》，对高校各类学科的专业课程如何实施课程思政进行了更为具体的顶层设计和指导。

在此背景下，通过回溯我国外语教育中所存在的思政教育问题，基于学界现有研究成果，探析高校英语课程中思政教育的融入路径，以期让思想政治教育像空气一样融入英语课堂教学之中，从而形成德育与智育的合力效应，最终培养出合格的社会主义建设者和接班人。

一、高校外语类课程中的思政教育问题的凸显

改革开放以来，由于我国对外开放和经济发展的需要，外语教育往往被动地与外向型的经济形态挂靠在一起，从而使得外语教育更加倾向于注重语言的工具性和技能性。即使到了 2000 年，虽然高校英语专业英语教学大纲提出了复合型英语人才培养模式，但在具体实施过程中，“外语往往被当作工具，只关注语言技能训练，而忽视了深层次的中外文化熏陶，失去了以语言与文化为特征的传统特色”（徐坤，2013）。这种社会导向和政策导向，使得高校中学习英语的学生特别是英专学生，只注重训练语音语调、锻炼听力和口语表达技能，而忽视了以英语为载体的思想表达。由于英语教材内容很少结合我国本土的知识内容，即中国元素的缺失，导致学生普遍缺乏用英语表达中国故事的能力，更遑论在英语课程学习中通过浸染而提升思想政治素养。进入 21 世纪以来，随着我国经济的飞速发展，文化也逐渐从输入走向输出，这种外语教育的弊端日益丛生。例如，有研究者曾提到一个真实的课堂案例，“在一次课堂上要求学生讨论中美社会福利制度的差异时，有学生竟然直接从互联网上下载国外媒体对于我国社会福利的指责、批评等相关内容。当提醒学生审视是否有问题时，学生仍竟对此毫无反应，直到老师指出其中的用词和态度倾向时，学生才恍然大悟”（王录，吴越，2019）。

为应对这一弊端，我国外语学界不仅研究如何改革教学模式，更重

要的是广泛探究外语教育的育人导向问题。外语本身是无国界的，具有价值中立的色彩，但是大学生是一个国家赖以发展的重要人才资源，是有国界的。习近平总书记在全国高校思想政治工作会议上的讲话恰逢其时，高屋建瓴地为进入新世纪以来的外语教育之惑指明了方向，即要解决好“培养什么样的人、如何培养人以及为谁培养人”这一根本性问题。当前，在我国已成为全球第二大经济体，且正积极主动地深入参与全球治理，同时又不时遭遇西方大国霸权的反制之时，高等外语教育所要培养的是一大批熟悉党和国家方针政策、了解我国国情、具有全球视野、熟练运用外语、通晓国际规则、精通国际谈判、讲好中国故事的外语专业人才。这不仅是习近平总书记的殷切希望，也是时代赋予外语教育的历史责任。这一历史责任的更为具体的一个层面，便是如何在外语专业教学中融入课程思政，如何将中国特色社会主义事业接班人的国家意识根植于外语专业学生的心中（文旭等，2020）。

二、当前高校英语课程思政教育研究的现状

针对外语教学凸显的教与学导向问题，外语界近年来一直主要围绕两个方面进行探索：一是外语教育中所缺乏的思政教育包括哪些方面；二是针对不同的外语课程可以采取哪些思政教育融入的路径。

我们在中国知网以“课程思政”和“英语”为关键词进行篇名搜索，发现至今共有 298 篇文章对英语教学中的思政教育问题进行了探索。其中，关于英语专业课程的思政教育研究有 29 篇，关于大学公共英语教学的思政教育研究有 198 篇。这说明，截至目前，相比各高校中的公共英语教学，英语专业课程教学中的课程思政融入问题仍未得到英语专业教师的广泛关注和研究。另外，从教育层次来看，有 203 篇研究的是高职院校中的英语教学课程思政问题，占比约 68%。除去 3 篇高中英语教学研究，本科院校对于英语教学思政教育问题的研究仅占 31% 左右。这进一步说明了当前高等院校英语专业本科教育阶段的思政教育研究仍

处于刚刚起步阶段。而从当前文献来看，涉及的英语专业课程主要有英文报刊选读，语音、口译、阅读、综合英语、跨文化交际、商务英语、文化翻译等，基本上涵盖了英语专业中的听、说、读、写、译等基础课程，但是相对来看，探索的课程面还比较窄。另外，从宏观层面对英语专业课程教学中思政教育的共性融入路径的研究也比较鲜见。

三、英语专业课程思政教育的融入路径与体系

2018年，我国新颁布《外国语言文学类教学质量国家标准》，紧跟其后，高等学校英语专业教学指导分委员会研制出《普通高等学校本科英语类专业教学指南》。这两个重要文件在对核心课程的描述上均体现了一个重要特点，即“改变传统以语言技能为驱动的理念，强调将专业技能培养与人文知识传授紧密结合”，强调“英语教育在本质上是人文教育，需要强化人文学科专业属性，强调知识传授、能力培养与人格塑造相结合的全人教育，重视培养学生的反思能力与思辨能力”（曾艳钰，2019）。语言是思想的载体，“英语教学不仅仅是传授语言知识和语言技能，它完全可以在潜移默化中传递语言背后所隐藏的意识形态、世界观、人生观和价值观等”（朱毅，陈世润，2017）。这业已成为外语界乃至整个社会的共识。但是，在课程教学的具体过程中以何种路径、何种方式实现课程思政的融入，即如何从理论共识走向教学实践的执行层面，却是最具难度、至为关键的一个环节。

高校英语专业课程既涉及培养学生听说读写译各个基本能力的基础课程，又涉及培养学生的语言学、文学、区域国别文化等人文社科知识和理论素养的高年级课程。综合来看，这些专业课程的思政教育融入，首先要协调好与思政课程的协同关系。其次，要从共性层面整合思政教育融入体系，具体包括课堂教学、教材设计、课外活动、作业布置、教学测试、师生交际等诸多层面。最后，要注重每一门英语专业课程的自身特点，进行具体课程思政元素融入与教学方式变通。

(一)英语专业课程教学与思政课程的协同关系

对于高校课程领域的思想政治工作，我国学界经历了一个从思政课程到课程思政，再到两者协同发展的不断深化认识的过程。思政课程通常是指高校开设的思想政治理论课，主要由思政政治理论专业的专门教师承担。而课程思政并非从思想政治的显性理论层面展开教学，其内涵则在于“依托、借助于专业课、通识课而进行的思想政治教育实践活动，或者是将思想政治教育寓于、融入专业课、通识课的教育实践活动”(赵继伟，2019)。这种融入性的思想政治教育则是隐性思想政治教育方式(白显良，2013)。从理论层面来看，从思政课程向课程思政的“大思政模式”转化的理论基础，则是“实现课程系统性与协同性的耦合、课程理性价值和工具价值统一、科学教育与人文教育的融通”(何红娟，2017)。在实际操作过程中，要防止出现专业课的“思政化”，这里的“思政化”是指“虽然在专业课中强化了思想政治教育意识和功能，但是却忽视了专业课的教学特点和教育规律，结果把专业课上成了一门类似思想政治理论课的课程”(石书臣，2018)。

英语类课程有自身的教学特点，即兼具工具性和人文性，而且前者的技术性特征又往往是学生们就业的“敲门砖”，又或是立业之本。那么，在英语教学中如何做到与思政课程的协同、同向同行，既训练学生的英语听说读写译基本技能，又能对学生实现润物细无声般的思想政治教育，则是英语教师们亟须思考和研究解决的问题。从现有文献来看，许多学者和一线教师们对英语课程思政的融入进行了初步的探索，提出了一些比较可行的建议和措施，但是仍鲜见对英语课程与思政课程之间协同关系的系统性研究。目力所及，李梅兰(2019)以英语专业选修课“批判性阅读”为例，其在探讨英语专业课程思政教育的实践路径时，提出将课程内容的专题与“思想道德修养与法律基础”课程的教学大纲进行衔接，实现专业课程内容与思政课程在主题内容上的融合，比如选取一些经典案例的英文阅读文章，帮助学生树立正确的恋爱观、人生观和婚姻观。另外，韦金凤(2020)在探讨将思政融入商务英语专业教学时，也仅指出隐性课程与显性课程的结合是课程思政的必有主路，但如何结合，她并未论及。

我们的初步思索是，高校英语课程与思政课程之间的协同关系可以从两方面着手：一是思政课程为英语课程思政提供指导性理论框架，指导性理论体现在“马克思主义基本原理概论”课程之中；二是某些英语课程如“中国文化概览”“跨文化交际”以及阅读、写作等，在教学内容上完全可以与“中国近现代史纲要”“思想道德修养与法律基础”等课程进行部分地协同衔接。

(二)思政教育在英语专业课程中的多层面融入

英语专业课程中的思政教育融入首先要从宏观上进行把握，统筹教学过程、教学内容、教学对象、教学方法、教学活动、教学评价等，构建出一整套专业课中思政教育的体系。从教学过程来看，英语专业课程的思政教育融入不外乎课前、课中和课后三个阶段。教学内容方面，则涉及英语专业课程的授课知识内容，一般以该课程的相关教材为载体、教师自备的内容材料为辅助。教学对象包括教学行为的实施者，即教师，以及学习行为的能动者，即学生。教学方法则涉及讲座式教学、案例教学、互动研讨式教学、项目式教学、线上线下混合式教学等。教学活动涉及教师对学生的课前指导、课中的师生互动、课后教师的作业布置以及学生课外活动的参与等。教学评价则涉及学生自评、教师自评以及第三方的评价。

在处理以上多个环节的协调关系上，可以通过课前的挖掘、发现和整合，课中的互动、渗透和融入，以及课后的内化、拓展和巩固，来营造课程思政的教学氛围(陈红美，2018；卢军坪，2019；祝敏，2019)。在这一模式中，课前需要教师挖掘与单元课相关的思政教育元素，整合相关资料，课前提供给学生自学使用。课中，教师要精心设计教学活动，采用思辨式教学，设置多种形式的思政话题导入，引发学生对课文相关思政话题的深入思考和讨论，并展示讨论成果，由教师对学生的观点进行总结并评价，帮助学生形成较为系统的价值观体系。课后，教师设置课后任务，要求学生对课中思政内容进行反思、拓展和内化，具体有效方法包括反思表格、社会实践活动、课本剧再现、拍摄微电影、思辨性写作、翻译等。

综合现有文献研究来看，上述对于英语课程教学的思政融入路径的探索具有代表性，只是针对不同的专业课程，在教学形式和内容上有所差异。例如，在教学形式上，可以采取英语第二课堂的多样形式，包括借力大型英语类赛事、英语演讲、辩论、朗诵等(李本等，2018)，也可以采取实际案例教学(如公共场所公示语调查、语言服务社会)、互动研讨教学(如选取中外媒体对于中国的报道，从不同视角、政治立场进行解读)等形式(何芳，都宁，2019)。在教学内容上，可以选用《中国日报》《二十一世纪报》上的优质英文文章(陈霁霞，曹深艳，2018)，或有意识地融入中国传统文化教育，比如使用 BBC 纪录片《中国春节》《中国故事》、国家地理纪录片《鸟瞰中国》等，将基于中国语境的文化内容融入英语教学(何芳，都宁，2019)。而翻译类的课程，则更易于选取与思政内容相关的教学内容材料。例如，有学者在翻译教学中具体选取《习近平谈治国理政》的双语内容，学习其中中国特色用语的翻译策略(曹进，陈霞，2019)。

最后，课程思政的融入路径的设计是否有效，有赖于教学评价环节。课程思政这一教学目标总体上属于情感、态度和价值观维度，比较抽象。如何将这一目标具体化为课堂上的教与学的任务原本就有一定的难度，那么，我们最后去评价这一课程目标是否已经达到，难度就更高一层。对于这一问题，有学者建议，在设置课程思政的教学目标时就要注意做到“可测性”，即设置教学目标时避免使用“了解、掌握、领会”等抽象模糊的词，而要用“解释、找出、说出、描述、提出、比较”等便于观察、测量的行为动词(王觅，2018)。另外，思政化的教学目标不是教师传授社会主义核心价值观，而是学生要有实实在在的有可评测的任务产出、有可陈述的学习结果，便于测量其思政元素是否内化。这样的评价要贯穿课前、课中以及课后的教学全过程。而且，课前、课中和课后的教学评价也要以较大比重，纳入学生的最终成绩评定，从而促使学生全身心投入到对课程思政内容的学习中。

四、结语

外语特别是英语专业由于处在直接接触西方社会文化的第一线，因而更容易受到外来价值观的直接影响，更易出现意识形态问题。同时，学界又普遍认为之前英语专业一直强调英语学习的工具性，注重技能训练，而忽视了英语的人文特性，更多的英语学习者对于文化的学习特别是对于中国文化的掌握程度比较低。因此，在英语专业课程教学向人文特性要求转变时，英语专业的课程思政的导入，恰逢其时，即强调思政教育，有助于今后英语专业发展的正本清源，但是在英语专业课程中融入思政教育的有效路径，仍有待学界进一步探索。

◎ 参考文献

[1] 白显良. 隐性思想政治教育基本理论研究[M]. 北京：人民出版社，2013.

[2] 曹进，陈霞. 翻译硕士培养过程中的思政教育实践研究——以西北师范大学“国策与省情”课程为例[J]. 中国翻译，2019，40(3)：105-113.

[3] 曾艳钰.《英语专业本科教学指南》解读[J]. 外语界，2019(6)：2-8.

[4] 陈红美. 大学英语“课程思政”教学模式探索与实践[J]. 智库时代，2018(51)：17，19.

[5] 陈霁霞，曹深艳. “课程思政”视阈下“基础英语”课程三维功能融通研究[J]. 科教文汇(中旬刊)，2018(4)：178-179.

[6] 何芳. 课程思政体系下的大学英语教学[J]. 教育教学论坛, 2019(28): 32-33.

[7] 何红娟. “思政课程”到“课程思政”发展的内在逻辑及建构策略[J]. 思想政治教育研究, 2017, 33(5): 60-64.

[8] 李梅兰. 英语专业课程思政教育实践路径探析——以“批判性阅读”课程教学为例[J]. 广西科技师范学院学报, 2019, 34(3): 116-118, 130.

[9] 李平, 王聿良, 吴美玉, 等. “大学英语”课程向“课程思政”拓展的可行性研究[J]. 淮海工学院学报(人文社会科学版), 2018, 16(10): 137-140.

[10] 卢军坪. 大学英语课程推进“课程思政”的可行性探索[J]. 上海第二工业大学学报, 2019, 36(2): 129-133.

[11] 石书臣. 正确把握“课程思政”与思政课程的关系[J]. 思想理论教育, 2018(11): 57-61.

[12] 王录, 吴越. 文化自信视域下英语专业语言文化类课程思政建设——以“跨文化交际”课程为例[J]. 上海第二工业大学学报, 2019, 36(3): 216-222.

[13] 王觅. 大学英语智慧教育中的思政渗透研究——以《综合英语Ⅰ》为例[J]. 浙江工贸职业技术学院学报, 2018, 18(2): 74-78.

[14] 韦金凤. 高校商务英语专业推行“课程思政”探析[J]. 高教论坛, 2020(2): 60-62, 74.

[15] 文旭, 文卫平, 胡强, 等. 外语教育的新理念与新路径[J]. 外语教学与研究, 2020, 52(1): 17-24.

[16] 习近平. 习近平: 把思想政治工作贯穿教育教学全过程[N]. 新华社, 2016-12-08.

[17] 徐坤. 英语专业的尴尬境地与出路探索[J]. 北京教育, 2013, 12(12).

[18] 赵继伟. “课程思政”: 涵义、理念、问题与对策[J]. 湖北经济学

院学报，2019，17(2)：114-119.

[19] 朱毅，陈世润. 高职英语教学中的思政教育体系构建研究[J]. 职教论坛，2017(32)：26-30.

[20] 祝敏.《高级英语》课堂教学中思政教育的融合——以“震撼世界的审判”一文为例[J]. 海外英语，2019(9)：11-12.

高校日语教学中“中国文化失语”对策研究[①]

周　鸣

（江汉大学外国语学院　湖北武汉　430056）

一、引言

从丛(2000)指出，“许多中国青年学者虽然具有相当程度的英语水平，但是在与西方人交往的过程中，始终显示不出来自古文化大国的学者所应具有的深厚文化素养和独立的文化人格”。此后，“母语文化失语”“本土文化失语”现象备受关注。周鸣(2016)通过测试发现“日语专业学生对中国文化掌握得不够理想，在跨文化交际活动中弘扬中华民族优秀文化的能力不尽如人意。中国文化失语现象不但存在，且较为明显”。而“母语文化失语”在外语教学中的内涵有两个层面，一是指学习者对母语文化缺乏深度了解，即母语文化欠缺。另一层含义是指学习者缺乏用目的语表达母语文化的能力(张哲，2001)。本文针对日语专业“中国文化失语”现象分别从上述两个层面提出对策，以期引起日语专业学生对“中国文化失语”现象的重视，让他们能够“讲好中国故事，传播好中国声音”。

---

① 基金项目：武汉市教育局2019年度市属高校教学研究项目(2019080)。

二、现状

高校日语专业多为“零起点”招生，学生进入高校前大多未接受系统的日语语言训练，因此，在日语专业教学中，多数教师以输入语言知识为主，而文化意识的培养是第二位的，且占比极低。随着日语语言知识和技能的提升，教学中日本文化的主导地位开始显现，为了养成更好的日语表达习惯，无论是教材，还是课堂活动都刻意形成日本文化取向，纯粹的日本文化语境备受推崇，而与中国文化渐行渐远。

《高等院校日语专业基础阶段教学大纲》(2001)，强调的“社会文化”只停留在对象国的社会文化层面，强调要避免母语对对象语的负迁移作用，却未提出母语对对象语的正迁移作用。课程设置由于受到学分等方面原因的限制，没有开设与日语教学相结合的中国文化课程(任萍，2010)。周鸣(2016)考察两套“十一五”国家级规划教材，发现教材中中国文化方面的内容占比极低，而且随着语言水平的提升，教材中的内容通常使用日语原版文章，涉及中国文化的内容越来越少。

三、原因

1. 教学大纲对中国文化的习得要求不够明确。2001 年教育部在 1990 年日语专业教学大纲的基础上编写了《高等院校日语专业基础阶段教学大纲》(以下简称《新大纲》)。修订后的大纲明确提出了“丰富学生的日本社会文化知识，培养文化理解能力”，将之定位为教学目的，并在教学原则中阐述了交际能力与语言运用能力、文化理解能力的关系。但《新大纲》所强调的“社会文化”仅仅涉及对象国，并未提及本土社会文化知识。

《新大纲》对中国文化教学的要求较为宽泛，在教学目的、方法、手段、教材方面缺乏系统的描述，从而导致对中国文化教学的实施和评估缺少具体、系统的指导。

2. 课程设置与课堂教学对中国文化的习得不够重视。中国文化类课程的设置及教学中的中国文化导入能够真实、客观地呈现高校日语教育中中国文化教学的现状，因为这是学生系统学习用日语表达中国文化的重要途径。然而，目前的教材很少涉及中国文化相关内容，教师在课堂上很少补充中国文化知识，涉及中国文化的日语资料不够丰富。这些因素导致日语专业学生无论课内还是课外，获取中国文化的日语表达机会相当少。

3. 日语教材对中国文化内容涉及较少。本研究以"基础日语"课程的两套"十一五"国家级规划教材为对象，对教材中涉及中国文化的篇章进行了统计，如表1所示。两套教材中，中国文化方面的内容占整套教材篇章数的5%左右，可以说学生通过精读课程，获取的中国文化方面的词汇非常有限。另外，随着学习的深入，两套教材涉及中国文化的篇章数呈减少趋势。这是由于随着语言水平的提升，教材中的文章几乎是日语原版文章或原版改编文章，因此，没有涉及中国文化的内容。

表1　教材中的中国文化所占比例

教材名称		出版社	篇章实例	篇章数及比例
综合日语	第一册	北京大学出版社	游览北京、万里长城、就餐礼仪之中日比较	3 9.1%
	第二册	北京大学出版社	春节的习惯、沙尘暴	2 4.4%
	第三册	北京大学出版社	中国纪行	1 5%
	第四册	北京大学出版社	无	0
合　计				6 / 5.1%

续表

教材名称		出版社	篇章实例	篇章数及比例
基础日语	第一册	高等教育出版社	中国汉字与日本汉字	1 6.7%
	第二册	高等教育出版社	中餐与文化	1 6.7%
	第三册	高等教育出版社	日本企业进入中国	1 6.7%
	第四册	高等教育出版社	0	
合计				3 / 5%

四、对策

1. 明确中国文化教学的定位和目的。教学大纲是教学的指针和导向。《新大纲》对如何进行中国文化教学，进行到何种程度，以及进行中国文化教学的目的等，都缺乏系统、详细的描述。缺少详细的说明，没有具体的细则指导，教育方和管理方都会感到无所适从。纵有热心执着者，他们也会按照自己的理解随意地融入中国文化，这样的中国文化教学全凭教师的热情和兴趣，缺乏系统性，也没有统一性。既然有很多研究者对"中国文化失语"现象表示担忧，建议相关教育部门在教学大纲中最大限度地明确、细化中国文化教学的细则，确保高校日语教育能够按照教学大纲要求，培养出既能用目标语言获取外国文化，又能用目标语言宣传中国文化的日语人才。

2. 明确中国文化的教学方式。在讨论外语教育的文化教学方面，国内外研究者做了很多实证研究，提供了很多很好的范例和建议。Byram(1989)对母语文化学习和目标语文化学习进行了系统分析，从而为文化教学的发展奠定了基础，他打破了将文化教学融入外语教学的局面，通过教授大量的文化知识，帮助学习者获得跨文化交际能力，提倡为文化教学设置独立课程。而 Kramsch(1993)在 Halliday 的理论基础上，提出语言是社会实践，并进一步扩展了"语境"的概念。她认为，语言与文化密不可分，语言不仅代表文化、体现文化，而且是文化的象征。她通过大量案例研究来阐述关于如何在外语课堂上教授文化的策略，提倡将外语教育中的文化教学在课内兼容，将文化融入外语教学。在日语教育中进行中国文化教学的方式可以参考上述欧美研究者的研究成果，在其基础上自主创新，根据自身的情况确定合适的方法和手段，否则，日语专业的中国文化教学仍会是一个模糊的概念，难以有效实施。

3. 在日语教材中适当导入中国文化。教材是教学的重要依靠，要想提高教学质量，教材是无法忽视的因素。因此，在确定了教学目标、教学方法和手段以后，教材也要与时俱进。有了合适的教材，提高教学质量就有了保障，教学目的和人才培养计划才能有效落实。如前所述，目前绝大多数的日语专业教材都以介绍日本社会、文化等内容为主。在编写教材时，应该增加反映中国文化的相关词汇，增加反映中国社会的相关内容，使学生能够用地道的日语来表达中国元素。同时，加入中日文化对比等内容，将中日文化有机结合在同一教材之中，更有利于学生对比中日文化差异，了解不同民族文化的精华，有效提升学生的跨文化交际能力。

五、结语

外语教学的目标不仅仅只是学会一门语言工具，还是"传承中外优秀文化，增加人文和科学知识，提高学生综合素养的一个重要途径"。为更快与国际接轨，更好弘扬我国的传统文化，不仅需要大量通晓外国语言与文化的人才，更需要熟谙母语与本土文化的人才。社会对日语人才的要求是不仅能够运用日语与日本人交流，而且能够运用日语介绍我国的方针大策、人文地理，并阐述自我观点。日语人才应成为中日交流的“双向桥”，在将日本文化介绍给国人的同时，也应该承担将中国文化传递给日本的重要使命。

◎ 参考文献

[1] 从丛. “中国文化失语”：我国英语教学的缺陷[N]. 光明日报，2000-10-19.

[2] 周鸣. 日语教学中“中国文化失语”现象及对策[J]. 亚太教育，2016(4).

[3] 任萍. 高校日语教学中的本土文化失语现象[J]. 浙江树人大学学报. 2010(5).

[4] Byram M. Cultural studies in foreign language education[M]. Clevedon: Multilingual Matters, 1989.

[5] Kramsch, C. Context and culture in foreign language teaching[M]. Oxford: OUP, 1993.

[6] 教育部高等学校外语专业教学指导委员会日语组. 高等学校日语专业基础阶段教学大纲[M]. 大连：大连理工大学出版社，2003.

[7] 彭广陆，守屋三千代. 综合日语(修订版)[M]. 北京：北京大学出版社，2010.

思政教育在“综合日语”课程线上教学中的融入探索

张　琳

（江汉大学外国语学院　湖北武汉　430056）

当代大学生是祖国的未来和希望，是实现中华民族伟大复兴的生力军，同时肩上也担起了新时代所赋予的责任与担当。为培养有理想、有本领、有担当的新时代中国特色社会主义事业合格的建设者和接班人，思政教育是必不可少的铸魂工程。习近平总书记在全国高校思想政治工作会议上指出，高校思想政治工作关系高校培养什么样的人、如何培养人以及为谁培养人这个根本问题。做好高校思想政治工作，要用足、用好课堂教学这个主渠道。因此，通过课堂路径增强大学生的思政教育是高校工作者义不容辞的责任与义务。

一、思政教育融入“综合日语”课程线上教学的必要性

在世界多极化、经济全球化、社会信息化、文化多样性深入发展的当今社会，当代大学生面临着前所未有的机遇与挑战。部分同学存在彷徨、厌学等心理问题，因此，除了专业课知识的学习外，思想上的引领也变得同等重要。高校传统的思政教育课程由于课时有限，且选课人数众多，不能满足高校学生的思政教育的实际需求，难以行之有效地提高

大学生的思政水平并实现其全面发展。因此，专业课中思政教育的融入不失为一种用足、用好课堂教学以促进思政工作发展的良方。“综合日语”课程是日语专业大一、大二学生的专业必修课程，每周课程有 8 个课时，可以说是和同学们接触最多的一门课程。在该课程中融入思政教育不仅可以使学生们增强思想认识、提高思想觉悟、培养健康品格，还可以反过来促进专业课的学习。可以说，思政教育与专业课相辅相成、相得益彰。因此，本文想要就思政教育在“综合日语”课程线上教学中的融入这一问题进行研究。

二、思政教育融入“综合日语”课程线上教学中的实施策略

(一)实施内容

学者认为，“从富起来到强起来，这一伟大飞跃带来了大学生对习近平新时代中国特色社会主义思想的高度认知、认同与心理归属感”[1]20。所以，我们要善于利用这个优势加强大学生新时代中国特色社会主义思想的理论教育。本课程的思政教育内容主要围绕习近平总书记的《新时代中国特色社会主义思想学习纲要》中与大学生思想教育息息相关的内容以及增强爱武汉、爱江大的内容展开。本学期的“综合日语”线上课程的思政教育主要围绕五大主题展开。

第一，明确习近平新时代中国特色社会主义思想的核心内容，即“八个明确”和“十四个坚持”[2]8-9。《习近平新时代中国特色社会主义思想学习纲要》指出：“‘八个明确’和‘十四个坚持’有机结合、有机统一，凝结着我们党坚持和发展中国特色社会主义的宝贵经验，反映了以习近平同志为核心的党中央对于中国特色社会主义规律性认识的深化、拓展、升华。”[2]9“八个明确”从理论层面告诉我们坚持和发展的是怎样的社会主义，“十四个坚持”从实践层面告诉我们应该“怎么做”。这两

个问题是纲领性问题，学生们应该时刻以此来武装自己的头脑，明确和坚定努力的大方向。

第二，建立高度的文化自信。文化是一个国家、一个民族的灵魂。习近平总书记强调：“没有高度的文化自信，没有文化的繁荣兴盛，就没有中华民族的伟大复兴。”[2]138的确如此，遥想过去，人类历史上的四大文化体系，即中国文化体系、印度文化体系、伊斯兰文化体系、欧洲文化体系，支撑起这些灿烂文化的是背后强大富饶的国家。因此，高度的文化繁荣反映的是国家实力，我们要坚持“四个自信”，其中文化自信是重要之重，是根基。建立文化自信需要从以下几个方面进行。首先，坚持中国特色社会主义文化发展道路。独特的基本国情决定了我们必然要走适合自己特点的发展道路。新时代中国特色社会主义文化发展道路，是推动社会主义文化繁荣兴盛的唯一正确道路。其次，建设具有强大凝聚力和引领力的社会主义意识形态。我们必须高举马克思主义、中国特色社会主义这个伟大旗帜，巩固马克思主义在意识形态领域的指导地位，建设具有感召力的中国文化软实力。再次，弘扬社会主义核心价值观。我们要牢记当代中国核心价值观，即富强、民主、文明、和谐，自由、平等、公正、法治，爱国、敬业、诚信、友善。该价值观凝聚着全体人民共同的价值追求，指导着中国人民的行动样式。当代大学生更应时刻牢记并践行，努力成为担当民族复兴大任的时代新人。接着，弘扬中国传统文化，并推动其创新性发展。作为四大文化体系之一的中华优秀传统文化，是新时代社会主义文化的根和魂。实现民族伟大复兴，务必将新时代和传统文化相结合。最后，营造充满正能量的网络环境。互联网迅猛发展的今天，网络深深地融合和改变着我们的生活。作为风华正茂的大学生更是如此。他们接受新鲜事物速度之快，令我们感到惊叹。但许多错误意识和言论也充斥着网络，我们要时刻警惕。当代大学生要坚持正确政治方向、舆论导向、价值取向，不参与错误行动，不发表错误言论，努力为营造健康、绿色的正能量网络环境增添一份自己的力量。

第三，努力实现中华民族伟大复兴的中国梦。在2013年3月23日的莫斯科国际关系学院的演讲上，总书记对中国梦的内涵做了精确的阐释，“实现中华民族伟大复兴，是近代以来中国人民最伟大的梦想，我们称之为‘中国梦’，基本内涵是实现国家富强、民族振兴、人民幸福”[3]5。这一次的讲话明确了“中国梦”的基本内涵，将“中国梦”具体解构为三个层面上的意义，即国家层面、民族层面和人民层面。为了这个梦想，几代人付出了巨大的努力。农民阶级的太平天国运动、开明地主阶级的洋务运动、资产阶级改良派进行的戊戌变法、资产阶级民主革命派发起的辛亥革命，近代以来不同阶级的一次次探索中华民族伟大复兴的努力和实践，体现了国人不甘落后、自强不息的坚强决心。最终，中国共产党义无反顾地肩负起实现中华民族伟大复兴的历史使命，战胜了外来侵略者，实现了中华民族的独立并走向富强。当代大学生是祖国的未来和希望，将接过实现中华民族伟大复兴中国梦的接力棒。为了不辜负时代的使命，当代大学生务必要树立马克思主义信仰、坚定中国特色社会主义信念、增强实现梦想的信心，始终秉承听党话、跟党走的人生追求，不断提高自身能力，为实现中华民族伟大复兴的中国梦贡献一份自己的力量。

第四，构建人类命运共同体、共创生态文明。习近平总书记指出：“人类生活在同一个地球村里，生活在历史和现实交汇的同一个时空里，越来越成为你中有我、我中有你的命运共同体。”[2]208地球是人类的共同家园，生活在这个星球上的任何生物都是命运共同体的关系。首先，世界各国应该顺应时代发展潮流，风雨同舟，构建人类命运共同体。当今世界矛盾突出，霸权主义、保护主义、战乱恐袭、环境污染，尤其是这次爆发的新冠疫情等此起彼伏。面对这些诸多情况，世界各国人民应该团结起来共同应对，要把力量拧成一股绳。只有这样，才能平稳地渡过一次又一次的危机。此外，我们还要坚定不渝地走和平发展道路，拒绝战争。中华民族自古以来便是爱好和平的民族，中国不会因为变得强大而侵扰他国，因为中国人民对于战争有着刻骨铭心的记忆，对和平的追求强过任何一个国家。再次，努力构建相互尊重、公平正义、合作共赢的新型国际关系。和平、发展、合作、共赢是构建人类命运共同体的主旋律，是实现人类命运共同体的基本路径，各国人民都要积极践行。作为外语专业的大学生，我们更要时刻牢记"和平、发展、合作、共赢"这八字原则，在以后的学习和工作中认真贯彻该原则，为建设和谐美好的国际关系贡献一份自己的力量。最后，建立美丽清洁的世界。习近平总书记指出："自然是生命之母，人与自然是生命共同体，人类必须敬畏自然、尊重自然、顺应自然、保护自然。"[2]167生态文明关乎人类未来，生态兴则文明兴，生态衰则文明衰。企业要形成绿色发展模式，人民要采取绿色生活方式。作为大学生，要培养环保意识、节约意识，培养生态道德和行为习惯，把建设美丽中国转化为自己的行动样式。

第五，热爱武汉，热爱江大。武汉，一座英雄的城市。它地处"九省通衢"的重要地理位置，经济发达，环境优美，历史悠久，人文气息浓郁。自古以来，武汉一直是中国重要的军事和经济重镇，地位举足轻重。武汉是辛亥革命首义之地，近代史上数次成为全国政治、军事、文化中心。今年爆发的新冠疫情又将武汉推到了风口浪尖。武汉向世人展现了当代中国的责任和担当，武汉人民不畏艰难，挺了过来。其中，涌现了太多可歌可泣的感人故事、英雄事迹，人们不禁一次又一次为之落泪，这些都是最好的教材、最好的榜样。江汉大学，我们的学校，一个让我们找到归属感的地方，一个让学生积攒本领、放飞梦想的地方，是我们师生共同的家园。江汉大学拥有过硬的硬件办学条件、拥有优秀的师资队伍、拥有齐全的学科分类、拥有积极向上的学情学风、拥有健康、温暖的校园文化。作为江大人，我们感到骄傲和自豪。作为武汉的一分子，作为江大的一分子，我们不仅要热爱江大，而且还要为把它建设得愈加美丽繁荣而贡献自己的微薄之力，这是我们责无旁贷的使命和责任。

(二)实施方式

首先，时间分配。以上每个主题分配3周时间，共计15周，第16周进行总结汇报。

其次，上课方式。主要运用“学习通”班课、QQ群、QQ直播等线上方式进行。

再次，实施方式。本内容主要采取项目式教学法来进行，即以学生为主体，教师为引导的方式进行。笔者将教学内容分为5个项目，即上面所说的5个主题，每个主题采取“五微”形式进行学习，具体包括微知识、微视频、微案例、微发表、微讨论。此外，将班级学生分为5个小组。每个小组负责一个主题，通过分工合作完成相应的任务。推荐使用的学习素材主要来自学习强国以及其他主流媒体。学习强国是新形势下强化理论武装和思想教育的重要阵地，是推动习近平新时代中国特色社会主义思想的强有力的武器。具体实施如下：微知识，即每个主题的主要内容，以精美课间形式呈现；微视频，负责小组搜集相关主题视频，并注意和专业的结合；微案例，负责小组搜集相关主题和专业结合的案例，也可以是作为榜样的人物；微发表，负责小组推举出一位代表对该内容进行发表；微讨论，全体同学就以上内容进行讨论和抒发感想。最后，教师就主题内容以及同学们的项目完成情况进行总结和评述。整体完成后，便是组内评议、组际评议和教师评议环节。学者认为，“习近平新时代中国特色社会主义思想融入思想政治教育全过程，必须要把握大学生的心理诉求，调动大学生的教育主动性，让大学生做自我教育的主人翁，才能提升融入的内化力。”[4]20的确如此，用项目式教学方法进行的思政教育，不仅增强了学生的自主学习能力、促进所学知识的内化，而且还培养了学生的合作能力，促使平等融洽的新型师生关系的建立。

三、思政教育融入综合日语课程线上教学中的功用

(一)实现高校德育资源的整合

高校思政课是大学生思想政治教育的主要阵地，是具有自组织系统的一门学科。通过马克思主义基本原理概论、中国特色社会主义理论体系概论、思想道德修养与法律基础等课程的学习，同学们可以系统地接受正统的思想政治教育，整肃思想，明确路线。它对于高校学生的思政教育起到了至关重要的显性作用。另一方面，应用于专业课堂的思政教育同样不可忽视。这是与专业结合的思政教育，对于学生更有针对性和契合性，更能引起思想共鸣，起到重要的协同作用。思政教育的专业化是很有必要的举措，这也构成了思政教育的第二课堂。思政教育的主课堂和第二课堂的相辅相成，实现了高效德育资源的整合，使思政教育的效果达到最大化。

(二)有效提高思政教育的认同度

传统的思政课堂往往存在宏观控制有余而微观控制不足，课堂内控制有余而课堂外控制不足等问题。然而，应用于专业课堂的思政教育有别于正统的思想政治课程，它的特点在于与专业方向的高度融合，从而击中学生们的价值点、关注点、兴奋点，激发学习欲望和知识的真正内化，提高思政教育的认同度。正如前文所说，在“综合日语”课程的思政教育中，笔者采用了以项目式教学法推进的思政学习，学生是主导，教师是引导。同学们所搜集的案例、视频侧重于和日语学科相关的社会热点问题、人物和事件等，起到了弘扬中日交流中的正能量，树立榜样、剔除不当言论的影响，鼓励和鞭笞学生努力学习，激发学生完成自我人生形象设计的作用。

(三)打破时空限制，使思政教育更高效

习近平总书记指出："思想政治教育工作的传统优势与现代信息技术高度融合，便增强了思想政治教育的时代感和吸引力。"[5]事实证明，现代信息技术和新媒体对于当代高校学生充满了吸引力，是思政教育行之有效的必要方式。电脑、手机已然成为当代大学生必不可少的学习工具。线上教学平台的使用，形式多样的学习软件 APP，微信、QQ 等的交流方式，这些已经深刻改变当代大学生的学习模式。教与学早已打破一间教室、一块黑板的单一时空模式而呈现多元化的发展。在新媒体的作用下，大学生的思维方式以及行动样式也呈现了多元化的发展趋势。专业课中的思政教育通过结合这种线上教学模式，不仅可以打破时空限制、充分利用碎片化时间进行德育，而且反过来还可以有效地促进专业的学习，可谓是一举两得的好举措。

四、结语

"青年兴则国家兴，青年强则国家强。青年一代有理想、有本领、有担当，国家就有前途，民族就有希望。"[6]因此，我们要用习近平新时代中国特色社会主义思想武装青年大学生的头脑。这不仅要依靠高校思政课程，专业课中的思政教育也是必不可少的德育环节。这是利用课堂教学这个主渠道进行积极探索而形成的大思政教育的德育模式。"综合日语"课程线上教学中融入的思政教育以项目式教学模式为主体、以现代信息技术和新媒体为辅助，激发了学生的学习欲望和知识的真正内化，并提高了思政教育的认同度，可谓是行之有效的思政教育方式。中华民族伟大复兴的中国梦终将在青年一代的接力奋斗中变为现实。

◎ 参考文献

[1] 刑鹏飞. 推动习近平新时代中国特色社会主义思想武装大学生的路

径选择[J]，兰州学刊，2019(9).
[2] 中共中央宣传部. 习近平新时代中国特色社会主义思想学习纲要[M]. 北京：学习出版社，2019.
[3] 中共中央文献研究室编. 习近平关于实现中华民族伟大复兴的中国梦论述摘编[M]. 北京：中央文献出版社，2013.
[4] 蒲青平. 把习近平新时代中国特色社会主义思想全面融入大学生思想政治教育[J]. 高校辅导员，2018(4).
[5] 习近平. 在全国高校思想政治工作会议上强调把思想政治工作贯穿教育教学全过程 开创我国高等教育事业发展新局面[D]. 人民日报，2016-12-09.
[6] 习近平. 决胜全面建成小康社会 夺取新时代中国特色社会主义伟大胜利——在中国共产党第十九次全国代表大会上的报告[D]. 人民日报，2017-10-28.

“日汉互译”线上教学与课程思政的融合

常　梅

（江汉大学外国语学院　湖北武汉　430056）

一、高校翻译教学中的课程思政

2016年12月，习近平总书记在全国高校思想政治工作会议上强调：“要用好课堂教学这个主渠道，思想政治理论课要坚持在改进中加强，提升思想政治教育亲和力和针对性，满足学生成长发展需求和期待，其他各门课都要守好一段渠、种好责任田，使各类课程与思想政治理论课同向同行，形成协同效应。”习近平总书记的这一重要论述为新时代高校思想政治工作课程思政建设指明了方向，要求我们必须改变长期以来的高校思想政治教育专业和教学两条线的状况。思政教育不应是一门独立的学科，应该突破思政课堂教学内容和授课场所的局限性，在专业课程教学内容中，充分挖掘思政教育的资源，将思政课程与专业课堂相融合，发挥专业课堂教学润物细无声的德育功能，将思政教育贯穿于高校教育的全过程。

高校翻译教学旨在提高大学生的语言文化素养，培养大学生的语言知识综合应用能力与跨文化交际能力，为国家输出适应社会发展和国际交流的各类专业人才。当翻译教学与高校课程思政建设碰面时，它本身具有的德育本质立即彰显。翻译以语言为载体，横跨两种语言的文化内涵转换，是跨文化的意义传递活动。不论何种文体翻译，都不应拘泥于语言层面的转换，应从语言的文化内涵出发，探讨翻译的文化构建性质，以寻求两种文化功能的等值。此时，译者的文化身份以及文化自觉变得尤为重要。译者只有在认识自己的文化、理解并接受多种文化的基础上，才有条件在多元文化的世界里确立自己的位置，从而理解他国文化。深刻理解并弘扬中国文化，以充分的文化自信讲述本土故事，是每一位中国学子应具备的文化价值观。深入挖掘翻译课程思政内涵，提升翻译教学的育人功能，肩负起培养国家"一带一路"国际化人才的重任，是高校翻译课程亟待思考的重大课题。

二、"日汉互译"线上教学与课程思政的融合

"日汉互译"课程是日语专业高年级学生的一门重要课程，以笔译为主。该课程主要介绍词、句、篇的各类翻译技巧，涉及各种文体的翻译。让学生通过大量系统的翻译训练来提高其语言能力和翻译能力，对学生将来的就业与考研有着极为重要的作用。疫情期间，该课程以在线教学平台"学习通"为主要载体，通过录播、直播等方式进行教学，并通过学生线上发表讨论、生生互评等方式提高学生积极性。在课程的进展过程中，把总书记的号召作为课程思政的内在驱动力，运用问题导向教学法，师生合作评价、学用一体、以用促学、以学助用，围绕政治认同、家国情怀、大国担当等课程思政内容，将新文科、大外语的核心教育理念内嵌在专业核心知识和技能的培养训练中，从而实现外语教育工具性价值与人文性价值的融合统一。

(一)教学理念

向世界传播中国先进的技术、悠久的文化、深厚的人文底蕴是国家赋予大学生的历史使命。翻译教学应在学生翻译能力的培养过程中始终贯彻育人育才的德育观，秉承专业教学须肩负培养大学生社会主义核心

价值观重任的教学理念，培养具有家国情怀的大学生，帮助学生学习扎实的专业知识，树立不忘初心、努力向前的理想信念。

（二）在线翻译课上的课程思政内容

“日汉互译”课程共32课时，每周2课时，共16周。其中翻译技巧7周，各文体翻译7周，综合练习2周。每周内容包括知识点学习（教师提前将知识点讲解录播传至“学习通”）、学生发表内容（每周1~2名同学将自己感兴趣的翻译题材进行翻译并录播发至“学习通”）、学生讨论（学生针对知识点进行讨论）、课后作业（师生互评、生生互评）等。分类别地将翻译教学的各个部分与思政教育自然融合，将课程中内嵌的思政教育资源巧妙贯穿，形成专业知识讲授与正向价值观养成、知识惠人与立德树人、知识本位和人格本位相统一的全课程育人的翻译课程。

1. 翻译技巧教学中的课程思政

日汉互译翻译技巧的内容包括日汉语言的比较（标点，字、词，各类句型等）、各类翻译技巧（加减译、分合译、倒译、变译等）。在日汉语言比较方面，日语中的文字，包括汉字、假名均起源于中国的汉字，日语中的汉语词汇包括一些四字成语，很多也是起源于中国的古籍典故，通过比较这些差异，在讲解日汉语言区别的过程中，可以体现中国文字的博大精深，增强学生的民族自豪感。同时正视现在中国与发达国家的差距，鼓励学生发奋学习，振兴国家。在各类翻译技巧，如加减、分合、调序等的讲解中，会提到中日句式的差异。此时的例句可选用疫情期间各类新闻报道中的最新素材，如日语中多用被动句这一特点，直接从最新的NHK新闻中选取疫情相关报道中的被动句式作为日译汉的练习材料；汉译日方面会采用《人民中国》（日文版）的新闻报道，将党中央的最新政策融入翻译练习中，如习总书记在西安交大考察时的讲话，其中总书记对年轻人的寄语必将引起学生的触动。

2. 各类文体翻译中的课程思政

日汉互译的问题涉及公文、科技文、政论文、商务文书、文学等各类文体。鉴于本专业的课程定位，我们将重点放在实用性文体上(5~6周)、文学体裁占比较少(1~2周)。在公文翻译的讲解中，选择《中日和平友好条约》作为主要翻译素材，讲解过程中对一些外交术语进行重点解释，使学生在学习公文翻译方法的同时，看到我国在外交方面的政策，能够坚守中国的外交立场，在今后与国外的交流中做到不卑不亢，体现大国风范。

在科技文的讲解中，选择屠呦呦的相关研究内容以及2019年获得诺贝尔奖的日本化学家吉野彰的相关研究内容作为主要素材。比如一些中药术语，学生应深度挖掘专业知识背后的文化内容，充分了解受众的语言范式和文化习惯，选择恰当的翻译策略，提高译文质量。屠呦呦的事例可以激发学生的民族自豪感、文化自信心。再看日本方面，通过了解最新诺贝尔奖获得者的科研情况，可以让学生认识到日本在科研方面几十年如一日的严谨态度，从而客观认识到他国的优点，以促进自身的进步。

在新闻文体翻译方面，新闻翻译教学与课程思政的深度融合应坚持与时俱进、传承与发展的观念，重度挖掘外媒新闻的意识形态问题，引导学生对国外涉华报道潜藏的意识形态问题进行理性梳理，不被报道误导，始终做到科学、客观、敏锐，时刻维护祖国的权利、捍卫祖国的尊严，不允许任何外媒对客观事实进行刻意曲解。教师应对新闻素材的选取、外媒报道的视角、报道用词进行认真斟酌，带领学生对不同国家针对同一事件的不同报道进行深入的文本分析以及深刻的意识形态剖析。对外媒涉华报道进行深刻的意识形态解析之后，翻译工作才能正式开始。恰逢疫情期间，笔者在知识点讲解时选取了中国国际广播电台、人民网、日本NHK、朝日新闻、每日新闻等两国主流媒体关于当前疫情的报道，除了分析中日对各自疫情的报道外，也比较了中日主流媒体对世界各国疫情的评价，从而让学生在感性的认识基础上加深理解，使学生学会用科学、辩证的思维判断外媒的新闻报道。杜绝一切有损中国形象的言论，是当代大学生在翻译课堂上应收获的能力。

在文学翻译方面，文学翻译与以上实用性翻译不同，对学生中文水平的要求也很高。很多学生只重视日语的学习，却缺乏中国文化底蕴，母语水平不够。因此，文学翻译须强调文化与语言的重要性，精选反映深厚哲理文化、民俗文化的中国文学作品，引导学生进行译介训练。如《论语》的中日对译赏析，日本人也奉《论语》为经典，甚至比中国人还要熟悉，通过日本人对中国经典的传承来激励学生重视祖国的瑰宝。如莫言的小说，我们用日文版来进行日译汉的翻译训练。再比如鲁迅先生的作品，我们比较不同日语译本的翻译情况来体会先生的精神和思想。再比如日本方面的文学作品，我们会比较日本的短歌俳句与中国古诗词的异同，体会夏目漱石、川端康成等大家的风采，也会比较现代人气作家村上春树的作品的不同中文译本的区别。通过自我反省、比较论证和课堂讨论，学生可以从中体会到中国儒家思想、古诗词以及汉语言的博大精深，促使自己发奋学习祖国文化。如此将课程思政自然融入翻译教学中，真正达到课程育人的目的。

3. 学生发言和讨论中的课程思政

归根结底，不管是翻译教学还是课程思政，积极探索课程思政，教师都只是引导者，真正的主导者是学生。本课程除教师对知识点进行讲解外，学生通过课堂讨论、个人或小组发言、作业互评和讨论等形式积极参与学习。

比如学生发言，每周都有负责的学生推荐好的对译录播上传至“学习通”。疫情期间，教师向学生推荐好的网络资源，如人民网、中国国际广播电台以及日语听译学习等公众号，督促和鼓励学生每天关注疫情新闻，并通过中日对译来学习翻译知识。在教师的指引下，同学们选择了很多优秀的翻译材料，比如外交部王毅部长在第56届慕尼黑安全会议上关于中国抗疫的部分演讲内容、最新政府工作报告选段、中日韩“后疫情时代”报道、聚焦两会民法典内容、疫情高频热词等，培养了自我发现问题、分析问题和解决问题的能力，在坚定四个自信、坚守中国立场、传播中国声音、讲好中国抗击疫情故事的同时，让世界听懂，被世界接受，提高国际话语权，构建人类命运共同体，为中国制度、中国精神注入了厚重、鲜活的时代内涵。

在讨论环节中，结合教师讲解和学生发言，提出一些问题来进行讨论，如“中国疫情控制与中国文化的关系”“面对疫情，大学生可以做什么”“中日抗疫的不同”等，引导学生在搜集资料的基础上独立思考，培养批判性思维。通过以上方法，引导学生正视疫情、理性发声、尊重科学、尊重生命，自觉自律。

总之把思政小课堂与社会大课堂结合起来，结合时下疫情，启发学生深入、理性思考，保持身心健康，同时，激励他们自觉担当，勇于作为。

三、在线课程思政教学反思

（一）坚持思政课程自然融入翻译教学的全过程

传统思政课堂因与专业学习脱节，思政教育的输入往往以剥离的方式呈现，甚至引起学生的反感。当中华民族优秀道德观、思想观、价值观、历史观的输入与专业问题、当下时局紧密相连时，自然渗透于专业课程的思政元素就变得更具体、真实、可触，接受度骤然提高。学生感受到翻译题材里面折射出的价值观、思想观、历史观，思政信息也就变得更具现实感，使得学生在掌握翻译知识和技能的同时，还具备了人格魅力，提升了道德素质。而当专业与思政挂钩时，思政教育对教师提出了更高的要求。教师须关心时事，了解政治、经济、历史、人文等多方面的信息，并注重对思政素材的积累。在明确思政教学目标后，合理、科学地将课程思政与专业知识自然融合，避免刻板、僵硬地植入，灵活驾驭二者，这都要求教师提升政治理论修养，强化深度挖掘思政元素的能力，以达到高效的专业和思政的全课程育人教育教学。

(二)在课程思政中教师要当好指路者

在高度发达的信息化时代，网络上信息泛滥，教师应该当好学生选择翻译素材的指路者。翻译课堂融合课程思政应从学生的课程思政学习需求与现状出发，合理设计教学内容，坚持以学生为中心，改变教师主讲的传统单一教学模式，让学生在实践中学习，启发学生对课程思政元素的自我探索能力，塑造学生的家国意识，培养学生正确的意识形态。教师作为引路者，需要将课前、课中、课后的教学环节有机衔接，引导学生挖掘好的思政翻译素材，比如要求学生将发表的素材提前发给老师，由老师鉴别和指导后再进行课堂发表。在课堂讨论中，教师也要自然引导学生树立正确的价值观、思想观，引导学生理解材料背后的人文信息，从而让学生拥有充分的文化自信和文化自觉，并运用恰当的翻译策略，将中国形象在外语中进行正向表达。

◎ 参考文献

[1] 何红娟. “思政课程”到“课程思政”发展的内在逻辑及建构策略[J]. 思想政治教育研究，2017(5)：60-64.

[2] 陆梅，邓琳. 翻译教学与课程思政深度融合的实践与反思[J]. 西藏教育，2019(3)：7-10.

[3] 崔沫舒. 从思政课程角度看日语翻译课程改革[J]. 课程教育研究，2019(3)：118.

[4] 葛晓昱，郑海峰，李方媛，等. “课程思政”与高校日语课堂教学的融合[J]. 黑龙江教育(理论与实践)，2020(5)：4-5.

[5] 崔戈. “大思政”格局下外语“课程思政”建设的探索与实践[J]. 思想政治工作研究，2019(7)：138-140.

疫情背景下“英汉笔译”课程教学内容与方法研究

焦俊峰
（江汉大学外国语学院　湖北武汉　430056）

引言

“英汉笔译”教学大纲规定该课程为32学时，是英语专业高年级阶段的一门必修课，以《实用翻译教程》为教材，培养学生的增译、减译、转换译、抽象译、具体译、褒贬转换、肯否转换以及长句翻译等英译汉技能。2019—2020春季，本课程选课人数为35人。突如其来的疫情迫使该课程实施网络授课。疫情是所有学生密切关注的热点，也成为本课程教学的绝佳素材。本课程响应江汉大学关于疫情期间思政教学的号召，以英汉翻译技巧为基础，从有关疫情的新闻报道中选取图片、视频和新闻语篇等素材，实施思政化教学，丰富教学内容，改进教学方法。

一、以图片和视频塑造人文情怀

1月23日开始，武汉封城。武汉和全国从此进入了疫情最为严重的时期。在抗击疫情的日子里，武汉发生了许多感人的瞬间，出现了很多动人的情节。其中最感人的是，来自全国的医生和护士、专家院士逆行武汉，支援武汉，这些勇敢的逆行者一时之间成为国之偶像，是最可爱的人。为此，笔者选取一些与此相关的图片作为 PPT 课件的封面，在课前展示给同学们，提醒同学们关注和了解这些美丽而勇敢的逆行者，希望同学们能记住这些可爱的人，并以这些最可爱的人为偶像，激发同学们的感恩情怀。

2 月 27 日，笔者选取了一幅图片，图片上一位医护人员左手拿着注射器，右手紧握着拳头，拳头的旁边是一个条幅——“武汉加油，中国加油”。记得当时，笔者问一位同学看到这幅图如何感想，他说他很害怕疫情，看到这幅图，他感受到了力量。于是，接下来，笔者每次备课的时候都有意挑选一些反映疫情的图片作为 PPT 的封面图片。(见图 1) 当时，“战疫”进入胶着状态，来自全国各地的医疗队驰援武汉，他们身着防护服的形象令人难忘，令无数人为之感动落泪。于是，在 3 月 5 日和 3 月 12 日的课上，笔者分别挑选了两幅反映白衣战士群体形象的图片作为课件的封面。在 3 月 5 日的图片中，白衣天使们身着白色防护服，佩戴浅绿色面具和手套，他们的身上写着“武汉加油”“消灭病毒”“致敬逆行者”等字样，穿行在肺脏中的呼吸管道之间。这是一个极具象征意义的图片，代表着医护人员抗击病毒、保护病人的形象。而 3 月 12 日的图片则反映了中国白衣战士抗击疫情、战胜疫情的群体形象，图中的白衣战士们身着防护装备，他们胸前的五星红旗和身后的长城象征着在党的领导下，在人民的支持下，中国人民必将战胜疫情，取得最终的胜利。

随着疫情的缓解，春天已走进人们的生活。各地新增病例在逐渐减少，有些地方甚至出现了持续数天清零的可喜状况。于是，笔者挑选了春天主题的图片充当封面图片。4 月 2 日，笔者挑选了一幅绿色的图片，画面上，绿植、黄花和蜜蜂相映成趣，旨在向同学们传递中国人民和武汉必将走出疫情的寒冬，迎来美好春天的良好意境。

图 1　PPT 封面展示

每次上课之前，在等待同学们进入直播间的空档时间，笔者都会利用 3~5 分钟的时间播放与疫情相关的短视频。

笔者在网上搜索到的短视频，主要有“鼓励武汉”和“感恩逆行者”两个主题。鼓励武汉，为武汉加油的短视频非常很多，为此笔者精心挑选了一些具有代表性的作品，比如，《“空城”的武汉》《抗击疫情，武汉加油，中国加油》《武汉感人疫情宣传片：武汉莫慌，我们等你》《240秒记录驰援武汉瞬间，亿人一心，我们向光前行》《战疫》《武汉，我们等你痊愈》《战疫情特别报道：武汉 24 小时》等。还有很多以“感恩逆行者”为主题的视频，例如，《生命的防线》《武汉，我在，我们在》《30 张支援湖北医疗队名片，致敬 42322 名白衣战士》《抗击疫情最美逆行》《最美的身影》……

此外，中国和英国分别推出了一部有关武汉疫情的英文纪录片。中国国际电视台（CGTN）推出了英文纪录片《武汉战疫记》（*The Lockdown*：

One Month in Wuhan)，这部纪录片时长33.14分钟，不仅让国外观众了解了中国抗疫过程，也为国际社会“全球抗疫”提供了可贵经验。英国BBC也推出了时长15.02分钟的纪录片《武汉：封城》(*Wuhan*：*Life Under Lockdown*)，这部纪录片记录了疫情爆发后，武汉人所历经的真实生活。这两部纪录片在国内外播放，反响巨大，收到了很好的宣传效果。笔者在课前播放纪录片的片段，选取视频中的词语和句子请同学们翻译，既传授和培养了翻译的技能又帮助学生了解疫情，可以说是一举两得。

这些视频作品和纪录片均制作精美，用景观或人像等令人震撼的画面，特别是一些无人机拍摄的全景镜头，辅助以令人感动的背景音乐，展现疫情期间武汉的真实生活图景。笔者把这些短视频作为教学材料，播放给同学们观看，目的是帮助同学们了解疫情信息，也是向同学们传递一份感动，一份感恩，为同学们树立起战胜疫情的信心和决心，因而赢得了同学们的喜爱和认可。有同学反映，他们课后会找到这些视频并再次观看，还会将视频分享给家人和朋友。

二、以语篇翻译培养社会责任感和科学精神

英语专业高年级学生有比较强的社会责任感。疫情爆发后，与疫情相关的新闻，成为学生们高度关注的社会热点，他们非常希望能了解相关内容的英文表述。为此，笔者结合疫情热点，选取相关文本，在培养翻译技能的基础上，帮助学生深入认识相关问题。从第2周到第14周，我先后选取了10个英文片段，字数从85个英文单词到260个英文单词不等，共计2000多词(见表1)，把翻译技能与疫情信息相结合，培养学生的社会责任感和科学精神。

2月27日，是本学期第二次课，笔者在讲授了本次课程的翻译技巧之后，选取了有关“Pneumonia”(肺炎)的一个段落作为翻译练习的文本。这是有关肺炎的英文介绍，约85字。同学们尝试着翻译以后，对

照参考译文对翻译策略做出反思，他们既练习了翻译技巧又了解了与疫情相关的科学信息，很有成就感。

表 1　与疫情相关的翻译练习文本

序号	日期	标题	字数
1	2020. 02. 27	*Pneumonia*	85
2	2020. 03. 05	*Fight Against the Novel Coronavirus*	89
3	2020. 03. 12	*Colored Health QR Code*	147
4	2020. 03. 19	*Epidemic and Pandemic*	203
5	2020. 03. 26	*Telecommuting*	232
6	2020. 04. 02	*Blood Type and Coronavirus*	258
7	2020. 04. 09	*People Who Were Amazingly Productive in Quarantine*	262
8	2020. 04. 16	*Vaccines in Clinical Trials & Global Economy Contracts Sharply*	246
9	2020. 04. 30	*This Time, They're on Our Side: Meet the Robots Confronting COVID-19*	261
10	2020. 05. 21	*Fighting COVID-19 Through Solidarity and Cooperation Building a Global Community of Health for All*	251
总　　计			2003

因此，在之后的授课中，笔者特意在翻译技巧讲解的基础上，精心挑选一些既反映疫情又体现当堂所讲授翻译技巧的文段，作为语篇翻译练习的文本。例如，在 3 月 5 日的课上，笔者选取了 *Fight Against the Novel Coronavirus* 这则新闻片段，内容如下：

Nurses have played an important role in the fight against the novel coronavirus outbreak and have made great contributions to helping patients recover, according to the National Health Commission. The country has sent 42, 000 medical workers to Hubei Province to fight the outbreak and 28, 600 of them are nurses, Guo Yanhong, an official with the commission, said at a daily news conference on Saturday. They have worked at makeshift hospitals, quarantine wards and ICU wards and their care for the patients have greatly contributed to the recovery of patients.

参考译文如下：国家卫生委员会表示，护士群体在新型冠状病毒的防控阻击战中发挥了十分重要的作用，他们也对协助病人的康复做出了极大的贡献。周六，在每日例行新闻发布会上，卫生委员会成员郭艳红说，为支援湖北抗击疫情，国家已派出了42000名医务人员，其中护士就有28600名。这些护士有的在临时医院工作，有的在隔离病房或重症病房工作，他们的细心呵护对于病人的恢复起到了莫大的作用。

本次课学习了“增译”的翻译方法，如：“They have worked at makeshift hospitals, quarantine wards……”（参考译文：这些护士，[有的]在临时医院工作，[有的]在隔离病房或重症病房工作……）这句话正是用到了“增译”这一翻译方法。这段翻译练习向同学们传递了援鄂医疗队医护人员舍生救患的无私奉献精神，同学们在练习翻译技巧的同时也给自己上了一堂感动、感恩的思想课。

3月12日，笔者选取了*Colored Health QR Code*这篇文章进行翻译，并借此向同学们普及健康码知识，“A red code indicates the holder is a confirmed or suspected COVID-19 case, a yellow one indicates a close contact, while a green one means the holder has no contact with any cases.（参考译文：红色码代表新冠肺炎确诊或疑似病例，黄色码代表密切接触者，绿色码代表未接触过新冠肺炎相关人员。）同学们在练习翻译的过程中，了解到了国家卫生部门对于疫情的管控举措。

3月19日，笔者选取了*Epidemic and Pandemic*这篇文章进行翻译，让同学们了解“epidemic”和“pandemic”这两个单词的不同之处，加深同学们对这两个单词的正确认识。例如，As the Association for Professionals in Infection Control and Epidemiology（APIC）explains on its website, an epidemic occurs when an infectious disease spreads rapidly to many people.

（参考译文：感染控制和流行病学专业人员协会在网站上解释道：“当一种传染性疾病迅速传播给许多人时，就被称为 epidemic。）与此有所不同的是，If an epidemic can't be contained and keeps expanding its reach, public health officials might start calling it a pandemic, which means it's affected enough people in different areas of the world to be considered a global outbreak.（参考译文：如果一场 epidemic 不能被控制住，还在不断蔓延，公共卫生官员可能就要开始称之为 pandemic，意思是这场流行病已经影响到世界不同地区足够多的人，到了全球性爆发的程度。）通过翻译练习，同学们知道该如何用英语表述“疫情”。

此外，通过翻译有关疫情生活的片段——*Telecommuting*，同学们客观地认识到疫情对人们生活的影响。在翻译 *People Who Were Amazingly Productive in Quarantine* 一文中，同学们了解到，莎士比亚在 1606 年英国爆发疫情时国家实施隔离的情况下竟然取得了不凡的艺术成就，例如：“After suddenly finding himself without a steady job and lots of free time, Shakespeare got to writing. He composed *King Lear*, *Macbeth*, and *Antony* and *Cleopatra* before the year was over.”（参考译文：突然发现自己没有了稳定工作但却有了大量自由时间，莎士比亚开始投入写作。他在这一年内就写出了《李尔王》《麦克白》和《安东尼与克莉奥佩特拉》。）同样，年轻数学家牛顿在学术方面成就颇丰，让人没想到的是，牛顿的很多学术成果竟然是在 1665 年英国爆发疫情时全民隔离期间取得的。“The young mathematician (Newton) produced some of his best work during his year in quarantine, writing the papers that would become early calculus and developing his theories on optics while playing with prisms in his bedroom.”（参考译文：这位年轻的数学家（牛顿）在隔离期间写出了自己最杰出的一些著作，在这期间写的论文奠定了早期微积分学的基础，在卧室里玩棱镜的时候发展出了自己的光学理论。）在练习翻译的过程中，同学们从历史事件中汲取力量，增强了他们面对疫情努力学习的信心和干劲。

5月21日，笔者选取了国家主席习近平在2020年5月18日第73届世界卫生大会视频会议开幕式上的致辞作为翻译源文。其中有部分致辞内容如下：“In China，after making painstaking efforts and enormous sacrifice，we have turned the tide on the virus and protected the life and health of our people. All along，we have acted with openness，transparency and responsibility.”(参考译文：经过艰苦卓绝的努力，付出巨大代价，中国有力扭转了疫情局势，维护了人民的生命安全和身体健康。中方始终本着公开、透明、负责任的态度。)同学们翻译完之后，都对党和国家的抗疫举措及成效发出了由衷赞叹！

结语

“英汉笔译”课程，本着“挖掘思政元素，运用典型素材，开展好线上教学”的宗旨和原则，在授课过程中，结合疫情这一当前最大的国情，借助图片、视频和文本等多种媒介和互联网学习平台，在教学内容中渗透疫情元素，把道德价值与语言技能培养结合起来，使翻译技能的培养和价值引领相互促进，培养学生的人文情怀和科学精神，塑造学生的感恩情怀和社会责任。本课程结合当前疫情，打破传统以教材为本的狭隘知识教育观，避免了单纯空洞的理论讲解和机械练习，从学生的兴趣和需要出发，发掘学生关注的热点，优化教学内容，改进教学方法，提高了教学效果。本课程把知识技能传授与情感熏陶和价值引领相结合，引导学生关注社会现实，了解社会现实，以便在未来更好地服务社会，因此，是改进“英汉笔译”课程教学内容和教学方法的一次有益尝试。

◎ 参考文献

[1] 冯庆华. 实用翻译教程(第三版)[M]. 上海：上海外语教育出版社，2010.

[2] 董春芝，邬忠. “英汉笔译”教学大纲[Z]. 江汉大学外语学院，2018.

[3] 中共江汉大学委员会. 江党2020(3)号文件[Z]. 2020-03-24.

基于课程思政的大学英语教学探例

——以《新世纪大学英语(第二版)》第二册第五单元为例

马静濛

(江汉大学外国语学院　湖北武汉　430056)

一、问题的提出

习近平总书记在全国高校思想政治工作会议上指出:“要用好课堂教学这个主渠道,思想政治理论课要坚持在改进中加强,提升思想政治教育亲和力和针对性,满足学生成长发展需求和期待,其他各门课都要守好一段渠、种好责任田,使各类课程与思想政治理论课同向同行,形成协同效应。”大学英语课程教学如何守好“责任田”,如何实现知识传授和价值引领的双统一,如何在多元巨变的社会转型期、在多元思潮和网络舆情直接影响着大学生的价值观的复杂时代发挥英语课程教学的育人作用,如何帮助大学生建立起正确的世界观、人生观、价值观成了大学英语课程教学研究的重要议题。

二、大学英语课程教学中融入思政元素的必要性

大学英语作为通识课程,是很多高校都会开设的一门重要的公共必修课,几乎覆盖除英语专业外其他所有专业的学生。大学英语的授课周

期为新生入学前两年，正是大学生价值观形成、转化的关键期，因此在大学英语课程教学中开展思想政治教育非常必要。此外，当前的大学英语课程教学重工具性而轻人文性，忽视了人文性内涵，有碍于大学英语“全人”教学目标的达成。因此，通过“国家认同教育”元素的引入，挖掘课程思政教育资源，发挥大学英语课程优势，提高学生文化认同和自信，增强爱国主义情感，实现大学英语价值理性和工具理性的统一是必要的。通过语言的学习，大学英语课程为学生打开了一扇阅读世界的窗户，也让他们有能力通过一手资料近距离了解不同民族的文化和国情，脱离人云亦云，形成自己的思考和判断。这种建立在了解基础上的文化对比，更能让学生体会中华文化的博大精深，唤起民族自豪感；也能更好地理解“各美其美，美美与共”的中国智慧。同时，掌握了英语语言能力的学生们也能更好地向世界讲述中国故事，传播中国文化。

三、教学案例分析

1. 设计整体思路

从关注学习者(zooming in on learner)和聚焦于文本(zooming in on the text)的理念出发，依据群体互动的角色担当、特定语境的完整体验和触动内心的个性表达三个基本原则，从理想、情绪和思维三个方面设计本单元的教学路径。着重培养学生的情感目标，引导学生思考“人与自我”的关系，促成学生个体的内心成长。

2. 教学内容分析

(1)学习内容

本单元包括两篇文章 *Never too Old to Live Your Dream* 和 *From Tramp to King of Comedy*。主要内容及课时分配：Passage A：*Never too Old to Live Your Dream*（3 课时）；Passage B：*From Tramp to King of Comedy*（1 课时）；Writing(1 课时)。

(2)学情分析

经过高中学习和半年时间的大学学习，学生们已具备了一定的语言运用能力；对欧美文化有了一定的了解；掌握了一些英语学习策略，能够借助现代化信息技术自主学习，初步具备获取、处理、概括信息的能力，但是尚不能从多角度分析问题，不能自觉将所学知识与现实生活紧密结合。

(3)教学目标

基于对教学内容和学生情况的分析，授课教师认为本单元文本的语言和表层内容对学生来说难度适宜，文本话题对学生来说较为熟悉，但对于学生来说深度卷入个体情感、激发对"人与自我"关系的思考尚有难度，需要教师做充分铺垫。因此，授课教师将本单元教学目标设置为知识目标、能力目标和情感目标。

首先，知识目标。具体包括：学习本单元课本中的关键词和相关表达；掌握将来完成时态；掌握按写景状物的空间关系扩展段落的方法。

其次，能力目标。培养学生的英语语言能力，包括语言的语用能力(即辨别、理解)，组织合乎语法规则句子的能力，以及基于使用的语言能力(学习者使用语言的技能和水平，即对语言的理解能力和表达能力)。培养学生的跨文化交际能力，如对文化多元性的认识，对差异的宽容态度，对异文化成员的理解与共情、共感能力，以及对自身文化价值观念及行为方式的感悟和反省。培养学生的思维能力，如以问题引学习，提高思维的广度；以视图助理解，构建思维的法度；以活动练反应，增进思维的速度；以审辨促创新，擢升思维的高度。培养学生的学习能力，如形成正确的英语学习观念、运用行之有效的英语学习策略等。

最后，情感目标。引导学生思考"人与自我"的关系，促成学生个体的内心成长。主要包括：形成群体互动的角色担当，帮助学生在课堂教学中实现集体中的"角色担当"，关注集体、卷入集体、对集体负责，塑造和培育健康的自我。在语言学习中触动学生情绪情感，激活人的完整内心，触动深层自我。帮助学生做情绪卷入，开展理想教育，思考

“做什么样的人”“什么样的生命最有价值”。

3. 如何实现语言与育人的融合

首先，贯彻理想教育的活动设计。理想教育包括世界观和人生观的教育，包括生活价值的教育。归根到底，理想教育是引导学生思考“做什么人”的问题，更是引导学生用自己的行动，实践“做什么人”的问题。在本单元的英语语言教育中，理想教育主要有两个途径：

一是导入部分。教师结合当下的疫情防控时事，给同学们分享抗疫中涌现的英雄人物故事，让同学们思考“Who they were? What they did? Who did they do it for? What those people wanted or needed? What they got out of it, and how they changed as a result?”用钟南山、陈薇院士的故事引导学生思考本单元 Passage A 中需要思考的主题——“人与自我”的关系。

二是引介罗斯女士的动人故事。本单元 Passage A：*Never too Old to Live Your Dream* 是一篇实施理想教育的好材料。在具体的教学过程中，为了更好地从理想教育的角度组织学习活动，笔者打破了围绕课文本身的内容展开学习的窠臼，引导学生深入主人公的真实生活中，用生活中“活到老、学到老、干到老”的例子丰富主人公的生命轨迹，如：在 Complete the blanks 的练习中引入如下填空训练：From the text, I know ________. By Internet, I know ________. From the school library, I know ________。实施这个活动，需要学生的身心投入，在课文的引领下探究罗斯女士这一类人物的人生经历，他们会发现更多的感人事迹和生动故事。

其次，贯彻情绪教育的活动设计。情绪发展是人生教育的重要主题，好的文学作品是情绪教育的良好素材，文学鉴赏则是情绪培育的有效途径。语言教学中的情绪教育要依靠教师情绪的卷入这一先决条件，再由教师引导学生完成情绪共享、融入生活的实际情境。本单元的两篇课文 *Never too Old to Live Your Dream*、*From Tramp to King of Comedy* 都是出自名家的文学作品，是激活学生深层情绪、完成真实情绪教育的好材料。按照文学鉴赏的教学策略，教师首先应研读这两篇文学片段的背景资料，较快较好地发生自我卷入，然后用背景信息和自我情绪感染学生，完成师生在本单元阅读中的情绪契合。为此，教师应事先引导学生对选篇的作者及作品进行研究，包括：看著作原本、读作者其他文章、看传记电影等。通过背景材料、相关图片和画面的链接，师生、生生之间产生共鸣。这种情绪共享的体验具有“映射”效应，可以拓宽学生的心理感受视野，对自我情绪进行理性辨认与区分，提升学生情绪认知水平。

最后，贯彻思维教育的活动设计。语言和思维密切相关，有深度的文本可以激活学生的思维，本单元的两篇课文都出自名家名篇，论题有价值、内容有底蕴、修辞有章法，值得精心设计思维教学活动。本单元的思维教学分为三个层次：第一层，基于语篇信息的理解性思维训练，囿于语篇本身探寻作者思路。如：“Skim the whole text and divide it into two parts and write down the paragraph numbers of each part”“Discuss and Generalize the main idea of each part in one or two sentences”。第二层，基于语篇主题的审辨式思维训练。让学生打开思路，超越语篇范围，发挥思维自主性，实施更大范围的主题研讨。如：“What do you think of Rose's story? What did you learn from the story of Rose?”第三层，基于现实生活的问题解决，帮助学生在真实生活层面上训练思维活动，如：“Will you tell another story of this topic? (Let students tell real stories. Tell own stories to evoke the true thoughts of students.)”

四、结语

虽然，课程思政理念的提出时间不长，大学英语课程与思政元素的结合也仍然处于摸索期，但其必要性和紧迫性已然显现。在大学英语课程中融入思政元素不仅能有效地弘扬传统文化，还能把英语教学从传统的、以单词句法为中心的浅表性知识教学的桎梏中解放出来，深挖文本内涵，传导正向精神。本文就既往的教学实践，从教学内容、教学目的、语言和育人功能相结合等方面探索了大学英语课程思政的路径，仅以单元为例与同行探讨，以期为课程思政建言献策。当然，怎样才能更有效地让学生在大学英语课堂里浸润思想政治教育，还需要广大一线教师们秉持立德树人之心，不断地开展行动研究，将每一个语言课堂拓展为引导学生全面发展的平台。

◎ 参考文献

[1] 田鸿芬，付洪. 课程思政：高校专业课教学融入思想政治教育的实践途径[J]. 教育与人才，2018(4).

[2] 虞丽娟. 从“思政课程”走向“课程思政”[N]. 光明日报，2017-07-20.

[3] 卞云飞，狄天秀. 从“课程思政”角度看大学英语教学中存在的问题及其解决方法[J]. 课程教育研究，2019.

“00后”外语专业新生爱国主义教育的探索与实践

葛　磊
（江汉大学外国语学院　湖北武汉　430056）

2019年中共中央、国务院印发了《新时代爱国主义教育实施纲要》（以下简称《纲要》），《纲要》明确了新时代爱国主义教育的基本内容，其中明确提出，培养社会主义建设者和接班人，首先要培养学生的爱国情怀，要将爱国主义精神贯穿于学校教育全过程，创新爱国主义教育的形式，广泛组织开展实践活动[1]。2018年9月起，全国的“00后”们开始进入大学校园，我国的高等教育进入了新时代。“00后”是在网络时代成长的一代，他们的生活方式、学习方式和交往方式与“90后”不同，他们更加凸显个性和自我、喜欢新鲜事物、接受能力较强。外语专业新生，与一般专业的新生相比，在学习中更为直观地了解和感受着西方文化，受外域文化的影响要比其他专业学生的渠道多一些、量大一些，因此其世界观、人生观、价值观更趋多样化[2]。目前对外语专业新生的爱国主义主题教育方面的研究论文比较少。因此，如何在“00后”外语专业新生中深入开展爱国主义教育，引导他们坚定中国特色社会主义理想信念，是摆在所有思想政治工作者面前的一项重要而艰巨的任务。本文指出高校“00后”外语专业新生爱国主义教育中存在的问题，最终提出外语专业新生爱国主义教育的新途径。

一、外语专业新生在爱国主义教育中存在的问题

1. 思想上存在模糊认识和困惑

外语专业新生主要以女生居多，同时受所学语言国家文化的影响，她们思想活跃，容易接受新鲜事物；乐于表达，具有较强的批判和质疑精神；行为多样，个性突出[3]。外语专业新生在思想上存在模糊认识和困惑，一是绝大部分外语专业新生有着正确积极的爱国主义思想观念，具有较强的爱国主义热情，但是这种爱国主义热情具有一定的盲目性和不确定性，爱国情感比较淡薄，价值标准趋向实用性；二是爱国行为模糊化，刚进大学的“00后”外语专业新生缺乏应有的政治参与意识，对爱国主义教育集体学习活动，特别是对学习国家政治和历史存在着消极和抵触的心理。

2. 受多元文化的影响

外语专业新生在学习外语的过程中，一是接触的外域文化呈多元化。比如学习英语和翻译的学生受到欧美文化的影响，学习日语的学生受到日本文化的影响，学习法语的学生受到法语文化的影响，不同语种的文化背景直接影响新生的思维方式和世界观、人生观、价值观以及政治立场；二是接触的外籍教师和涉外项目呈多样化。由于外语专业的特殊性，需要来自英语、法语和日语国家的外教，同时在训练口语的时候也会接触不同国家的留学生。为与国际化教育接轨，笔者所在学校有不同的涉外项目，比如赴美带薪实习、短期项目游学等，学生在与外教、留学生接触和参加涉外项目时可以切身地感受到国外的文化氛围，容易受外国人的生活态度和民主精神的影响，使得他们易于进行中外文化对比，抨击不合理内容。

3. 爱国主义教育效果不明显

目前国内学者对高校爱国主义主题教育进行了相关研究，研究结果表明，爱国主义教育效果不明显问题比较突出[4]。首先，爱国主义教

育与专业教育契合度不高。目前新生爱国主义教育主要通过思想政治课上的理论学习来实现，爱国主义教育与专业结合度不高，这导致学生在开展主题教育时兴趣度不高，缺乏适合外语专业特点的相关创新性活动。其次，爱国主义教育形式单一。高校在进行外语专业新生爱国主义教育时忽视了专业学生的个性特点，存在理论知识的灌输倾向，说教式教育比较严重，教学手段和模式较为单一，同时忽视了外语专业新生的价值取向方面的差异性，这最终导致他们在爱国主义情感方面的缺失。

二、外语专业新生开展爱国主义教育的新途径

高校在大学一年级新生中开展大学生爱国主义教育是一项常规工作。本文针对“00后”外语专业新生爱国主义教育存在的问题，在传统爱国主义教育的基础上进行创新，将爱国主义教育与外语专业“听说读写译”教学模式相结合，开展围绕听、说、读、写、译五个方面的专业特色实践活动，让新生在活动中感受爱国主义教育，同时提升新生专业能力。

1. 通过学习爱国主义歌曲开展爱国主义教育。爱国主义歌曲内容丰富、旋律优美，新生根据自己所学语种翻译后进行学习，可以使新生在学习过程中了解革命故事、弘扬革命精神，同时感受和传承爱国热情，增强新生对爱国主义教育的认识，通过晚自习开展爱国主义歌曲歌唱比赛，也进一步丰富了学生晚自习的乐趣，可以增强年级和班级的凝聚力。

2. 通过举办爱国主义演讲比赛开展爱国主义教育。开展外语演讲比赛，让新生对目前的热点话题，如十九大精神、五四运动100周年、中华人民共和国成立70周年、中外文化差异等进行了解和学习，学生在主动收集相关资料的过程中，摆脱了传统的说教式学习。通过开展具有中国元素的外语演讲比赛，可以使外语专业新生展示自己所学语言的魅力，使爱国主义教育活动化枯燥乏味为情趣盎然，化被动接受为主动接受。

3. 通过阅读爱国主义外文书籍开展爱国主义教育。为了提高外语专业新生的文化鉴别力和鉴赏力，同时培养学生独立的文化人格和爱国情操，在大一年级指定相关优秀的爱国主义题材的外文书籍供学生们选读，将自己的读书心得通过 PPT 等形式在班级进行分享，这样不仅能让新生知道中外文化差异，坚定文化自信，同时还能提升学生的外文归纳与陈述能力。

4. 通过爱国主义英文写作开展爱国主义教育。为激励外语专业新生的爱国主义热忱，弘扬爱国主义精神，同时提高新生的写作能力，让学生结合自己读过的爱国主义书籍和爱国主义故事，用自己所学专业知识写一篇英文爱国主义文章。

5. 通过翻译习近平重要讲话金句开展爱国主义教育。习近平总书记的讲话金句对于外语专业新生树立正确的世界观、人生观、价值观具有重要意义，让新生主动去收集习近平重要讲话金句并进行翻译，在此过程中让新生们主动学习这些金句，领会讲话精神的内涵。此活动进一步激发新生对外语学习的热情，调动新生学习的主动性和积极性，激发大家的爱国主义情怀。

三、结语

“00 后”外语专业新生爱国主义教育有着鲜明的时代特点，有着外语专业的特点，本文旨在通过创新外语专业爱国主义教育新途径，最大程度地提升外语专业新生爱国主义的教育质量，增强新生的凝聚力及爱国热情，培养具有浓厚爱国主义精神和强烈社会责任感的外语专业人才。

◎ 参考文献

[1] 中共中央，国务院. 新时代爱国主义教育实施纲要[N/OL]. [2019-11-13]. http://www.politics.people.cn/n1/2019/1113/c1001-31451633.

html.

[2] 葛兰. 加强英语专业大学生爱国主义教育的探索与实践[J]. 教育探索，2008(2).

[3] 商应美，马成龙，王香丹. 外语专业大学生的特点及教育对策[J]. 高校辅导员学刊，2013(4)：59-63.

[4] 林高涵. 新时期大学生爱国主义教育存在的问题及对策研究[J]. 高教学刊，2017(5).

二、线上线下教学探索

在线课程学生自我能动体系的整体架构[①]

刘晓燕

（江汉大学外国语学院　湖北武汉　430056）

在线课程的研究往往都聚焦于教师和课程本身，事实上学生作为在线课程的学习主体，他们的学习状态、学习效果更应该成为在线课程的关注焦点。同时在线课程评价应当从是否有效地促进了学生的自我能动性出发。正如数字技术对教育提出的全新要求，即“要批判性地思考批评，就需要考虑文学教育机构的现实机制，需要考虑这种机制得以运转的主体化技术，也需要考虑它们所支持的审美、道德或认识的自我形成形式”。（本尼特，2016：110）因而在线教育作为新兴的主体化技术不应将学生的学习成绩或者知识的掌握程度作为直观的评价标准，而是将其能否提升能动的学习能力以及个人整体素养作为评价的标准。

学生自我能动体系是一个整体架构的过程，教师不仅需要在知识体系设置、教学进度的把握和评测内容的设计上进行整体考虑，而且还需要在教学互动中对整个教学过程进行有效的把控。这种对学生能动性的有意识培养，将在线教学从知识的教授向能力的培养进行转变。正如数字时代教育理念从“选择适合教育的学生”到“创造适合学生的教育”的转变。（赵恒德，程敬宝，2002：11）在线课程的兴起正是时代发展的必然。

① 本文系 2019 年湖北省教育厅哲学社会科学研究指导性项目（编号：19G035）研究成果之一。

一、知识体系的整体性与自主学习力

在线课程作为一种课程的呈现方式，它与传统的课堂教学在授课形式和思维方式上都有巨大的差异。知识体系的形成是在线课程学习的关键，传统课堂上学生需要通过整个学期的学习才能了解所有学习内容的框架。在线课程则将这一过程进行放大，让它成为一个贯穿课程学习始终的重要环节。如果学生不能有效地把握课程知识框架，这样的学习只会成为一种机械的被动学习。这不仅极大地降低了学习效率，而且还会让学习成为一种负担。而在线课程则实现了对所有知识的反复学习，学生既可以提前学习，也可以随时复习，这有助于学生全面把握所有知识。事实上，在线课程的课程结构是学生形成本门课程整体知识体系的仿效形式，学生每次学习时都可以完成一次知识结构的梳理。那么这种整体知识结构的设置就成为学生主动学习的前提，学生可以根据自身的情况有选择性地自主学习。

事实上，知识体系的整体建构同时也培养了学生的整体思维。整体思维是从被动学习向主动学习转变的关键。正如博物馆对主体能动性的规训是“通过提供‘规训顺从’的空间，博物馆提供了使新的行为方式可以内化为自我行为的可能”。（本尼特，2016：295）在线课程为学习者提供了这样一个思维训练模式和将思维进行内化的空间。整体思维正成为在线课程区别于传统课堂教学的一种变革，这种变革不仅发生在教师的角色转变上，而且更多地发生在学生的思维转变上。学生不再是被动的思考，不再是一味地等待老师讲授，而是成为主动学习者。因此学生能发现更多自己感兴趣的或者薄弱的环节，从而进行重点学习。这也就是整体知识体系对于学生自我能动体系建构所发挥的基础性作用。

二、教学进度的整体性与自我效能感

进度的整体建构是提高学生在线课程学习效能的关键。在线课程的进度一般是参考实际教学经验进行规划。这样可以将已有的教学经验进行总结升华，实现在线学习进度的合理性。

事实上，教学进度的整体性与学生的认知能力有关。学生的认知能力是一种循序渐进的过程，刚开始接触一门新课，也就意味着一套新的知识体系的介入，那么对其的认知一定会是一个逐步加快的过程。因而，在安排最初章节进度时，可以根据实际情况适当放慢。让学生更加充分地适应一门新课的学习方式，中间以及后面的学习则可以适当加快。因而，教学进度的设置要充分考虑学生的认知特点，进行整体把控。

进度的整体建构不仅可以有效地进行整体学习的安排，而且可以更好地调控学生的情绪。重点和难点往往成为学生自我学习的障碍，放慢进度则可以让他们更好地进行知识内容的消化吸收，从而顺利地进入下一步的学习当中。同时，间接地对这部分内容进行强调和突出，让学生发现自我的不足与疏漏。事实上，每一章节内部同样需要有效地规划好进度，导入环节、具体讲解、讨论环节和复习环节都应当充分考虑学生的学习情况，适当地加快或者放慢学习进度。例如，可以放慢讨论环节的进度，让学生不仅可以进行有效地深入讨论，而且能够改变传统教学的课堂氛围，让生动有趣的学习交流成为促进学生自我能动性的一种途径。

总之，教学进度的整体性是建构学生学习能动性的推动力量。

三、评价体系的整体性与自我认知力

合理的评价体系能够让学生有效地对自我学习能力进行评估，并进行针对性的学习。在线课程的评价体系是学生进行自我认知的关键部分。那么建立有效的评价体系，一方面能够实现从线下教学向线上教学的过渡，另一方面，能够更好地推动学生的自我认知力。

个性化的评分标准是提高学习者自我认知力的有效方式。元认知指的是“有关自己认知过程的知识或与这些认知过程相关的任何东西”，(Flavell，1976：232)包括关于个体、目标、任务、策略的知识。(罗伯茨，2020：53)个性化的评分标准作为联结自我认知与学习认知的方法，不仅可以明确自我学习内容的不足，而且能够让其发现学习与个体、目标、任务和策略上的内在关联。在在线课程的建设过程中应当制定细化的评分规则，让学生清楚哪些任务是必须要完成的，以及完成这些任务所对应的考核标准。这样不仅可以促进学生学习任务的完成，而且可以更加清晰地让学生进行自我认知。具体而言，个性化的评分标准不以传统的分数来衡量学生的学习成绩，而是将参与度、学习时间、专注度、创新性和发散性等这些可以更加全面地体现学生的学习能力和认知能力的维度作为评分标准。总之，评价系统作为一种监督体系是将被动学习变为主动学习的关键。

在线课程的线上学习相比传统教学让学生有了更多的自主空间，其中评价体系的建立可以让学生对未来的学习体验进行调整和规划。尽管在线学习最难的部分在于对学生学习积极性的调动上，评价系统则可以通过不断改进有效地促进学生的自主学习。那么在建课之初，对于评价标准的明确，也就具有更多的实际意义。

结语

在线课程经历了多年的发展，已具有一定的成熟模式，但其对于整体结构的把握仍然存在着极大的不足。事实上，整体思维作为在线课程的基础原则，需要自始至终地贯穿于建课和实践当中。那么这也就要求教师在建课时充分考虑整体性对于学生能动体系建构的促进作用，从而做好每一个环节的整体架构。学生自我能动体系的整体建构不仅有利于其在线课程的学习，而且可以有效地促进其整体能力的提升。

◎ 引用文献

[1] 托尼·本尼特. 文化、治理与社会[M]. 强东红等译. 上海：东方出版中心，2016.

[2] 詹妮弗·罗伯茨. 元认知视角下的慕课框架[J]. 中国远程教育，2020(7)：50-59.

[3] Flavell J. Metacognitive aspects of problem solving[M]// Resnick L. The Nature of Intelligence. Hillsdale, NJ: Erlbaum, 1976.

[4] 赵恒德，程敬宝. 适合学生主体发展的教育观述论[J]. 山西师大学报(社会科学版)，2002(1)：11-15.

疫情下大学日语在线教学的问题及对策

曲佳子

（江汉大学外国语学院　湖北武汉　430056）

一、前言

2019年底，武汉出现了新冠肺炎疫情。因防控需要，2020年1月27日教育部发出了要求各大中小学推迟春季开学时间，具体开学时间待定的通知，并于2020年1月29日发出了“利用网络平台，开展停课不停学”的倡议。随后，各大院校纷纷响应，出台了一系列疫情防控期间的教学措施及对策方案，短时间内将在线教学推上了“快车道”。

然而，在不得已快速转变的在线教学模式下，网络技术、教学模式、教学效果、教学心理等诸多问题也引起了人们广泛的热议和关注。笔者长期担任的大学日语课程作为通识教育必修课，到目前为止多以教师课堂授课的教学方式进行，教师和学生多习惯于这种传统的教学模式，教学效果也一直较为平稳。传统的教学方式虽有一定的局限性，但教学方式的突变也会引起许多不适。本文将探讨在疫情期间，大学日语课程的突然改变所导致的不同于以往的教学方式所引起的问题及应对策略，也希望对今后大学日语教学的改革有所帮助。

二、教学方式的突变引起的诸多问题及应对策略

1. 技术层面

这里主要指的是网络技术和教学技术。在线教学非常依赖网络环境，尤其是直播，对网络的要求更高，网络环境直接决定了教学质量和效果。特别是在在线教学刚开始的几周，由于在线人数暴增，不仅直播卡顿概率高，就连学习平台在在线高峰时间段也出现了服务器吃不消的情况。而且由于我国不同地域网络基础条件各异，有些同学被隔离在乡下老家，家中无电脑，只能通过手机进行在线学习。因此，为避免网络延迟、卡顿、宕机等问题，教师应尽量通过整合教学资源、录课等方式提前建设好课程，让学生自主在线学习，从而少用直播授课。这样既有效地避开了高峰拥挤带来的教学效果不佳的问题，又可以让学生灵活安排学习时间，从而锻炼学生的自主学习能力。笔者本学期的大学日语在线课程均通过整合学习资源提前建课，让学生以周为单位，在规定的时间内完成相应的学习任务的模式进行。这样基本上延续了以往大学日语每周一课的教学进度，也能有效避免网络环境的影响，让学生在相对自由的时间内完成相应的学习任务。

另外，大部分教师对在线教学虽然并不陌生，但对于之前没有建课经验的教师而言，在线教学可以说在各方面都是一次全新的挑战。所以，教师应积极地利用各种在线教学培训资源快速地学习网络教学技术，提高在线教学灵活度，尽量减少因教学技术的不足带来的负面影响。

2. 思想层面

这里主要指由于教学方式的突变引起的教师和学生在思想上的不适应。教师主要表现为缺乏现场感的失落。传统的课堂教学，教师的语言表达、表情管理、肢体动作等都是保证课堂效果的重要因素。而在在线课堂教学中，教师更多的是面对着电脑或手机独自表演，这种不能得到学生的及时反馈，少了面对面沟通的现场感，是造成多数教师不适应的

主要原因。和教师一样，虽然学生对网课也并不陌生，但面对如此快速的大规模改变，学生也需要适应期。

因此，教师和学生都应尽快做好心理调试，设计好与以往不同的教学策略。教师也可以适当对学生进行心理疏导，帮助学生尽快适应新模式，进入这种以在线学习为主、学习环境相对独立的状态。以笔者的大学日语课程为例，在开课的前几周，大部分学生或多或少出现了不同程度的不适应。有的学生因教学模式的大规模改变以及在线课程较为繁重的学习任务而产生了较大的压力，有的学生则对在线学习的自主安排和规划显得有些茫然。不过经过了头几周的适应期，大部分学生在教师的引导下能慢慢找到方向，摸索出适合自己的学习计划和方式。

3. 学生的学习方式

上文中也提到了，很多学生长期以来已经习惯了传统的课堂教学模式，习惯了跟着老师做笔记、做练习、提问、讨论等学习环节。现在突然要变成相对独立的自学模式，有些学生就显得有些茫然了。因此，教师应针对如何进行有效的在线学习等问题给予学生相应的指导。如开学前通过 QQ 群或网络教学平台告知学生该课程的课程设置、教学实施细则、教学计划等，让学生结合自身学习特点制订相对完整的学习计划，做好课前预习、课中笔记和课后复习等，并按时完成相应的练习进行巩固；帮助学生熟练地运用平台查找学习重难点、课程信息、答疑资料、常见问题解答等学习辅导信息和教学资源，从而提高学习效率。

4. 缺乏师生、生生互动

在传统的线下课堂教学中，教师对学生学习状态有直观的了解，教师与学生、甚至学生与学生之间的及时互动和相互探讨都是课堂教学中的关键。然而，在线教学由于时间、空间等因素的限制，教师有时候并不能及时地捕捉到学生的学习情况和存在的问题。师生、生生互动没有线下教学来得直观、来得及时。因此，教师在在线教学中应通过 QQ、微信等聊天工具及时接收学生的反馈和疑问并尽快做出相应的处理，给予学生有针对性的辅导与解答。教师也可以定期收集普遍问题点，在非高峰时间段进行直播答疑或录课答疑。在本学期的大学日语在线课程教学过程中，笔者尽量对学生提出的问题给予及时且有针对性的答复，并在网络教学平台的讨论版面建答疑帖，鼓励学生积极参与回帖并讨论学习心得或争当教师小助手解答其他同学的疑惑，从而尽可能地为学生营造一个虚拟且真实良好的网络学习交流环境。

5. 教学效果的监测

在线教学的教学效果更多的是通过平台的统计数据情况来体现与监测的，“教”的效果主要反映和体现在“学”的效果中。笔者使用的超星平台对学生的学习次数和进度、学习时长、讨论发起和参与度、作业和考试情况的统计分析等都可以较好地满足教师对学生学习效果的监测。另外也可以用调查问卷的方式进一步了解学生对在线教学效果的满意度及评价情况，从而多方位地实现对教学效果的监测。

6. 复课后线上线下教学的衔接

线上学习由于受客观条件、学生自主学习能力、自控自律能力等因素的影响，学习效果和线下课堂教学相比可能存在差异。因此，恢复课堂教学后，教师应对学生的线上学习情况进行摸底测试，对学习质量进行诊断评估，并且有针对性地制订新学期课堂教学计划，做好线上线下教学衔接。比如有重点地对在线已学内容进行归纳讲解和复习，加大对学习困难学生的帮助力度，尽量确保每一名学生都能较好地掌握在线已学知识，然后再进行新课程的教学。例如从本学期大学日语在线学习的各项数据和考试结果分析来看，大部分学生普遍对本学期的教学重难点——日语动词变形存在某种程度的问题。因此，复课后在导入新的动词变形之前，帮助学生回忆变形规律、复习和巩固已学动词变形是非常必要的一环。

三、结语

我国互联网的快速发展使得大规模的在线教学成为可能，大家对此也并不陌生。然而，当疫情将这次在线教学迅速推上“快车道”时，无论教师还是学生仍要经历一段适应期。教师要快速进行自我调试，尽量避免网络技术、教学技术等问题对教学效果的影响，积极探索未来常规教学中可用的一些新的途径和手段。学生也要尽快调整好心态找到适合自己的学习模式，积极向教师或家人沟通想法和困难，积极利用网络聊天工具或平台与教师及同学进行互动，自觉自律，充分发挥自身的主观能动性。总之，这次疫情给我们带来的既是挑战亦是机遇。经过此次疫情中的在线教学，网络教学进程必将得到加速推进，未来大学日语教学改革以及在线教学的发展也会实现一次质的跨越。

◎ 参考文献

[1] 焦建利，周晓清，陈泽璇. 疫情防控背景下“停课不停学”在线教学案例研究[J]. 中国电化教育，2020(3)：106-113.

[2] 梁剑. 疫情背景下高校“云课堂”在线教学相关问题的研究分析[J]. 中国多媒体与网络教学学报(上旬刊)，2020(6)：43-45.

大数据背景下基于蓝墨云班课 APP 的混合式教学研究

——以江汉大学研究生读写译课堂为例

孙　宇

（江汉大学外国语学院　湖北武汉　430056）

教育部印发的《教育信息化十年发展规划（2011—2020）》中指出："以教育信息化带动教育现代化，破解制约我国教育发展的难题，促进教育的创新与变革，是加快从教育大国向教育强国迈进的重大战略抉择。"要想强大，唯有科技创新，教育作为立国之本，首先就要走在创新的前沿，少年强则国强，教育创新是实现中华民族复兴和伟大中国梦的重要举措。当代研究生是我国高等教育的代表，因而对研究生的教育更不能松懈，我们必须积极响应国家和教育部的号召，努力践行"以教育信息化带动教育现代化"的战略目标。

一、蓝墨云班课与混合式教学行为

1. 蓝墨云班课

随着移动互联网、云计算、大数据等信息技术的不断发展，以智能手机为主的自带设备（Bring Your Own Device，BYOD）开始逐渐应用于现代的教学活动中，各种移动教学助手如蓝墨云班课、学习通、雨课堂等得到了广泛的应用。可以确定，基于移动终端的混合式教学现已成为现代高校教学改革的潮流。此外，混合式教学也是新媒体联盟《地平线报告(2017 高等教育版)》中被连续五年提及的、关注度最高的技术应用发展趋势，在高等教育领域有着多重形式。作为一款专门为移动环境下教与学活动设计的智能教学工具，蓝墨云班课能够通过智能手机开展通知发送、资源分享、小组任务布置、作业批改、组织讨论、投票问卷、头脑风暴、讨论答疑、组织点评等活动，有效实现移动教学；同时，还能有效追踪学习活动轨迹，记录学生的学习情况并以“经验值”的大小来确定学生学习的程度，为开展教学行为分析和基于数据驱动的个性化、精准化的教学改革提供了依据。2015 年，国务院在《促进大数据发展行动纲要》中强调要“探索发挥大数据对变革教育方式、促进教育公平、提升教育质量的支撑作用”。而蓝墨云班课的使用，能够很好地支持信息化教学创新，推动高校教学改革的发展。

2. 混合式教学模式

混合式教学模式是指把传统教学和现代信息化教学有机结合起来的一种教学模式，实现线上和线下的共同教学。《美国教育技术白皮书》指出，在线学习能够较好地实现某些教育目的，但是不能代替传统的课堂教学，更不会取代学校教育。因此一种新型的教学模式——混合式教学模式应运而生，并逐渐受到广大师生的认可。对于混合式教学模式，有学者认为，“就是要把传统学习方式的优势和 E-Learning 的优势结合起来。也就是说，既要发挥教师引导、启发、监控教学过程的主导作用，又要充分体现学生作为学习过程主体的主动性、积极性和创造性”。

针对混合式教学行为的研究，刘喆基于各种技术接受理论模型，分析了信息化教学行为的影响因素；穆肃等从方法论的视角分析了混合式教学行为，确定了信息化环境下的教学行为，并建立编码规则，获取分析样本进行分析；王陆等则主要从课堂大数据的角度，分析了教学行为大数据，进而研究教学规律。总的来看，从大数据的角度分析具体课堂教学行为的研究成果较少，构建基于移动端的混合式教学模式并通过分析其教学大数据来改进教学行为的研究成果更是凤毛麟角。下面笔者将结合自身专业具体探讨基于蓝墨云班课的混合式教学模式在实际教学中的设计与应用。

二、基于蓝墨云班课的混合式教学模式在读写译课堂中的设计与应用

1. 教学过程

在具体教学过程中，课程通常按照教学前、教学中及教学后 3 个模块进行设计与准备，其设计思路如图 1 所示。

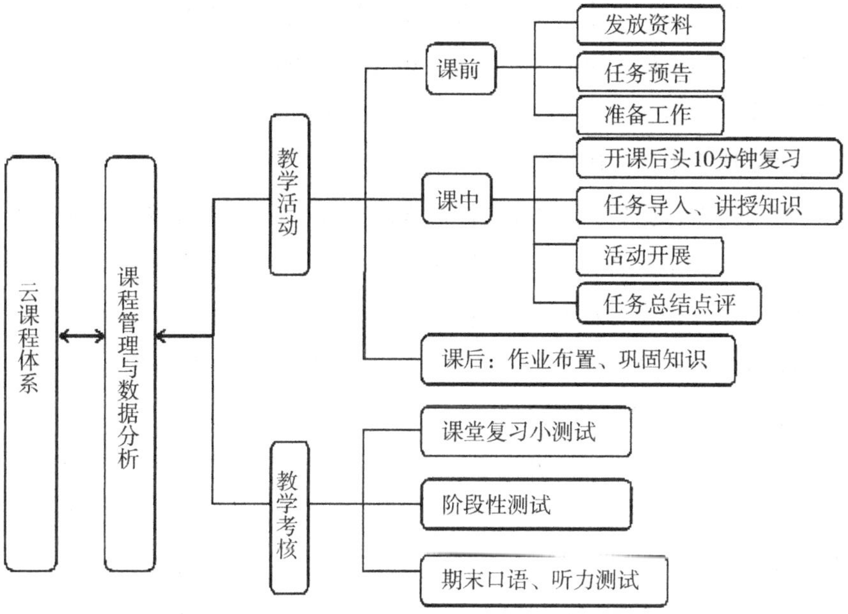

图 1　课程设计思路

(1)课前准备。课前利用蓝墨云平台发布与教学环节相关的资料和任务要求，同时要求学生提前预习相关资料，做好任务准备工作。

(2)课中组织。课堂组织通常分为课前复习测试、课中知识讲解、

开展课堂任务及课程总结。开课后前 10 分钟，利用蓝墨云平台完成上一次课程知识的复习小测试，利用蓝墨云平台即时发布测试结果，分析学生的知识掌握情况。接着讲授该次课程的知识点以及重难点。之后开展课堂任务，将课程知识点、重难点融合在任务中，通过让学生参与任务，应用所学知识完成任务，进而提高技能。随后根据学生在蓝墨云平台上提交的任务结果，现场进行结果分析，并提供参考答案。最后再次总结该次课程的主要内容及重难点。在任务设计方面，蓝墨云平台提供了多种活动模式，如小组任务、讨论答疑、头脑风暴、成员间 PK 和挑战活动等。例如英语词汇模块学习通常采用小组任务的形式开展，听说模块则利用英语类 APP 开展组员间 PK 活动和挑战外教活动来展开。

(3)课后安排。利用蓝墨云班课发布和批改课后练习任务。课后任务包括每天利用词汇 APP 完成 20~30 个词汇的学习与复习，并打卡，每周完成“多说英语”和“可可英语”各 5 个听说系列训练，每周 1 篇翻译练习及其他相关写作练习。

(4)评测与考核。本课程考核包含形成性与终结性考核。形成性考核占比 50%，主要考核学生课堂表现，课后练习完成质量。终结性考核占比 50%，包含笔试与听说能力测试。传统考核方法较难评测学生口语能力，如今借助多说英语 APP 可轻松评价学习者的口语能力。

2. 形成性评价

蓝墨云班课集成了促进学习的评价功能，也集成了作为学习的评价功能，包括出勤、课堂表现、资源学习、作业/小组任务、投票/问卷、头脑风暴、答疑/讨论、测试等功能，完全与形成性评价的内容相吻合，是一款教学与评价相辅相成的革命性教学工具。作为一种“互联网+”信息化教学手段，蓝墨云班课在组织教学的同时也在实施评价，教学与评价相互促进，从而推动教学革命。作为一款移动班课，在手机普及的时代，蓝墨云班课可以实现随时随地的学习，完全适合大学生。作为一款完全免费的教学组织工具，蓝墨云班课可以随时随地促进教师的教学。形成性评价最重要的手段之一是学习档案袋的建立，而蓝墨云班课在组织教学的同时已经在大数据后台生成了两份电子档案，一份是反馈给教师的教学报告，一份是反馈给学生的学习报告。这两份形成性评价档案比起传统的档案来说，一则，相对真实可靠，不受主观情绪的影响，也不受外在因素的干扰。二则，省时省力，教学就是评价，评价也是教学，评价与教学水乳交融，相互促进、相互衍生。

三、不足之处

虽然蓝墨云班课有利于提升课堂效率和教学效果，但是也存在很多不足，下面笔者将主要从弊端分析它的不足，希望在以后的教学中可以找到两全其美的方法。

(1)蓝墨云班课的实施离不开网络的支持，校园网络的普及成了该教学模式实施的有力保障。但还存在流量使用过度造成费用增加的问题。这无疑是信息化教学实施的障碍。

(2)测试形式比较单一。蓝墨云班课上的测试一般只能进行客观题的测试，不能进行主观题的批阅，这显然是不够的。因此，这一方面需要教师补充其他线下测试，另一方面需要完善测试形式的设置。

(3)签到功能有待完善。目前的蓝墨云班课签到有一键签到、手势签到、手工登记三种方式。除了手工登记，一键签到和手势签到都有漏洞。一键签到可以不显示地理位置，这样就无法判断这个学生到底有没有来上课，手势签到可以通过班里同学把图片传给没来上课的同学，这样也不能达到签到的目的。

四、总结

综上所述，蓝墨云班课是一款可以帮助师生更好地完成教学的工具，线上和线下的互动不仅提高了教学效率，也节约了时间。在江汉大学研究生读写译的课堂上，蓝墨云班课是一款进行形成性评价的利器，它在很大程度上做到了客观公正，也有效地记录了学生的学习过程。蓝墨云班课一直在进步，随着智能机器人小蓝和小墨的上线，形成性评价将更加有趣。小蓝可以帮助每个学生基于蓝墨云班课的学习报告收集自己在班课中的学习情况，如果学生表现良好，小蓝会给该生点赞，如果学生表现不尽如人意，小蓝也会鼓励该生努力奋进。小墨可以基于蓝墨云班课的教学报告和学情分析数据帮助教师收集班课中学生的学习情况，给教师提出切实可行的改进意见。当没有情报的时候，小蓝和小墨也会冒泡，弹出不少名言名句，激励师生共同进步。

◎ 参考文献

[1] 张琳. 基于蓝墨云班课的混合式教学模式在日语课堂中的应用[J]. 教研论语，2018(4)：26-31.

[2] 刘喆. 基于TPB和TAM模型的教师信息化教学行为[J]. 现代教育技术，2017(3)：78-84.

[3] 穆肃，左萍萍. 信息化教学环境下课堂教学行为分析方法的研究[J]. 电化教育研究，2015(9)：62-69.

[4] 何芳，王玮. 慕课在大学英语教学中的SWOT分析[J]. 教育与职业，2016(9)：113-115.

[5] 余胜泉. 推进技术与教育的双向融合——《教育信息化十年发展规划(2011—2020年)》解读[J]. 中国电化教育，2012(5)：5-14.

在 EFL 课堂上培养学生思辨能力的行动研究

夏 敏

（江汉大学外国语学院 湖北武汉 430056）

一、研究背景和问题提出

中国高校的改革和发展主题之一是大力提高人才培养质量，而衡量高校人才培养质量的一个重要指标就是思辨能力培养(孙友中，2011)。大学英语作为我国高等教育的重要组成部分，“是大多数非英语专业学生在本科教育阶段必修的公共基础课程，在人才培养方面具有不可替代的重要作用”。(教育部，2017)。因此，在大学英语课程中培养学生的思辨能力显得尤为重要。然而大学英语教学却对学生思辨能力关注力度不足，近年来不少学者强烈呼吁大学英语教学要关注学生思辨能力的培养(陈则航，2015；邹绍艳，高秀雪，2015)。为了进一步深化大学英语教学改革，提高教学质量，培养出英语技能和思辨能力俱佳的有用人才，我国的大学英语必须以思辨能力培养为导向进行改革(刘晓民，2013；林晓，何莲珍，2017)。

自 2013 年起，笔者一直教授大学英语课程。通过课堂观察以及对学生的个体访谈，发现教学过程中普遍存在一些问题：(1)学生在课堂上不积极回答问题，而且习惯性保持沉默(薛赵红，唐永辉，2019)，等着老师的“标准答案”；(2)学生在遇到需要表达和提问的时候，常常会脑子里一片空白；(3)学生在遇到开放性问题的时候，对自己的观点不自信，不敢站起来回答问题等。总体而言，学生的思辨能力较弱(刘义，赵炬明，2010；黄芳，2016)，而进行批判性思维教育，是一件“不能等待、不能观望、不能懈怠”的大事(董毓，2019)。以思辨能力为中心的改革，重点是认识上的改变，改革途径应通过适当的教学方法来实现。以往的教学方法无法调动学生的积极性，对于学生的思辨教育介入较少。因此，笔者决定根据学生情况，对教学方法作适当的调整，结合教学内容，开展行动研究，对学生提出循序渐进的、创新性小组任务，以此培养学生的思辨能力。

二、通过“任务型小组协作学习”培养思辨能力

思辨能力(critical thinking)又常被译为批判性思维。美国学者曾在《德尔菲报告》中指出，思辨能力是一种“有目的的、自我调节的判断。这种判断表现为解释、分析、评价，推断以及对判断赖以存在的论据、概念、方法、标准或语境的说明”。它包括认知技能和情感倾向两个维度。认知技能包括“阐述、分析、评价、推理、解释和自我调节”，而情感倾向包括“好奇、自信、开朗、灵活、公正、诚实、谨慎、好学、善解人意等”(Facione，1990)。文秋芳等(2009)在借鉴已有模型的基础上，提出了层级模型。层级模型主张将思辨能力细化为两个层次：元思辨能力和思辨能力。第一层次的元思辨能力是指对自己的思辨计划、检查、调整与评估的技能；第二层次的思辨能力包括与认知相关的技能和标准，以及与思辨品质相关的情感特质(表1)。层级模型比较符合中国人的语言习惯和思维方式，可以为思辨能力的培养提供切实的指导(汪明，2019)。

表 1　思辨能力层级理论模型①

<table>
<tr><td colspan="3">元思辨能力(自我调控能力)——第一层次</td></tr>
<tr><td colspan="3">思辨能力——第二层次</td></tr>
<tr><td colspan="2">认　知</td><td>情　感</td></tr>
<tr><td>技　能</td><td>标　准</td><td rowspan="2">好奇(好疑、好问、好学)
开放(容忍，尊重不同意见，乐于修正自己的不当观点)
自信(相信自己的判断能力，敢于挑战权威)
正直(追求真理、主张正义)
坚毅(有决心、毅力，不轻易放弃)</td></tr>
<tr><td>分析(归类、识别、比较、澄清、区分、阐释等)
推理(质疑、假设、推论、阐述、论证等)
评价(评价预设、假定、论点、论据、结论等)</td><td>精晰性(清晰、精确)
相关性(切题、详略得当、主次分明)
逻辑性(条理清楚、说理有根有据)
深刻性(有广度与深度)
灵活性(快速变化角度、娴熟自如地交替使用不同思辨技能)</td></tr>
</table>

协作学习（collaborative learning）是一种通过小组或团队的形式组织学生进行学习的一种策略。它的基本模式主要有 7 种，分别是竞争、辩论、合作、问题解决、伙伴、设计和角色扮演(赵建华，李克东，2000)。很多教育专家提倡在大学阶段进行协作学习(何莲珍，林晓，2017)，Slavin(1999)认为协作学习重视思维技能和促进高阶学习(转引自 Schamber J. F. & Mahoney S. L.，2006)。

小组协作学习模式注重在教学中让学生协同做事，采用该模式培养思辨能力的教学体现了“以学生为中心”的教学理念，这正符合“任务型”教学法的理论(杨翠萍，刘鸣放，2005)。任务教学法是将英语的教学目标整合到一个或多个具体的活动任务当中，使学生在使用英语完成任务的同时，在不知不觉中学会英语。任务型教学课堂中师生及生生的

① 此理论模型参考文秋芳等人提出的思辨能力层级模型。

互动和交际有助于学生运用语言，学生在完成任务的过程中产生语言的习得，并最终达到掌握语言的目的(黄芳，2016)。

任务型协作学习强调学习者的创造性、自主性和互动性，有利于开发学生的思辨能力与创新性思维，增强学生个体之间及其与社会成员的交流与沟通能力；对提高学生的学习业绩和综合运用知识的能力有积极的促进作用。所以，在大学英语教学中可以采用任务教学法组织学生进行协作学习，促使学生逐渐养成批判性思考问题的习惯(邵朝杨，2015)。

简而言之，任务型教学法和小组协作学习都能锻炼学生的思维，提高学生的思辨能力，这对大学英语教学具有启发意义。

三、研究设计与方法

本次研究的目的是在大学英语教学中培养学生的思辨能力。为了把教学内容与思辨能力培养结合起来，笔者选择了任务型小组协作学习模式，把教学内容分解成一个一个的小任务，由学生以小组为单位完成这些学习任务。研究对象为大学英语后续课程“旅游英语”4 个班的 141 名学生。实施时间为 2019 年 3 月到 2019 年 6 月，分为两个阶段进行，共 16 周，采用访谈、教学反思日志、调查问卷的形式收集数据。

本研究的重点在于任务的布置。任务的设计旨在提高学生的思辨能力。根据文秋芳等(2009)的层级模型，思辨能力细分为元思辨能力和思辨能力(第二层次)。元思辨能力是很难在短时间内得到培养和提高的，因此，本研究关注的重点是培养第二层次的思辨能力：认知和情感特质。任务的分类方式有很多种，本研究综合了 Jane Willis(1996)和 Nunan(2004)的分类，具体方案如下：

(1)教育性任务在培养语言能力的同时，还能提高技能，即分析、推理、评价能力。这一类的任务有列举型任务、排序与分类型任务、比较对照型任务、问题解决型任务，具体为写作、情景对话、思维导图、自问自答、画时间轴/表格、制作行程安排、制作点菜单等。

(2)真实性任务着重培养学生的情感特质，主要以分享个人经历和创造性任务为主，具体为 5 分钟的某一城市景点介绍视频和期末小组作品展。

以上任务都需要小组成员通过合作、角色扮演等方式完成。

四、研究过程与发现

整个的活动步骤为课前完成超星平台上的预习内容，课中教师讲解和布置学习任务，接着各小组完成任务并进行课堂展示，最后教师给予反馈，如图 1 所示。

图 1　学习步骤

1. 第一阶段行动研究(1~8 周)

(1)为保证小组协作学习的顺利实施，学期第 1 周向学生解释行动方案和分组。分组采取自由组合，基本是每组 5 人，每班 8 个小组。大部分学生在分组时选择了自己认识的同学。为了让各小组成员能够投入到小组活动中，而不是滥竽充数地混课堂，每个小组的成绩根据小组活动的完成质量给分。学期末，每个小组会得到一个累计分，小组成员每人获得的分值由各小组根据各成员在小组内的贡献值决定。

(2)布置小组协作学习任务。教师会提前一周把每次课的学习内容在超星网络平台发布，要求学生自行观看学习，提前学习教学内容。在课堂上，教师会利用每次课的前 30 分钟，对学生的课前学习情况进行考察与评估，对大部分学生没掌握好的内容进行详细讲解并对即将布置的任务进行先行知识的引导。接着学生在课堂上完成学习任务。所有的小组任务都不是在书中或网络中可以找到答案的。学生需要到网上查阅大量的资料，这需要他们对信息资料进行批判性的选择和深刻的理解，然后进行符合逻辑的思考和构建。再就是每个小组的活动完成后都有汇报或展示环节。例如第一次的任务是各小组介绍武汉的城市概况。在课前，学生自行观看了莫斯科的介绍视频。课堂上教师就视频内容进行提问，主要考察学生是否观看视频。然后给出视频文本，要求学生对莫斯科的简介内容进行梳理，归纳出作者从哪几个方面介绍一个城市。在教师的引导下，学生总结出一个框架，即作者是从 climate，getting around，sightseeing，entertainment，food and drink 五方面介绍莫斯科。在此基础上布置小组任务，要求学生从以上至少五个方面介绍武汉。各小组都要先在本组内完成展示并提出修改意见后，向至少 2 个小组汇报并回答提问或听取意见。

(3)发放小组互评表。为了培养学生的评价技能，在学期初，每个小组拿到一张提前制定好的小组活动评价表。评价表主要包括两栏信息，一栏填写每周的学习任务，另一栏是其他小组对任务完成情况的评语和评分，要求各小组每次任务至少要有两个来自其他组的评价。学期末的平时成绩与此部分评分有关。

(4)真实性综合任务。要求学生根据前面的学习内容完成一个真实场景的景点介绍，形式为 5 分钟的视频。学生普遍反应这个任务对他们来说是个巨大的挑战，也是收获最多的一个任务。无论从构思到最后的成品，学生都投入了极大的精力。

(5)教师在任务展示期间保持沉默，避免因教师的干预打乱学生的任务完成节奏，从而阻碍任务的顺利完成。在整个任务完成之后，对具体问题进行反馈，且教师的用词多以鼓励性的语言为主。

2. 第一阶段发现与反思

此阶段共完成 6 个教育性主题任务。每次活动，由于任务复杂、时间紧迫，为了能够按时完成小组任务，大家都能积极参与，几乎没有闲着的学生。小组成员之间也都能够很好地分工合作，尽管有时也会引发争论。在查找资料、选择资料时，不同的小组会根据各自的理解进行筛选，因此最后呈现出来的作品都不相同。例如，同样是介绍交通情况，有从政府的角度，有从旅行者的角度，还有从朋友、学长等不同角度来介绍。学生选择的角度不同，介绍的方式就完全不一样，语气和用词也都不一样。在这个过程中，学生变得更加包容，不再追求某个“标准答案”，每一个精彩展示都能博得热烈的掌声。

但是评论环节并没有预期那么顺利。通过观察发现，小组同伴互评流于形式。每个小组虽然都找其他小组写了评价，但大部分评价都是“Good!”“挺好的”“很棒”这类笼统的评语，并没有对任务完成情况做细致的描述。为了弄清原因，笔者从 4 个班中选择了 5 位同学在第 7 周进行了 2 个小时的访谈。通过访谈了解到流于形式的主要原因是他们根本不知道该怎么评价，而且每次都是在将近下课的时候互评，铃声一响就没有心思了。(因为下节课他们要去另一个教室抢位子或午餐时间到了。)

另外，笔者发现如果学生没有很好地完成预习任务，就会导致课堂教学任务紧张，学生无法在课堂上完成计划的学习任务及展示。

3. 第二阶段行动研究

根据前一阶段的课堂观察、反思及与学生的交谈，笔者在第一阶段大部分方案不变的情况下，对行动研究的第二阶段进行了部分调整。

(1)把课堂的检查性提问放在网上进行。这样学生在看完视频后直接回答问题，如果回答不出来，他们可以回头再重新观看视频。这样可以避免在课堂上发现学生没有预习，而花时间讲解导致最后课堂内容无法完成的情况。同时，也解决了学生预习视频没有方向性的问题。

(2)在互评活动开始前，对学生进行评价培训，告诉学生可以从哪些方面来评价各小组的任务表现，并且留足充分的时间用于互评。除了第一阶段的小组任务互评表外，在超星平台上增加了网络互评，这让每位同学都能参与评价。接着每个小组评选出对自己最有帮助的评语，获得最佳评语的同学会得到额外的平时分加分奖励。

(3)减少任务总数，留出更多时间保证任务质量。第一阶段几乎每周都有一个任务，课堂节奏非常紧凑，稍有耽搁就会影响课堂进度。在第二阶段，笔者根据教学内容，对同类型的任务进行删减，最后保留了对英国景点的资料查找及自问自答、画日本文化的思维导图、制定尼罗河旅游行程安排、为世界主要历史事件画时间轴并对照着讲解这四个任务。这些任务对学生思维的清晰性、逻辑性、深刻性、灵活性等都有要求。

(4)期末作品展锻炼学生综合能力。要求学生通过具体的旅游案例把整个学期所学的相关知识体现在他们的展示中。每个小组上台展示的时间为至少 10 分钟。要求每位同学对展示小组进行评分。小组的最后得分会影响他们的平时成绩。这个任务涉及学生的分析、推理和评价技能。

4. 第二阶段发现与反思

经过调整后的教学，互评的数量和质量都得到明显提高。

在期末结束前一周，笔者对学生进行了问卷调查，共 141 名学生参加了问卷调查，回收 140 份有效问卷。本问卷共 15 项，其中 10 项是关于思辨能力的描述，2 项是关于学习情况的调查，另外 3 项为开放性问题。开放性问题是关于学生对自己做得好的和不够好的地方的描述，以及对教师的建议。问卷采用了 Likert 五级量表。

在五级量表中，答案比较突出的是：有 77. 14%的学生认为小组任务都需要去认真地思考，只有 4. 29%的学生选择了不赞同和非常不赞同。在访谈中，学生也提到作业“很复杂”。这说明小组任务都不是轻而易举能够获得答案的。

在认知方面，学生的评价能力提高得最为明显。77. 86%的学生认为该课程教授了如何以合理、客观和公正的方式思考；70%的学生认为该课程可帮助自己公平、公正地评价自己或他人的作品，并且让学生看待问题更加开放和自信，这反过来也可以促进教师的成长，对教师的评价也产生影响。

在情感特质方面，学生对相关主题的好奇心与日俱增。68.57%的学生在这一项中选择了赞同和非常赞同。在阐释能力、思想专注度及解决问题的策略上，学生的能力也有一定的提高，平均分数都在 4 分以上。但在分析能力和推理能力方面提高幅度不大，平均分不足 3.3 分。

问卷中，对学习情况的调查发现：77.14%的学生认为自己积极参与了小组活动，22.86%的学生认为自己基本参与了小组活动。这与笔者的观察也比较一致："多数学生在小组活动中都能够积极地投入，只有极少数的学生仍然存在蒙混过关的现象。"而且在回答开放性问题，如"你认为本课程中自己做得最好的方面是什么"时，大部分同学的答案是"积极参与小组活动""小组展示""与他人交流""小组合作"等。

五、研究结果与启示

在本研究中，笔者针对学生思辨能力较弱的问题，结合行动研究，提出了通过任务型协作学习方法探索思辨能力培养途径的建议。数据结果表明，学生在评价与情感特质方面有明显提高，但分析和推理能力方面提高幅度不大。

1. 协作学习既可以促进也可以妨碍思辨能力的培养

在小组协作学习过程中，同伴之间的交流、讨论、评价等都可以训练学生的思辨能力（文秋芳等，2009），但是前提是合理的小组分工及足够的小组内交流。如果小组的运行不正常，学生就会消极地对待小组活动，从而无法达到提升思辨能力的效果。Storch（2002）指出，同伴参与质量的平等性和相互性决定小组互动的有效性。因此，教学中，教师应重视小组的构成及小组的运行，及时给予小组适当的引导和干预，加强对互动策略的培训（徐锦芬，寇金南，2018），从而保证协作学习有序开展。

2. 任务的布置应精而适量

本研究进一步证明以教学内容为承载的任务型学习模式可以提高学生的思辨能力(Zhou et al., 2010)。但在访谈和问卷中，学生提到了任务多、压力大，希望减少任务数量的建议。在实际教学中，教师应该精简学习任务，确定具体的目标，按照目标选择教学内容，并制定符合教学目标、内容的教学步骤和方法来训练思辨能力(文秋芳，孙旻，2015)。

3. 不同的任务对学生思辨能力的影响不同

思辨能力中的各项能力并不是割裂开的。在每一项任务的执行过程中，有可能各项能力均会用到(黄芳，2016)。但相较于教育性任务，真实性任务多为综合性任务，考察的是学生运用已有知识，对任务进行综合分析、推理和评价，透过表象看本质，提出自己的看法，并给予合乎逻辑的论证的能力。高认知层更有助于促进学生的思辨能力(裴正薇等，2018)，对学生的挑战更大，学生的收获也更多。这一点，学生自己也有感受。

然而鉴于本研究的时限和范围的局限，本研究仍存在不足之处。在第二阶段结束后，又发现一些新的问题，但由于选课制原因，学生只有一学期的学习课程，无法开展第三阶段的行动研究。接下来可以在下一期课程中对新的班级任务进行调整改进，并进一步研究后续情况。

◎ 参考文献

[1] 董毓. 批判性思维教育：时不我待[N]. 中国教师报，2019-6-12(7).

[2] 黄芳. 大学生批判性思维能力培养实践探索——一项基于商务英语教学的行动研究[M]. 青岛：中国海洋大学出版社，2016.

[3] 何莲珍，林晓. 基于大学英语课堂学习共同体的中国大学生思辨能力培养研究[M]. 杭州：浙江大学出版社，2017.

[4] 教育部高等学校大学外语教学指导委员会. 大学英语教学指南

[Z/OL].[2020-05-06]. http://wgyxy.wnu.edu.cn/info/1042/1940.htm.
[5] 刘晓民. 论大学英语教学思辨能力培养模式构建[J]. 外语届, 2013(5): 59-66.
[6] 刘义, 赵炬明. 大学生批判性思维倾向的现状调查——以一所地方综合性大学为例[J]. 高等工程教育研究, 2010(1): 81-85.
[7] 林晓, 何莲珍. 论大学英语课堂中的思辨能力培养[J]. 西安外国语大学学报, 2017(3): 61-66.
[8] 裴正薇, 邢艳红, 徐黎. 不同认知层级问题驱动下的小组讨论与思辨能力培养[J]. 外语与外语教学, 2018(5): 118-128.
[9] 陈则航. 批判性阅读与批判性思维培养[J]. 中国外语教育, 2015(2): 4-11.
[10] 孙友中. 突出思辨能力培养, 将英语专业教学改革引向深入[J]. 中国外语, 2011(5): 49-58.
[11] 邵朝杨. 思辨与合作: 基础英语教学与批判性思维能力培养[J]. 成都师范学院学报, 2015(12): 37-42.
[12] 汪明. 融入批判性思维的深度学习范式建构[J]. 江苏教育研究, 2019(6): 7-11.
[13] 文秋芳, 王建卿, 赵彩然, 等. 构建我国外语类大学生思辨能力量具的理论框架[J]. 外语界, 2009(1): 37-43.
[14] 文秋芳, 孙旻. 评述高校外语教学中思辨力培养存在的问题[J]. 外语教学理论与实践, 2015(3): 6-12.
[15] 徐锦芬, 寇金南. 任务类型对大学英语课堂小组互动的影响[J]. 外语与外语教学, 2018(1): 29-38.
[16] 薛赵红, 唐永辉. 基于扎根理论的我国高校英语课堂沉默影响因素研究[J]. 黑龙江工业学院学报, 2019(4): 133-138.
[17] 杨翠萍, 刘鸣放. 在大学英语教学中以任务教学为手段实施协作学习策略[J]. 外语届, 2005(3): 49-54, 67.
[18] 赵建华, 李克东. 协作学习及其协作学习模式[J]. 中国电化教

育，2000(10)：5-6.

[19] 邹绍艳，高秀雪. 大学英语教学中思辨能力培养的现状调查——一项基于反思性问卷的研究[J]. 外语研究，2015(6)：61-65.

[20] Facione P A. Critical thinking: a statement of expert consensus for purposes of educational assessment and instruction[R]. Millbrae: The California Academic Press, 1990.

[21] Nunan D. Task-based language teaching[M]. Cambridge: Cambridge University Press, 2004.

[22] Storch N. Patterns of interaction in ESL pair work[J]. Language Learning, 2002(1): 119-158.

[23] Schamber J F, Mahoney S L. Assessing and improving the quality of group critical thinking exhibited in the final projects of collaborative learning groups[J]. The Journal of General Education, 2006(2): 103-137.

[24] Willis J. A framework for task-based learning [M]. Essex: Longman, 1996.

[25] Zhou Qing, Shen Ni, Tian Hong. Developing critical thinking disposition by task-based learning in chemistry experiment teaching[J]. Procedia Social and Behavioral Sciences, 2010(2): 4561-4570.

BOPPPS 教学模式在法语课堂教学中的应用

刘　畅

（江汉大学外国语学院　湖北武汉　430056）

一、BOPPPS 教学模式简介

BOPPPS 教学模式最初起源于加拿大，于 1976 年由温哥华大学的道格拉斯·克尔（Douglas Kerr）团队创建，是北美地区高校教学技能培训机构 Instructional Skills Workshop（ISW）提出的一种有效的课程设计模式[1]。在 ISW 培训中，有效的教学结构包含六项要素，即 BOPPPS：导言（Bridge-in）、学习目标（Objective）、前测（Pre-assessment）、参与式学习（Participation）、后测（Post-assessment）、总结（Summary）。导言用于引起学生的学习兴趣，让学生对即将要介绍的课程内容有所了解；学习目标是让学生了解本堂课要达到的教学目标，做到心里有数；前测是帮助教师了解学生的兴趣与能力，进而调整教学内容的深度和进度；参与式学习是整个教学过程的核心，学生积极参与教学过程达到最佳学习效果；后测是对教学效果的及时检测，了解学生学了什么，是否达成学习目标；小结是总结课堂内容、帮助学生整合学习、预告下堂课内容。

二、基于BOPPPS模式的法语课堂设计

本文以“法国人如何就餐”为主题，结合BOPPPS教学模式，对课堂教学设计进行一些探索和尝试。

（一）“B”导言（Bridge-in）

导言帮助开启一次新的学习周期，一个成功的导言既能将学生关注的兴趣点放在前面，又能顺理成章地将其与所要讲述的课文内容衔接。导言一般是在上课开始的前5~10分钟。内容可以是已经学过或未来要学的内容，或者叙述主题相关的故事或个人经验，也可以提出和主题相关联的引导问题，或是提供一个吸引人的引言或不寻常的事。在外语课堂上，也可播放经典外语电影或视频片段，让学生在观看时，找出其中涉及的相关文化内容。

比如“以法国人如何就餐”为主题的课堂，可以询问学生是否了解世界三大菜系，以此引出法餐。法国人一向以善于吃并精于吃而闻名，法式大餐至今仍名列世界西餐之首，询问学生提到法餐，会联想到哪些食物。学生大多对美食感兴趣，从而激发学生主动学习的欲望。

（二）“O”学习目标（Objective）

学习目标代表着本次教学设计的基础和目的，有效的教学首先必须要有明确的教学目标，即学生本课能学到什么？学习完成后能做些什么？学习目标要以学生为主体，使学生带着清晰的目标与任务学习。BOPPPS教学模式要求教师在撰写学习目标时必须包含：谁（Who）；将学到什么（Will do what）；在什么情况下（Under what condition）；学得如何（How well）。

以“法国人如何就餐”为例，课堂上可设立三个学习目标，首先是语言类目标，要求学生了解熟悉的食物对应的法语单词，以及表示食物

的单词前所使用的冠词，其次是文化类目标，例如法餐的进餐顺序，最后是交际类目标，学生能够用法语介绍自己喜欢的食物。

（三）“P”前测（Pre-assessment）

前测是指教师需要在正式的课程内容讲授之前，了解学生“已经知道什么”。前测的方式可以是正式考试、作业或非正式提问。观察学生已有的知识背景，为整个教学设计提供合理的依据，对于学生已经知道的内容，教师可以少讲甚至不讲，进而优化课堂结构。

例如，可以以抢答的形式询问学生是否已经认识一些表示食物的法语单词，以此了解学生食物类法语词汇的储备，也可以避免重复讲解；通过测试已学过的冠词、定冠词以及不定冠词，对之前学过的语法点进行温习和检测。

（四）“P”参与式学习（Participation）

传统授课模式以教师讲解为主，学生自我消化为辅，其明显缺点在于教师花费了大量的备课时间却不能取得满意的教学效果。“满堂灌”的教学方式容易导致学生走神，不能调动学生学习的积极性[2]。《国家中长期教育改革和发展规划纲要（2010—2020 年）》中明确要求：“深化教育教学改革，创新教育教学方法，探索多种培养方式……倡导启发式、探究式、讨论式、参与式教学，帮助学生学会学习。”参与式学习是 BOPPPS 教学设计中最重要的环节，针对本课的重点、难点以及学生的薄弱点，教师设计形式多样的课堂活动以适应不同的教学主题。鼓励学生参与教学过程，提高学生自主学习和独立思考、总结的能力。在整个教学过程中以学生为主，教师讲授只起辅助作用，扮演引导者的角色。参与式学习包括教学者与学生之间的互动和由教学者引导、带领学生彼此互动两部分。学习是一种主动的过程，只有主动投入学习内容或任务中，学生才可能深入学习。这样的学习才可能延续持久，也才有别于仅以应付考试的表面学习[3]。

如何鼓励学生积极参与？教师可以引导学生分小组讨论教材中的问题；可以以学生个人或小组形式做报告引发探讨；也可以在讲授过程中停顿片刻，促使学生进行反思；或者以案例研究、情境模拟的形式让学生参与其中。

在“法国人如何就餐”的课堂上，以图片的形式展示食物对应的法语单词；以连线的形式请学生判断出不同食物在法餐中所对应的就餐步骤；请学生翻开课本，从课文中勾出表示食物的词以及其前面所加冠词；让学生自己分类：部分冠词有哪几种形式；并且自己总结：不同性名词前该加什么部分冠词；以小组为单位，练习口语，讲述自己的饮食偏好。

(五)“P”后测(Post-assessment)

后测是针对学习效果进行评估。通过课程结束后的测试帮助教师清楚地了解本节课是否达到了预先设定的教学目标，即学生是否学会了该知识，以及对该知识的掌握程度，方便教师在后期的教学设计中进一步调整和完善教学内容。与课后作业相比，课堂后测更加及时、直接反应教学效果。后测使得整个教学过程形成一个闭环系统，是教学过程必要的反馈[4]。后测的形式可以多样化，可以通过传统的方式检测，如试卷测验、提问、及时反馈等方式，也可以通过学生互评的方式增加学生的参与机会，从不同层面和不同角度评估反馈教学效果。对于不善于制订学习计划的学生来说，后测中发现的不足可为学习计划提供建议和措施[5]。

在“法国人如何就餐”的课堂上，可以通过展示图片再以快问快答(抢答)的形式检测学生是否记得本节课所学的单词，然后再组织一些现场练习，给出句子让学生填空，考核是否已掌握食物的单词前所选用的冠词。

(六)“S”总结(Summary)

导言的作用在于启动课堂，进行热身，结论则是一个漂亮的收尾，用来总结并整理所学知识点、重难点。它也能帮助学生加深记忆，反思并整合学习的内容，使知识点脉络更加清晰，对课堂忽略的内容进行补充，同时也可以对下次课进行预告。总结的形式可以是内容复习；或者表扬学生的努力和取得的学习成果；也可以是学生简短的口头评论；或者是学生填写的意见纸片。总结既可以是教师独立进行，以讲述的方式完成，也可以由学生根据教师的提示进行，漏掉的部分由其他学生补全。不但给学生留下思考空间，同时促进学生学习的系统性与完整性。

以“法餐”为主题的法语课堂为例，可以由不同学生来总结前菜、主餐、甜点对应的法语单词，法餐的进餐顺序和法国人的饮食偏好；由教师展示表格，包含定冠词，不定冠词以及部分冠词，帮助学生温习三种冠词的区别、形式以及用法；教师布置课后作业以及提出下节课课前需要预习和准备的内容。

三、结语

实践证明，BOPPPS 作为 ISW 培训的精髓，是一种有效的教学模式，具有很强的继承性、延续性和可操作性。但是该模型也不是一成不变的，教师可根据课程需要进行灵活的教学设计。例如：对于一堂完整的课而言，不一定只包含一个 BOPPPS 模型，任何一个相对独立的知识点都可以用 BOPPPS 模型展现；BOPPPS 模型的六大环节也并非缺一不可，教师可根据不同的教学内容进行调整，导入可与前测结合，后测也可与总结结合。因此在实践教学过程中有些具体实操问题值得教师思考，不能完全机械照搬。教学有法，但无定法，多法互用，方能相得益彰。

◎ 参考文献

[1] 高垠. 大学生心理危机干预体系构建的若干思考[J]. 高等理科教育，2009(2)：144-147.

[2] 程航. BOPPPS 教学模式的评价与反思[J]. 法制与社会，2019(19)：203-204.
[3] 王淑芳. BOPPPS 教学法在高职英语课堂中应用[J]. 包头职业技术学院学报，2015(1)：61-63.
[4] 付绍静，刘丹，赵文涛，等. BOPPPS 模型在信息安全数学基础课堂中的应用[J]. 计算机教育，2015(6)：22-25.
[5] 申蕾，郭峙男，朱娜. BOPPPS 教学模型在大学英语翻转课堂中的应用探究[J]. 课程教育研究，2017(20).

母语在外语学习中的地位和作用

应小华

（江汉大学外国语学院　湖北武汉　430056）

Introduction

La relation entre la langue cible et la langue maternelle attire depuis toujours les réflexions des linguistes et des enseignants de langues étrangères. Le rôle de la langue maternelle en classe de langue étrangère a connu une évolution fluctuante dans l'histoire des recherches concernées.

Au 20e siècle, sous l'influence de la théorie de behaviorisme, la conception la plus répandue, c'est que la langue maternelle était «un élément perturbateur, susceptible de gêner, voire de rendre difficile l'accès à la langue étrangère»①, car la référence à la langue maternelle ou à la langue première entraîne beaucoup d'erreurs de transfert et constitue la source principale des erreurs. Elle empêche aussi l'apprenant de penser directement en langue cible. De plus, le recours à la langue maternelle est si fort que l'apprenant ne peut s'empêcher de succomber. Ainsi croyait-on qu'il fallait

① Castellotti Véronique. La langue maternelle en classe de langue étrangère [J]. Clé Internationale, 2001(1): 124.

combattre fermement cette tendance attirante si l'on voulait progresser. D'où la conception suivante: pour chasser l'influence négative de la langue maternelle, il faut la proscrire en classe de langue étrangère. Ce rejet de recours à la langue maternelle imprègne profondément toute la pensée méthodologique au 20e siècle.

Mais quel rôle la langue maternelle joue-t-elle dans l'apprentissage de la langue étrangère? Est-il vraiment néfaste d'avoir recours à la langue maternelle en classe de langue étrangère? Quelle place devrait-on attribuer à la langue maternelle dans cet apprentissage?

1. Fonction de prémisse

A nos jours, on parvient à un consensus pour affirmer que l'on apprend, quel que soit l'âge, à partir de ce qu'on sait déjà. Ce point de vue est largement accepté par le public actuellement. Selon les linguistes cognitives, la langue maternelle constitue l'arrière-plan ou la prémisse de l'apprentissage des langues secondes. «Un apprentissage naturel ...se construit non pas sur la base de descriptions préstructurées de cette langue mais sur la base de l'expérience langagière préalablement acquise - connaissance d'une langue maternelle au moins et, à travers celle-ci, expérience de la représentation et de la communication par le langage..»①. En ce sens, l'apprentissage de la langue seconde ne serait possible qu'à partir du savoir sur la langue première qui construit un préalable à l'acquisition de la deuxième. Vygotski résume ainsi sa position:

① Besse Henri, Porquier Rémy. Grammaires et didactique des langues [M]. Paris: Hartier. 1991.

...l'assimilation d'une langue étrangère à l'école suppose un système déjà formé de significations dans la langue maternelle. En l'occurrence, l'enfant n'a pas à développer à nouveau une sémantique du langage, à former à nouveau des significations de mots, à assimiler de nouveau concepts d'objets. Il doit assimiler des mots nouveaux qui correspondent point par point au système déjà acquis de concepts. De ce fait un rapport tout à fait nouveau, distinct de celui de la langue maternelle, s'établit entre le mot et l'objet. Le mot étranger que l'enfant assimile a avec l'objet un rapport non pas direct, mais médiatisé par les mots de la langue maternelle.①

Le schéma suivant traduit l'idée de Vygotski:

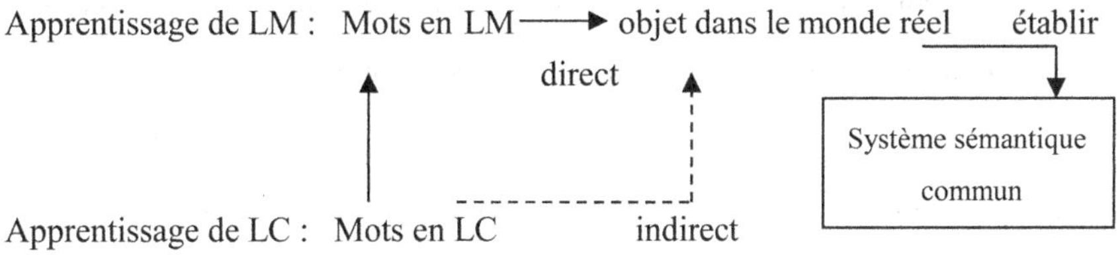

L'idée que l'enfant n'a pas besoin de former à nouveau des significations de mots dans l'apprentissage de la langue cible chez Vygotski n'est pas acceptée par tous les linguistes. Le décalage entre les systèmes conceptuels des langues est en fait une réalité. On croit qu'au début de l'apprentissage, la construction des significations dans la langue cible est dépendante des significations dans la langue maternelle, car pour les débutants, les significations dans la langue maternelle ne sont pas un système sémantique,

① Vygotski Lev Semyonovich. Pensée et langage: traduction de Françoise Sève[M]. Paris: La Dispute, 1997.

mais le calque de la réalité. L'obtention des significations en langue cible provient du rapport entre des mots étrangers et des mots en langue maternelle. Mais avec la progression de l'apprentissage, les significations dans la langue maternelle se détachent de la réalité et deviennent un système auquel le nouveau système sémantique de la langue cible se met en contraste.

> La langue maternelle n'est pas seulement une langue, elle n'est pas seulement un système de règles parmi d'autres permettant de résoudre des problèmes de communications ; elle est aussi, et peut-être avant tout, le système sémiotique de référence pour la compréhension du monde et, pourtant, le seul système convenable de fonctionnement du langage et des langues.... Apprendre une langue ne peut être résumé à apprendre le lexique et la grammaire de cette langue. Apprendre une langue doit conduire aussi, à un certain niveau, à organiser (à *réorganiser*) sa pensée selon un système sémantique nouveau.①

De ce point de vue, un nouveau système sémantique s'établit au cours de l'apprentissage mais son établissement dépend de celui de la langue maternelle. La langue maternelle sert de référence et crée les conditions internes pour l'apprentissage de la langue cible. Malgré les désaccords sur la formation du nouveau système de significations en langue étrangère, les linguistes se mettent d'accord sur le point suivant: «les significations de la langue seconde sont médiatisées par les concepts quotidiens représentés par la langue maternelle»②.

①② Bang Pierre. L'apprentissage d'une langue étrangère: cognition et interaction[M]. Paris: L'Harmattan, 2005.

2. Fonction de référence

Enfin, il est à noter que le recours à la langue maternelle est une stratégie importante à laquelle l'apprenant fait souvent appel dans ses études de la langue cible. Rappelons qu'apprendre une langue étrangère est un processus de construction d'une interlangue. Dès ses premiers contacts avec la langue cible, l'apprenant essaie de la comparer avec sa langue maternelle. La langue maternelle sert de point d'appui et joue un rôle important dans la construction et l'évolution de l'interlangue. C'est en activant le système linguistique de sa langue première que l'apprenant cherche à résoudre des problèmes relatifs dans son interlangue. Donc, le recours à la langue première ou à la langue maternelle est une façon de résoudre des conflits durant la construction du nouveau système linguistique.

Par ailleurs, les recherches sur le bilinguisme et le plurilinguisme légitiment aussi ce recours de référence à la langue maternelle pour apprendre une autre langue.

Avant les années 1970, on croyait qu'apprendre une langue étrangère, c'était de construire un nouveau système linguistique clos, stable, distinct qui coexiste de façon séparée avec le système initial (c'est-à-dire le système de la langue maternelle). Le postulat de symétrie du double monolinguisme prédomine l'idéologie pédagogique de cette époque-là. Pour que les deux systèmes linguistiques ne se mêlent pas, on doit donc éviter tout rapprochement interlinguistique dans l'enseignement. De ce point de vue, le professeur idéal est natif et si c'est possible monolingue.

Puis à partir de la fin des années 1970, on a commencé à remettre en question l'idée de bilinguisme parfait. Le bilinguisme et le plurilinguisme ne sont plus considérés comme une addition de plusieurs monolinguismes distincts et séparés.

La perspective ainsi esquissée consiste à «ne plus apprendre chaque langue en elle-même et pour elle-même, ni même à effectuer de simples comparaisons, mais à être capable d'apprendre de manière interreliée, en insérant les éléments nouveaux dans le réseau des ressources disponibles, ce qui implique une mobilisation des relations entre tous les éléments, et qui conduit dans le même temps à les reconfigurer» (Candelier & Castellotti, à paraître)①

Le recours à la langue maternelle comme une référence pour apprendre une autre langue devient ainsi normal et inévitable. La métaphore utilisée par Moore illustre parfaitement cette fonction de la langue maternelle dans l'apprentissage de la langue étrangère: «la langue maternelle peut constituer une "bouée" permettant de "rester à flot" dans l'apprentissage de la langue cible»②.

Ainsi devrions-nous concevoir un nouveau statut pour la langue maternelle dans l'acquisition d'une autre langue: au lieu d'être un obstacle, un blocage, une perturbation, la langue maternelle «est devenue source et de référence, ce qui ouvre une voie pour une réhabilitation de son rôle et de sa présence en classe de langue étrangère»③.

---

① Castellotti Véronique. Natif, non natif ou plurilingue: dénativiser l'enseignement des langues? [M]// Fred Dervin, Vasumathi Badrinathan, L'enseignant non natif: identités et légitimité dans l'enseignement-apprentissage des langues étrangères, Bruxelles: E. M. E., 2011.

② Larruy Martine Marquillo. Interprétation de l'erreur en langue étrangère [J]. Clé International, 2003.

③ Gajo Laurent. Immersion, bilinguisme et interaction en classe [M]. Paris: Hatier, 2000.

3. Fonction métalinguistique

Dans l'enseignement/apprentissage de la langue étrangère, l'enseignant pourrait utiliser plusieurs procédés pour construire avec l'apprenant une réflexion sur la langue étrangère. Mais cette réflexion rencontrerait des difficultés de compréhension à cause des manques de terminologie en langue cible. La langue maternelle sert alors à garantir la bonne compréhension des phénomènes grammaticaux.

Ainsi, outre un rôle de prémisse et de référence, «la langue maternelle intervient également comme matrice d'une réflexion métalinguistique globale, qui permet l'élaboration de démarches de découverte et de structuration (observation, segmentation, comparaison, substitution, etc.) dans la nouvelle langue, et comme support prototype de l'activité cognitive»①.

La fonction métalinguistique de la langue première est tellement importante et utile que le recours à la langue maternelle dans cet usage devient un fait courant dans l'enseignement du français en Chine. Néanmoins, cette fonction pourrait bien fonctionner et faciliter l'apprentissage de la langue étrangère à condition que l'apprenant connaisse et maîtrise bien sa langue maternelle. Selon les recherches effectuées dans ce domaine, une mauvaise maîtrise de la langue maternelle et un manque de conscience de son fonctionnement causeraient une source importante de difficultés chez l'apprenant et entraîneraient même un échec dans l'apprentissage de la langue étrangère.

① Gajo Laurent. Immersion, bilinguisme et interaction en classe [M]. Paris: Hatier, 2000.

Conclusion

Ainsi, le rôle de la langue maternelle dans l'apprentissage de la langue étrangère est à l'évidence à la fois important et incontournable. Elle constitue les prémisses de l'apprentissage des autres langues. Les significations des mots en langue cible sont construites en se basant sur les symboles quotidiens véhiculés par la langue maternelle. Il est donc impossible de chasser la langue maternelle dans l'apprentissage des autres langues. Et le recours à la langue maternelle est naturel et utile. Il facilite en quelque sorte l'accès à la langue seconde chez l'apprenant et donc ne devrait pas être trop critiqué.

◎ Bibliographie

[1] Bang Pierre. L'apprentissage d'une langue étrangère: cognition et interaction[M]. Paris: L'Harmattan, 2005.

[2] Besse Henri, Porquier Rémy. Grammaires et didactique des langues[M]. Paris: Hartier. 1991.

[3] Castellotti Véronique. La langue maternelle en classe de langue étrangère [J]. Clé Internationale, 2001(1): 124.

[4] Castellotti Véronique. Natif, non natif ou plurilingue: dénativiser l'enseignement des langues? [M]// Fred Dervin, Vasumathi Badrinathan, L'enseignant non natif: identités et légitimité dans l'enseignement-apprentissage des langues étrangères, Bruxelles: E. M. E., 2011.

[5] Gajo Laurent. Immersion, bilinguisme et interaction en classe [M]. Paris: Hatier, 2000.

[6] Larruy Martine Marquillo. Interprétation de l'erreur en langue étrangère [J]. Clé International, 2003.

[7] Vygotski Lev Semyonovich. Pensée et langage: traduction de Françoise Sève[M]. Paris: La Dispute, 1997.

日语阅读课程教学改革实践与反思

马　乐

（江汉大学外国语学院日语系　湖北武汉　430056）

一、日语阅读课程现状与问题

本课程是四年制本科日语专业本科学生的一门专业基础课程，同时也是商务日语方向的学位课程，开设时间为第三学期（秋季），课时数为 32 学时。选取相当于日语能力测试 2 级水平的阅读文章。

本校日语专业开设至今已近十年，分别有几位教师曾教授此课程，也有教师曾尝试在教学中使用学生自主授课教学法进行改革，即令学生小组在课堂中通过交互学习和自主授课来提高学习的主动性和积极性，但当时的教学改革缺乏系统性和规模性，在实践中也存在一些疑难问题。

日语阅读课上现有教学模式还是以传统教学法为主，即以讲授、操练、产出为顺序的一种经典的教学模式。根据本专业 2017 年编写的教学大纲，更换教材为田代ひとみ等主编的《新完全掌握日语能力考试 N2 级阅读》（北京语言大学出版社，2013 年），根据教学进度，以演绎法讲授课程。

教师讲授日语阅读的基本理论与方法，并辅以简单的阅读练习，这种传统的教学模式虽然对教师而言较为安全可靠，但存在如下问题：

(1)课堂学时有限，在仅有的32学时中以讲授为主，势必挤压学生的阅读练习时间。

(2)学生先学后做，被动接受影响教学效果，难以达到锻炼举一反三的能力。

(3)课堂主体仍为教师，学生主要为“听者”的角色，不能最优地发挥其主观能动性，造成其自主学习能力的欠缺。

二、项目式教学的内涵及特色

项目式教学以项目为主线、教师为引导、学生为主体，重视理论与实践的结合，师生共同完成，有助于双方共同提高。引用项目式教学改革，即在教授方面，教师根据本课程的教学目的，设计若干具有明确目标任务的独立项目，在上课前便分配给学生；而学习方面，学生在教师的指导下，在课前分组合作或独立进行阅读文章的收集并设计发表方案，然后在课堂上进行发表即项目实施，最后通过每一阶段的阅读练习题进行全班自测和期末考试进行最终评价。

学生通过实施项目，了解并把握整个过程及每一环节的基本要求，从而确保了学生的主体地位，让其发挥主观能动性，达到掌握日语阅读这一课程的基础知识、训练自主阅读日语文章的能力并提高其素质的目的。

三、课程教学项目设计与实践

日语阅读课程共32学时，教学周期为16周，根据教学目的、要求及教学内容，拟定理论教学与项目实施。设计8个项目，布置如下：

1. 理解文章结构(项目群一)

(1)自主选取一篇评论性日语文章，并在课堂上进行发表分享(第1~3周)。

(2)自主选取一篇解说类日语文章，并在课堂上进行发表分享(第4~6周)。

(3)自主选取一篇随笔类日语文章，并在课堂上进行发表分享(第7~9周)。

(4)实战训练，阶段小测验(数篇中篇日语阅读题)，掌握解题技巧(第10~11周)。

2. 抓住整体，找寻信息(项目群二)

(1)自主选取一篇广告类日语文章，并在课堂上进行发表分享(第12周)。

(2)自主选取一篇通知类日语文章，并在课堂上进行发表分享(第13周)。

(3)自主选取一篇说明书类日语文章，并在课堂上进行发表分享(第14周)。

(4)实战训练，阶段小测验(数篇中篇日语阅读题)，从内容、观点到整体的把握与理解，学会信息检索(第15~16周)。

实施方案及步骤如下：

(1)学生分组：将全班分成若干小组，一组6~7人，以组为单位完成文章发表的任务。

(2)项目分配：开学初便建立网上群组，在群组中分配项目任务，让学生清楚各自的任务。

(3)理论教学与指导项目：理论教学还是以课堂讲授为主，理论教学与项目实施中的发表与测试相结合，课前(网上等方式)、课中都可以进行项目指导，教师通过项目引导学生自主学习，将理论学习与学习实践相结合，师生共同完成项目、共同提高。

具体时间分配如下：

项目群一中前3个项目：1周即2课时为理论教学与指导，2周即4课时为学生小组项目发表与教师指导评价；项目群二中前3个项目，1课时为理论教学与指导，1课时为学生小组项目发表；项目群一和二中的第 4 个项目为实战训练，2 课时对学生进行测验，2 课时进行讲解与评价。

在课程考核评价时加大平时成绩所占比重，即平时成绩占总成绩的 40%，其中出勤率占 30%，课堂表现，即项目实施评价（主要指小组发表）占 40%，平时作业，即项目实施中两次阶段小测验成绩占 30%。项目成果评价占平时成绩的 70%。而期末成绩占总成绩的 60%，闭卷考试形式不变。

通过课程教学项目设计与实践最终达到学生把握文章整体意义，正确理解文章细节内容，掌握必要的文化背景知识，理解日常生活日语，并能大致理解各种情景中所使用的日语等预期目标。

四、项目式教学改革的效果与问题

经过一学期教学实践后，取得了一定的效果，同时也发现存在的一些问题：

（1）凸显学生的主体性，调动其主观能动性，促进积极主动学习。

（2）学生分工合作，共同完成具体项目，培养其协作能力及创新意识。学生独立完成项目中的某一部分，锻炼了其学习能力与解决问题的能力。但是有些学生没有好好利用小组合作，只负责自己的那部分，造成项目总和时出现重复和不协调的现象。

（3）教师应通过分配项目及项目指导，全程参与学生的学习活动，掌握其学习方向，充当学生学习活动的组织者、学习方法的引导者。但是因为各种客观原因限制，导致教师引导者的角色未能达到预期效果。

（4）通过阅读不同体裁的文章，进一步巩固学生的基础语言知识，并扩大其知识面、词汇量，提高学生阅读理解能力、思维分析能力。

综上所述，本次项目式教学改革在日语阅读课程中虽然有一定的效果，但并未完全达到预期目标。如学生第一次上日语阅读课，由于分配的课外阅读项目过多从而导致任务过重，学生完成情况难以达到预期目标；学生仅仅学习一年日语，对于日语文章的理解有一定困难；等等。在今后的教学中，教师应该降低任务难度、减少项目任务，适当降低项目目标，同时加强对学生的交流与引导，尽可能发挥组织与指导作用。

◎ 参考文献

[1] 贾志高. 有关任务型教学法的几个核心问题的探讨[J]. 课程·教材·教法，2005(1).

[2] 陆巧玲，等. 网络环境下大学英语教学改革理论与实践[C]. 上海交通大学出版社，2012.

[3] 马道山，等. 创新与探索：外语教学科研文集[C]. 世界图书出版公司，2016.

基于语料库的英语专业八级考试阅读理解中的词串研究

何梦宇

（江汉大学外国语学院　湖北武汉　430056）

一、引言

阅读的本质是理解（Durkin，1993），它需要较高的思维能力去分析推理文本，达到理解作者的写作意图。在外语学习中，阅读理解能力颇为重要。对于中国英语学习者而言，阅读是最重要的技能之一，极大地影响着英语学科的学习。较高的阅读理解水平能促进学习者运用知识的能力。阅读能力已引起外语界的广泛重视。熊丽君(2006)指出，英语阅读课占英语教学课时最多，平均占比达到66.3%，该教学任务说明了阅读的重要性。扎实的阅读技能也是英语专业人才培养的重要目标之一（何其莘，等，1999；李观仪，2003）。然而，一般来说，接受高等教育的外语学习者在阅读上缺乏准备（Dreyer & Nel，2003），有限的阅读量使学生很难掌握阅读理解的技巧。对新词和短语的不熟悉也阻碍了学习者对阅读的深入理解（Hyland & Tse，2009）。

词串（lexical bundle），又称"多词表达(multi-word expression)""语块(chunk)"等，是指由多个单词组合在一起形成的在语言使用中高频复现的语言序列（Wray & Perkins，2000），其在外语学习过程中发挥着重要作用，能够提高学生对文本信息解读的效率和掌握行文的流畅度（王芙蓉，王宏俐，2015）。能否恰当使用词串也是区分学术新手与资深学者的重要标准之一（Hyland，2008）。近年来，学者们考察了外语学习者使用词串的情况，包括对比英语本族人和英语学习者在学位论文中使用词串的特点（Chen & Baker，2010），研究表明英语学习者很少使用典型学术写作中的表达（比如名词和介词词串，“the extent to which”和“in the context of”）。还有学者比较了不同水平外语学习者使用词串的情况，如 Staples 等（2013）考察了高、中、低三组不同水平的学习者在托福考试写作中使用词串的情况。结果发现，低水平考生更多使用了考试指令中的词串。然而，词串的使用还与语域和学科挂钩（Cortes，2004；Hyland，2008）。不同的语域和学科中的词串也有差别。以上说明学习者对词串的理解和使用反映了其外语学习的水平。鉴于词串的重要性和文本依赖性的特点，教师应对不同的教材中的词串进行描述和归纳。

本文旨在分析英语专业八级考试中阅读理解的词串。英语专业八级考试（TEM8）是“由国家教育部委托高等学校外语专业教学指导委员会组织的检查英语专业本科高年级阶段教学情况的统一考试”（常俊跃，张英一，吴颖，2006），其科学性和权威性已经得到广泛认可。英语专业八级考试题型包括听力、阅读、翻译和写作。学者对 TEM8 中阅读理解的词串探讨比较匮乏。常俊跃等（2006）通过问卷和访谈的方式，以参加 TEM8 的学生为对象，调查了 TEM8 的内容和组织方式。结果显示，学生认为阅读在所有题型中难度最高。

根据高校英语专业八级考试大纲（2004），阅读理解语篇的体裁主要为报纸杂志、书评、历史传记、文学作品等。2016 年改革前，共四篇，每篇 2500 左右字符；2016 年后，共三篇，每篇 3000 左右字符。本文分析 TEM8 阅读语篇词串的原因如下：（一）阅读理解课程在外语教学中比重大，但学生仍觉得 TEM8 阅读理解难，且鲜有研究 TEM8 阅读语篇语言特征的文章，（二）学界对语言等级考试中的阅读语篇进行词串的研究比较鲜见。本研究主要回答：TEM8 阅读语篇中的词串结构具体有什么特点？

二、词串研究

根据 Biber 等(2004)，词串可以通过结构和功能来分类。Biber 等(1999)根据结构分类方法把词串分为五类，即名词词串（如：the amount of）、介词词串（如：of the world）、动词词串（如：can be done）、句干词串（如：it is possible that）和连接词词串（如：may or may not）五类。学界对词串的研究多以结构来归类。有鉴于此，本文采取词串的结构分类法。国内外对书面语词串的研究侧重点有所不同。国外研究着重探讨不同学科的特色词串，如 Hyland（2008）比较分析了不同学科中出现的不同词串，突出了学术写作语域的词串特征，为本研究提供了重要的分类框架。国内研究集中讨论英语学习者的词串使用情况和影响词串学习的因素。徐昉(2012)探究了中国英语学习者在本硕博阶段使用词串的特点。本研究从英语等级考试的角度出发考察词串的特征。

三、研究方法

本研究建构了一个小型语料库，选作本文语料的文本是 2000—2015 年期间 TEM8 阅读理解考试真题。这期间，每年的阅读语篇共四篇，平均字数为 2500 左右字符。每个文本的命名为年份的后两位数字，加 yr（year)和 TEXTA、TEXTB、TEXTC……比如 2000 年的阅读语篇第一篇命名为 00yr-TEXTA，第二篇命名为 00yr-TEXTB，以此类推。语料的构建分为三步：第一，把购买的 TEM8 真题扫描为电子档；第二，把扫描的文本转换为文档格式；第三，把扫描的四篇阅读语篇分为四个文本。语料库规模见表 1。

表 1　TEM8 阅读理解语料库的组成部分

语料库	年份	形符数	类符数	文本数量
TEM8 阅读理解	2000—2015	40584	7456	64

在提取词串前，先确定词串长度。本研究考察阅读理解语篇中的三词到六词词串。词串提取和频率统计使用 AntConc（3. 5. 8）（Anthony, 2019）语料库检索和统计工具，截取频点为每个词至少 4 次，词串范围被限定为至少在三个文本中出现四次的词串。提取的词串根据 Biber 等(2004)结构分类，分为介词词串、名词词串、动词词串、形容词词串和其他词串。

四、结果与讨论

统计发现，TEM8 阅读理解中共出现三词词串 394 个，四词词串 55 个，五词词串 1 个(the rest of the world)，六词词串达不到设定的标准不做计算。词串出现的原始频数占前十和在所有词串中的占比见表 2。

表 2　TEM8 阅读理解中词串的出现频数

三词词串	原始频数	百分比	四词词串	原始频数	百分比
one of the	16	3. 56%	at the same time	8	1. 78%
of the world	11	2. 45%	for the first time	6	1. 33%
the rest of	11	2. 45%	on the other hand	6	1. 33%
as well as	10	2. 22%	the rest of the	6	1. 33%
on the other	10	2. 22%	the end of the	5	1. 11%
at the same	8	1. 78%	is one of the	4	0. 89%
most of the	8	1. 78%	one of the most	4	0. 89%
the first time	8	1. 78%	part of the reason	4	0. 89%

续表

三词词串	原始频数	百分比	四词词串	原始频数	百分比
the number of	8	1.78%	rest of the world	4	0.89%
the same time	8	1.78%	to the rest of	4	0.89%

表2显示了三词词串、四词词串出现频数占前十的词串。三词词串中出现频数最多的是 one of the，原始频数是16(3.56%)次，且在14个文本中出现。三词词串出现频数并列第二的是 of the world，the rest of，两个词串都出现了11(2.45%)次。of the world 在7个文本中出现，the rest of 在8个文本中出现。四词词串出现频数最多的是 at the same time，共出现8(1.78%)次，在7个文本中出现；其次是 for the first time，on the other hand 和 the rest of the，出现次数为6（1.33%）次，分别在6个、6个和4个文本中出现。

根据 Biber 等(2004)对词串的结构分类法，TEM8 阅读语料库中的词串分为以下几类(见表3)：

表3 TEM8阅读理解中词串的结构分类和数量

词串结构分类	原始频数	百分比	例　　子
词串总计	450	100%	
介词词串	91	20.22%	of the world; for the first; out of the; in the same
名词词串	200	44.45%	one of the; the rest of; the number of; the end of; that it is; part of the reason
动词词串	41	9.11%	it comes to; is to be; seems to be; to say that
形容词词串	22	4.89%	it is not; more than a; most of the
其他词串	96	21.33%	as well as; as much as; more and more

表3显示数量最多的词串是名词词串，出现频数为200（44.45%），其次是其他词串，出现频数为96（21.33%），介词词串出现频数为91（20.22%），动词词串出现频数为41(9.11%)，最后一个是形容词词串，出现频数为22(4.89%)。较多名词词串的使用与徐昉(2012)的研究一致，该研究比较中国学生和国际学者的词串使用量，发现名词词串在国际学者的写作中出现最多。该结果显示，在英语阅读、写作教学中，教师应强调名词词串的使用，引导学生规范使用名词词串。

五、结论

本研究基于自建语料库，从结构分类的角度考察了TEM8阅读理解中词串的使用情况。研究发现，TEM8阅读中词串使用具有以下特点：名词结构词串比较多。尽管语料库规模较小，但词串整体特征的研究有助于更进一步了解二语学习者的语篇能力的发展，以及词串在二语学习中扮演的角色。已有研究表明词串占书面语篇约50%(Erman & Warren，2000)。Wood（2002)认为词串的学习有助于二语学习者应对复杂的社会环境，有序地组织话语，获得群体认同感。在辅导TEM8阅读考试中，教师应引导学习者关注阅读语篇中词串的使用特征。建议将阅读理解的词串制成小型语料库，通过课堂分析，让学生理解记忆常用的词串，争取通过阅读、背诵、记忆，促进学生对词串的掌握（丁言仁，2010)，提高学生对阅读理解语篇的理解水平。在二语教学中，教师可以将词串的研究结果应用到课堂教学中。

◎ 参考文献

[1] Anthony, L. AntConc (Version 3.5.8) [Computer Software]. Tokyo: Waseda University. https://www.laurenceanthony.net/software.

[2] Biber D, Conrad S, Cortes V. If you look at…: lexical bundles in university teaching and textbooks[J]. Applied Linguistics, 2004, 25

(3), 371-405.

[3] Chen Y, Baker P. Lexical bundles in L1 and L2 academic writing [J]. Language Learning and Technology, 2010, 14(2): 30-49.

[4] Cortes V. Lexical bundles in published and student disciplinary writing: Examples from history and biology [J]. English for Specific Purposes, 2004, 23(4): 397-423.

[5] Dreyer C, Nel C. Teaching reading strategies and reading comprehension within a technology-enhanced learning environment[J]. System, 2003, 31: 349-365.

[6] Durkin D. Teaching them to read[M]. 6th ed. Boston, MA: Allyn & Bacon, 1993.

[7] Hyland K. Academic clusters: text patterning in published and postgraduate writing [J]. International Journal of Applied Linguistics, 2008, 18(1): 41-62.

[8] Hyland K, Tse P. Academic lexis and disciplinary practice: corpus evidence for specificity[J]. International Journal of English Studies, 2009, 9(2), 111-129.

[9] Staples S, et al. Formulaic sequences and EAP development: lexical bundles in the TOEFL IBT writing section[J]. English for Specific Purposes, 2013, (12): 214-225.

[10] Wray A, Perkins M. The functions of formulaic language: an integrated model[J]. Language & Communication, 2000, (1): 1-28.

[11] 常俊跃, 张英一, 吴颖. 关于首次实施2004年高校英语专业八级考试大纲的调查与分析[J]. 外语与外语教学, 2006(7): 18-21.

[12] 何其莘, 等. 关于外语专业本科英语教育改革的若干意见[J]. 外语教学与研究, 1999(1), 25-29.

[13] 李观仪. 我的英语学习和教学[J]. 外国语, 2003(1): 50-55.

[14] 高校英语专业八级考试大纲修订小组. 高校英语专业八级考试大

纲(2004年新版)[M]. 上海：上海外语教育出版社，2004.
[15] 王芙蓉，王宏俐. 基于语料库的语言学和工科学术英语词块比较研究[J]. 外语界，2015(2)：16-24.
[16] 熊丽君. 阅读理论和技巧对大学英语阅读教学的启示[J]. 西安外国语学院学报，2006，14(1)：48-52.
[17] 徐昉. 中国学习者英语学术词块的使用及发展特征研究[J]. 中国外语，2012(4)：51-56.

日语本科毕业论文选题指导研究

——以江汉大学日语系2012—2019届毕业生为例

张佳梅

（江汉大学外国语学院　湖北武汉　430056）

一、引言

江汉大学日语系自2008年首次招生以来，已送走了八届毕业生（2012届至2019届），毕业生在毕业论文撰写的题目、范围、方法等诸多方面存在困惑，在进行毕业论文指导和编撰毕业论文摘要的过程中，笔者萌生了对这八届毕业生的论文选题进行汇总分析的想法，试图通过分析我校往届日语本科毕业生的论文选题，指出选题中存在的普遍问题，以期在今后的毕业论文指导课上为学生提供更有针对性的指导。

二、论文要求及选题分布

根据国家最新颁布的《外国语言文学类教学质量国家标准》，毕业论文旨在培养和检验学生综合运用所学理论知识研究并解决问题的能力和创新能力。毕业论文选题应符合专业培养目标和培养规格，写作应符合学术规范，可采用学术论文、翻译作品、实践报告、调研报告和案例分析等多种形式。除翻译作品外，一般应使用所学外语撰写。目前，我校日语专业的毕业论文采用学术论文这种较为单一的形式，要求用日语撰写，正文不少于1万字，在写作形式的多样化上有待创新和突破。

我校在大四上学期开设了论文指导这门课，共10学时，为了便于计算学分，从2019级开始改为8学时。论文指导课主要是向学生讲解毕业论文工作的时间安排、写作要求和写作方法等，指导学生选择合适的论文选题。一般在课程结束时要求学生提交毕业论文的选题方向，然后根据教师的研究方向来确定学生的指导教师，由指导教师继续完成后续的论文指导工作。

笔者对日语系八届毕业生最终提交的毕业论文题目进行统计，将论文题目分为文化类、文学类和语言学类三个类别。其中，文化类是指广义的日本文化研究领域，因此，对日本经济制度、法律制度和教育制度等方面的研究也涵盖在内。此外，由于语言、文学和文化存在着交叉研究的现象，笔者按照主要研究对象进行选题分类。如『和食ことわざから日本人長寿の秘訣を学ぶ』属于语言和文化的交叉研究，『日本語の意志・願望表現と中国語の「要」との対照——夏目漱石の「坊ちゃん」を例として』属于语言和文学的交叉研究。笔者将这两个选题都归为语言学类。从笔者统计的2002届至2019届毕业生选题分布情况(见表1)来看，文化类选题占比均超过了50%，2014届甚至达到80%以上。文学类选题和语言学类选题占比较少，最少的时候都只有1篇。但相比之下，语言学类选题比文学类选题要多一些，文学类选题只有一届学生(2018届)超过20%，语言类选题有五届学生(2012届、2015届、2016届、2017届、2019届)超过了20%。

表1　江汉大学日语系2012届至2019届毕业论文选题分布一览表

	人数	文化类	文学类	语言学类
2012届	22人	14篇(63.6%)	2篇(9.1%)	6篇(27.3%)
2013届	23人	17篇(74%)	3篇(13%)	3篇(13%)

续表

	人数	文化类	文学类	语言学类
2014届	23人	19篇(83%)	3篇(13%)	1篇(4%)
2015届	24人	17篇(70.8%)	1篇(4.2%)	6篇(25%)
2016届	47人	33篇(70.2%)	3篇(6.4%)	11篇(23.4%)
2017届	38人	24篇(63.2%)	4篇(10.5%)	10篇(26.3%)
2018届	26人	15篇(57.7%)	6篇(23.1%)	5篇(19.2%)
2019届	27人	16篇(59.3%)	4篇(14.8%)	7篇(25.9%)

三、如何进行选题指导

很多学生认为日本文化的论文容易写，随便在网上找几篇文章参考一下就可以写出一篇。实际上，文化的涵盖面虽然广泛，但很难提出新的观点，难以写出质量上乘的论文。从日语系目前获得的两篇湖北省优秀学士学位论文来看，2012届杨文娟同学获奖的论文题目是『中国語における「着」とそれに対応する日本語の表現について——鲁迅の作品を中心に』，2016届郭文雨同学获奖的论文题目是『流行語から日本を見る——2005~2015年度の新語流行語大賞を手がかりに』。这两篇文章都是语言类选题，而且都使用副标题限定了具体的研究对象。如果学生都写文化方向的论文，不仅选题方向不均衡，论文质量也难以保障。相比之下，语言学类和文学类的文章更加需要学生具有扎实的专业基础，也更能够锻炼学生分析和解决问题的能力，因此，指导老师需要根据学生的专业能力，引导学生选择难度适宜的论文选题。

从近三年来的论文选题来看，文化类的选题呈现减少的趋势，文学类和语言学类的选题有所增加，这反映出论文指导老师在平衡选题上做出了一定的努力。以2019届学生为例，完成毕业论文共27篇，其中文化类16篇，文学类4篇，语言学类7篇，论文题目如下：

1. 2019 届文化方向的题目

日本のヒットドラマから見る日本人の婚姻観

日本若者の消費観の変化とその原因

日中における九尾狐のイメージについて

映画「シンゴジラ」から見た社会的風刺について

2.5 次元ミュージカルについての中日比較研究

日本伝統的正月料理研究——関東地方と関西地方を例として

JUMP 系人気ドアマが中国大学生に与える影響

『あなたが歌う演歌』にあるもの哀れへの考察

日本のプラモデル産業の研究——職人と商人

日本製造業におけるガラパゴス現象の要因分析

ニューメディア時代における日本新聞業の現状について——読売新聞を巡って

ドラマ『渡る世間は鬼ばかり』と『我が家の問題』から見た既婚女性のイメージ変化

日本における「七夕」の変容と伝承から見る中日文化の差異

日本の学生服と制服文化についての研究

日本女性の職場復帰の現状及び解決策——『営業部長　吉良奈津子』を例に

ドキュメンタリー映画より中日社会の文化差別についての研究——『ドキュメント72 時間』と『纪实 72 小时』を対象に

2. 2019 届文学方向的题目

『走れメロス』における脇役の役割についての研究

夏目漱石『行人』の一貫性についての研究

『風立ちぬ』にあるエコリズムへの研究

松尾芭蕉と王維の作品の比較研究——色彩を中心に

3. 2019 届语言方向的题目

日本のコマーシャルにある擬声擬態語の応用——中日コマーシャ

ルの比較を中心に

日本語の「言いさし」の表現に関する研究

「ていうか」と「とか」について

「開始」を表す複合動詞の後項動詞——意味指向の視角から—

中日同形語の誤用に関する研究

日本語における和製外来語の省略

中日感情に関する慣用句の対照研究——喜怒哀楽を中心に

这些论文题目都是学生在初步定下选题后与自己的指导老师反复斟酌后确定的。在进行论文选题论证的过程中，要注意以下四个问题。首先，学生要根据自己的兴趣和特长来设定论文题目。有些同学选择文化题目不是出于自己的兴趣和特长，而是觉得文化方向的论文最好写。带着这种想法，是不可能写出高质量论文的。第二，要根据自己的专业能力选择难度适宜的选题方向。对于能力较弱的学生，可以考虑写文化方向的选题，争取写出一篇格式规范，符合要求的论文即可。对于能力水平较好的学生，则需要鼓励他们撰写语言学或文学方向的论文，争取写出较为优秀的论文。第三，题目不要选得过大，否则只能写出泛泛而谈的文章。要尽量缩小范围，通过增加修饰语或副标题的方法来限定研究的对象。比如『日本伝統的正月料理研究——関東地方と関西地方を例として』，这个题目写的是日本传统的正月料理，后面加一个副标题以关东地区和关西地区为例进行分析，既限定了题目涉及的地区范围，又凸显了关东地区和关西地区的差异比较。第四，很多学生喜欢写中日对比的论文。如：『日本における「七夕」の変容と伝承から見る中日文化の差異』『ドキュメンタリー映画より中日社会の文化差別についての研究——「ドキュメント72時間」と「纪实72小时」を対象に』『松尾芭蕉と王維の作品の比較研究——色彩を中心に、日本のコマーシャルにある擬声擬態語の応用——中日コマーシャルの比較を中心に』『中日同形語の誤用に関する研究』『中日感情に関する慣用句の対照研究——喜怒哀楽を中心に』。这五篇论文都是中日比较研究。写比较研

究的论文，一定要注意有可比性，在进行比较时还要注意边比较边小结，避免各写各的，失去比较的意义。

四、结语

毕业论文的撰写是对本科四年培养成果的一个检验，需要我们一如既往的重视对毕业论文的指导，尤其是选题方向的指导，切实提高论文写作质量，争取有更多的论文能够达到湖北省优秀学士学位论文的水平。今后，我们还可以根据《外国语言文学类教学质量国家标准》的指导意见，探索出形式多样的毕业设计课题，比如可以尝试采用翻译作品、实践报告、调研报告等形式，让具有不同专长的学生发挥各自的优势，多方面地展现自己的专业水平。

◎ 参考文献

[1] 小野寺健，王健宜，邱鸣，等. 日语专业毕业论文写作指导[M]. 北京：外语教学与研究出版社，2012.

[2] 洪洁. 日语专业本科生毕业论文写作现状及对策研究[J]. 江苏外语教学研究，2017(1).

[3] 教育部高等学校教学指导委员会. 普通高等学校本科专业类教学质量国家标准(上)[M]. 北京：高等教育出版社，2018.

江汉大学日语专业毕业生就业情况调查分析报告

——以2012届至2018届毕业生为调查对象

学生：朱舜　指导教师：张佳梅

（江汉大学外国语学院　湖北武汉　430056）

一、引言

随着中日贸易往来更为频繁，在华日企数量也在不断增长。武汉市抓住机遇成为第七个也是中西部地区第一个有日本贸易振兴机构入驻的城市，武汉也建立了专门的日本产业园，为日资企业在汉投资提供了更多空间。三菱日联、瑞穗实业等银行纷纷在武汉设立分行，武汉的日资企业正在不断增多。以此为背景，江汉大学日语系自2008年开始招生，经过十余年的发展，培养了三百多名毕业生。目前国内的日语教育发展迅速，日语已经成为中国的第二大外语。在复杂的中日关系背景下，日语专业的就业前景到底如何？本研究旨在对江汉大学近十年来毕业生的就业情况进行调查，为日语专业毕业生的就业问题给出建议。

二、调查结果与分析

1. 工作与日语相关度

本次调查向江汉大学日语专业各届毕业生发放了100份就业调查问

卷，回收有效调查问卷91份。调查结果显示，有23.1%的毕业生从事与日语毫不相干的工作，但谈到对日语的喜爱程度时，有超过80%的学生回答“仍有兴趣”。可见，学生并非因为不喜欢日语而从事与日语无关的工作。

2. 毕业生的职业选择

调查结果显示，江汉大学日语专业毕业生从事的工作涉及经贸、翻译、教育、旅游、政府机构等多个领域，具体占比见图1。其中从事翻译口译行业13%，教育行业8%，旅游行业9.8%，房地产13%，而经贸行业则达到了32%，比重最大。因为随着经济的发展，中日贸易交流不断壮大，为广大日语毕业生提供就业平台，发挥日语专业的特长，去外贸公司就业已成为日语专业毕业生的首选。

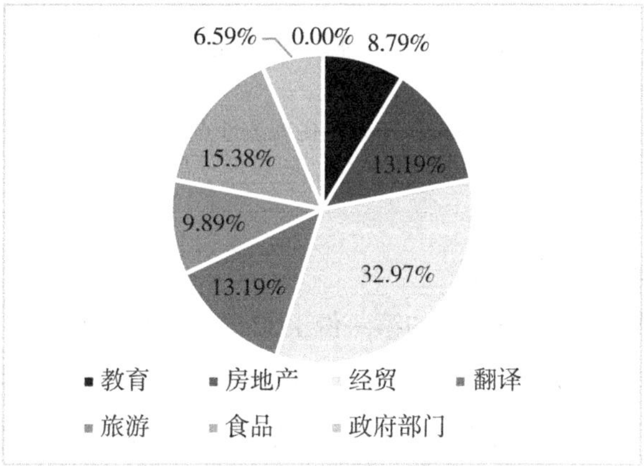

图1 毕业生的就业领域

3. 毕业生的工作地点

国内的经济在不同地域之间存在不均衡性，使得更有地域优势的沿海地区聚集了更多外贸企业，从而导致学生就业也呈现地域不均衡性。从调查结果来看，尽管大多数毕业生的家乡位于内陆的华中地区，仍有31.86%的毕业生选择在沿海地区就业，因为沿海地区为毕业生提供了更多的就业机会和发展空间。在内地工作的毕业生有近一半做着和日语无关的工作，这表明内地与沿海地区相比，能为日语专业毕业生提供就业的日资企业较少。此外，有相当一部分毕业生选择在自己的家乡就业，说明家乡情感因素对毕业生就业也产生了影响。毕业生的就业地点分布见图2。

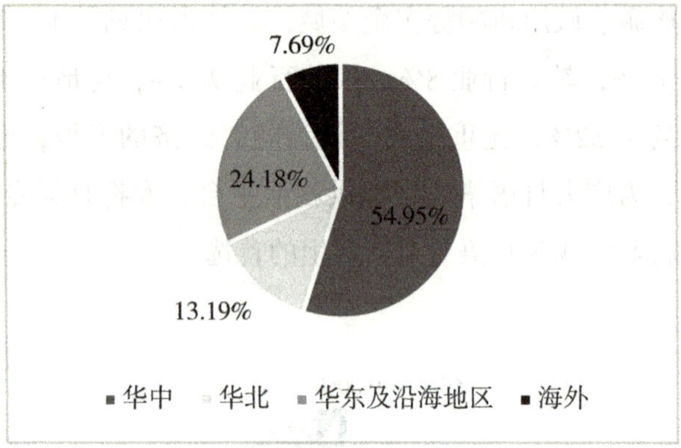

图2　毕业生的就业地点

4. 毕业生的薪资状况

调查结果显示，毕业生的第一份工作的薪金大多集中在2000~3000元。经过几年的发展，超过7000元的比重达到38.9%，在工资高于7000元的毕业生里，从事房地产的人数所占比例最多，有75%的房地产行业人员薪资超过了7000元。看来虽然房地产行业不如以前，但还是薪资较高的行业之一。薪资超过8000元的人中，2008届至2012届毕业生比重最高，达到70%，这说明毕业较早的毕业生凭借年龄优势和经验积累，成为各个行业的中流砥柱。在目前相对严峻的就业形势下，日语专业的学生不能盲目乐观，但也无需过度悲观，把握好择业机会，日语专业学生仍有广阔的发展前景。毕业生薪资状况见图3。

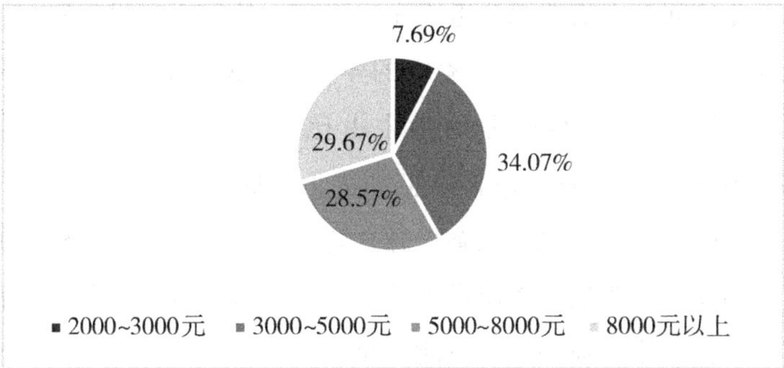

图 3　毕业生的薪资状况

5. 毕业生对工作的满意程度

从日语专业毕业生对工作的满意程度的调查来看，表示非常满意的比例占到 24.18%，表示比较满意的占 64.84%，而明显表达出不满意的占 8.79%。由此看来，绝大多数毕业生对目前的工作状况还是基本满意的。毕业生对工作的满意度见图 4。

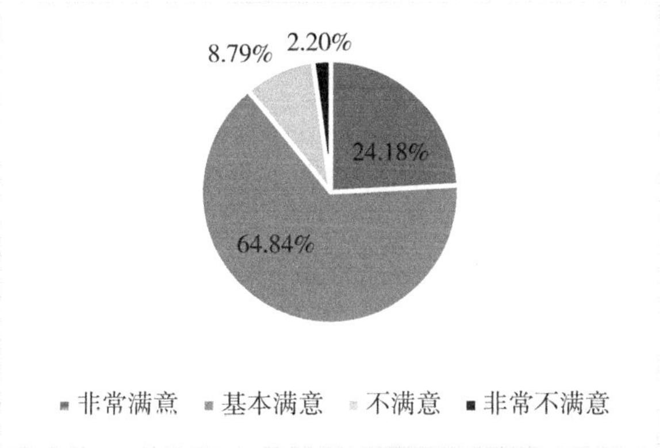

图 4　毕业生对工作的满意度

6. 就业、考研的比例

职业规划是毕业生必须面对的一个难题，在是提高学历继续学习还是直接就业的问题上需要综合考虑做出决定。从调查结果来看，毕业时直接就业的学生占 57. 14%，考研的学生占 43. 86%；而在收入高于 6000 元的区间里，本科毕业的学生占比为 59. 24%，硕士生占比为 40. 76%。由此可见，考研并非毕业生就业的唯一出路。选择本科毕业时直接就业的学生只要愿意勤勤恳恳、脚踏实地的工作，同样能够获得比较不错的发展。当然，考研带来的价值也不可否认。随着学历和知识层面的提高，硕士毕业的学生更能满足一些高标准要求的职位。本次调查中的硕士毕业生就职时间普遍较短，其学历优势在工作上并未有明显体现，这也是目前硕士毕业生发展不尽如人意的原因之一。总之，坚持自己的选择，不盲目从众，明确适合自己的发展方向，才是正确的选择。毕业生的考研比例见图 5。

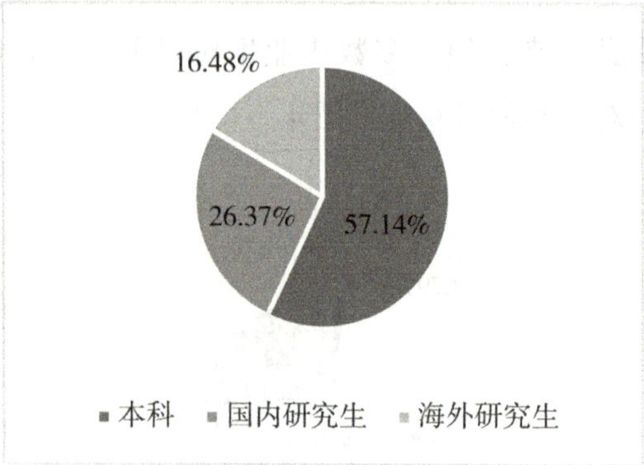

图 5　毕业生的考研比例

7. 用人单位注重的能力

在本次调查中，我们也调查了一些在汉招聘日语专业毕业生的企业所注重的能力。结果显示，人际交往和语言表达两大能力占比最高，皆为 75. 6%。第三位为适应工作环境的能力，占比 56. 6%，而日语专业能力只排在了第四位，占比 51. 3%。从毕业生所反馈的信息来看，日语专业水平已不是用人单位最看重的能力要求。相比之下，各个企业比较看重学生的综合能力。由此看来，注重综合能力的发展是毕业生就业的明智之举。仅凭熟练的日语水平，扎实的专业知识不能使日语专业毕业生在就业方面脱颖而出。为适应当今社会的发展需要，日语能力证书、机动车驾驶证、英语四六级证书、会计从业资格证等证书也是日语专业学生的加分项。由此可以看出，在校学生除了打好专业知识的基础以外，考取相关证书，或是参加社团活动来充实、锻炼自己，从而提高人际交往、语言表达等方面的能力可以让自己在职场更好地站稳脚跟。

三、对江汉大学日语专业毕业生就业的建议

1. 提高专业能力

首先，语言的学习是一个水滴石穿的过程，在学习日语的过程中，要保持坚持下去的恒心。调查发现有一些毕业生并未及时考过专业考试，取得资格证书。然而许多企业比较看重 N1 证书，可以说在毕业前通过考试取得 N1 证书非常有必要。

其次，专业能力不能只停留于纸面，加强口语的练习也很重要，流利的口语表达能力能够在求职过程中取得优势，其能力表达也比较直观。在求职面试时，顺畅熟练的口语不仅可让自己看起来更自信，更能给面试官留下深刻的印象。入职后，口语的熟练度也对工作能否顺利进行起到很大作用，与客户进行准确的交流沟通非常重要。而口语的加强需要平日不断地练习。同时，还要尽可能学习一些与商务贸易相关的知识，加深对日本企业文化的理解。

2. 掌握日语以外的能力

从调查结果来看，许多用人单位并不需要只会日语的日语专业毕业生，“语言+专业”兼备的毕业生更被看重。一门语言终究只是工具，是用来辅佐进行其他工作的。在汉日企招聘的岗位里，IT、机械操作工、机械工程师的需求量很大，但这些岗位往往不需要很高的日语水平，而且这些企业一般可为他们培训日语。总之，大多数日语专业毕业生不会

一直做翻译性工作，掌握其他专业知识，对拓宽就业面可谓极有帮助。

3. 看清职场形势，树立正确的就业观

通过调查走访，发现日语专业毕业生存在频繁跳槽的现象。频繁跳槽可能会使其他用人单位产生质疑，从而影响之后的职业发展。这表明毕业生在首次就业时，要保持谨慎态度，从多方面考虑，不能随随便便。毕业生在工作中要脚踏实地，通过虚心好学来不断积累资本。频繁跳槽不仅不利于收入的增长，也对个人的职场发展产生了不利影响。日语专业毕业生由于受专业的限制，频繁跳槽更不利于其找到好工作。日语的学习也不只是为了找到一份工作，也是一种提升自我的过程。通过学习日语，拓展自己的眼界，建立全新的人生观，同时全方位地提升自己，才能体现自己的专业优势，为个人发展奠定基础。

四、结语

总之，调查结果显示江汉大学日语专业毕业生就业情况基本良好，日语专业仍有较好的就业前景，但也不能忽视学生自身的努力，提升专业水平，提高交际能力，培养多方面的技能对今后个人的发展起着重要作用。

◎ 参考文献

[1] 李锦淑. 日语专业毕业生就业情况的调查与思考——以青岛农业大学毕业生为例[J]. 科教文汇，2016(36).

[2] 曾娟. 日语专业学生的就业前景[J]. 企业家天地，2008(10).

“大学生职业生涯规划”专题的体验式教学案例设计

林　敏
（江汉大学外国语学院　湖北武汉　430056）

一、体验式教学的含义

体验式教学是在教学过程中通过创设一定的情境，使学生在亲历和体验过程中理解知识、发展能力、建构意义、生成情感的教学价值观、教学方法论、教学策略与方法。其主要特点是让学生在特定情境中参与具体的活动，通过切身体验获得特定的知识和技能。

将体验式教学应用在“职业生涯规划”专题中，就是在教学过程中通过创设生涯情境，提供适宜生涯探索的项目与讨论主题，运用各种心理测评工具和游戏，让学生参与到生涯探索活动之中。学生在经历生涯探索活动之后，认知自己，形成个人职业生涯规划设计书，在班级进行分享，同学和教师在此基础上进行反馈和辅导，使学生重新修正自己的职业生涯规划行动路线。

二、体验式教学在“职业生涯规划”专题中的基本模式

体验是在实践中通过亲身的经历形成认知及感受的过程，注重学习

者的亲历参与、感悟升华。体验式教学在“职业生涯规划”专题中，教学步骤为：介绍职业生涯规划基本知识——通过各种体验式教学手段引导学生了解职业生涯规划的步骤——形成个人职业生涯规划设计书——小组交流和全班分享——运用理论提炼升华——引导学生再尝试行动。具体模式如下：

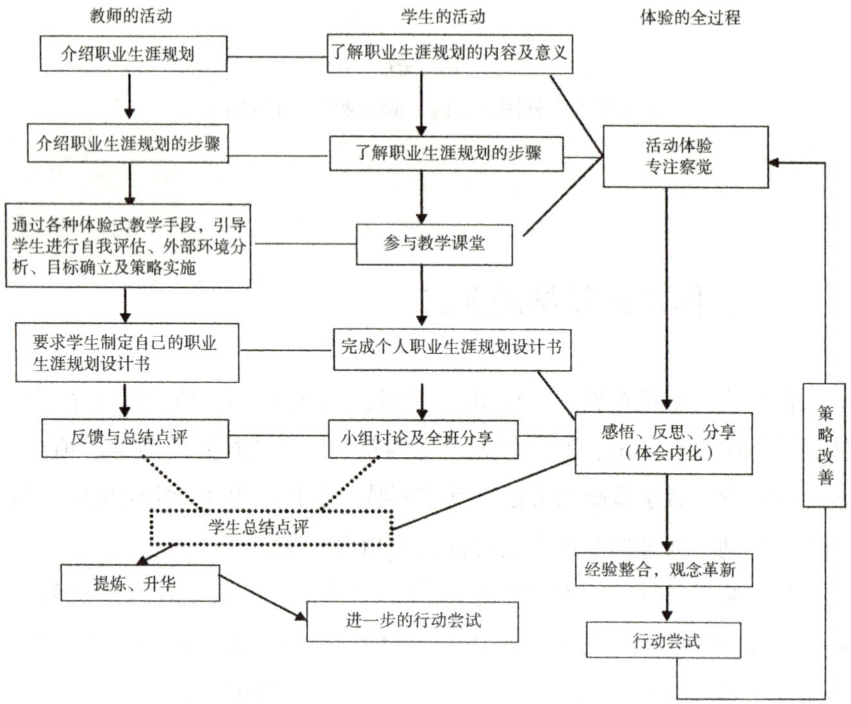

三、体验式教学在“职业生涯规划”专题中的具体实施过程

体验式教学在“职业生涯规划”专题中的理念是以满足大学生生涯规划的需要为起点，以启发大学生的生涯规划意识、培养大学生生涯规划能力与管理能力为宗旨。遵循教育教学的基本规律，设计活动化、情

境化、探索性的生涯教学主题活动，以体验式的教学方法组织教学，促进大学生自主生涯规划的行动，发展其生涯决策能力，逐渐帮助大学生确立生涯发展方向，为自己的生涯发展做好计划与准备。本专题具体实施过程如下：

1. 认识职业生涯规划

播放视频《杜拉拉升职记》的剪辑片段，要求学生在观看视频的过程中思考“人生是一个动态的不断变化的过程，那么是否有必要提前进行职业生涯规划”这一问题。在视频播放结束后请同学们自由发言，就不同的观点进行辩论。结合同学们的观点，教师讲解职业生涯规划的内涵及意义。同时拓展延伸，讲解舒伯的职业生涯发展阶段理论。

2. 自我评估

自我评估的方法通过以下三种方式进行：一是总结过去的经验，二是他人的评价或与他人比较，三是运用测评手段。要求学生回顾自己过去的经历，对自己的想法、期望和行为进行理性思考，然后认真地描述和判断自己的特点。在这个过程中，可以提醒学生从以下问题着手：我做过什么自己喜欢的工作？喜欢这些工作的哪些方面？我是喜欢和人打交道，还是喜欢处理具体问题或者处理数据？什么能激发我的潜力？什么令我感到厌倦乏味……让学生写下答案作为一个探索自己的过程。然后，按照事先分好的小组，要求各小组成员相互评价对方，列举出彼此的优缺点及适合的工作，以他人的评价作为参照不断深化对自己的认识。最后，通过“兴趣岛”游戏明确自己的职业兴趣，并辅以霍兰德职业性格测试，通过量表进一步了解自己的职业兴趣类型。通过以上活动帮助学生找到自己的发展优势、潜能方向。由此，每个人都形成了一份关于自己相对全面的自我评估报告。

3. 外部环境分析

针对本块教学内容，教师首先讲授职业生涯发展中需要考虑的社会环境、行业环境、组织环境、学校和家庭环境等外在因素；然后把相关案例提供给学生，抛出问题，开始头脑风暴，让学生在思想的碰撞中了解社会和职业状况；同时，利用“家庭职业树”让学生认识家庭环境对自己职业选择的影响；最后，要求学生利用 SWOT 分析法尽可能地对自己职业发展中的各种机会都进行评估，选出最优发展机会。

4. 目标确立

首先，教师使用“生涯幻游”活动，营造轻松的环境，借助柔和的音乐，让学生想象自己十年后的生活，帮助他们明确心中目标。其次，引导学生完成“生涯决策平衡单”，启发他们理性决策；然后，教师依据目标规划法则，引导学生设计自己的目标流程，确定自己人生不同阶段职业生涯的发展目标。最后，借助 SMART 目标设定的概念，制定相应的概念目标和行动目标，并启发学生课后去制定近期目标、中期目标和长期目标。

5. 策略实施

请学生思考自己在实现目标的过程中运用了哪些小窍门，然后进行小组分享讨论，各小组代表汇报讨论结果，教师结合小组汇报结果加以点评总结，学生和教师共同归纳出帮助自己实现职业生涯规划的措施。

6. 分享、反思，形成最终的职业生涯规划行动路线

职业生涯规划步骤学习完毕后，请学生根据所学内容，形成自己的《职业生涯规划设计书》。学生在小组内分享自己的设计书，并进行头脑风暴，听取小组成员意见后再次提炼升华自己的设计书，改善策略，修正自己的职业生涯规划行动路线。

四、教学效果评价

将体验式教学应用于“职业生涯规划”专题中，运用情景模拟、案例分析、心理测评、交流分享、联想等多种手段，营造轻松活泼的课堂氛围，激发学生的学习兴趣，提高学生的课堂参与度和积极性。在此基础上引导学生在自我体验、自我实践中总结和归纳生涯规划的原理和方法，相较于以往的教学，效果显著。

1. 知识层面

通过本专题的教学，大学生基本了解了职业生涯规划的含义和相关经典理论，能够全面了解自己的性格、气质和能力，了解职业，做好职业定位，正确评估职业机会，设定职业目标。

2. 能力层面

学生能运用职业生涯规划的基本理论知识，根据职业生涯中自我认知的方法和职业评估决策，合理规划、设计自己的人生，并能撰写个人职业生涯规划书，学会职业生涯的阶段管理，为将来的职业发展做好准备。

3. 价值观层面

通过本课程的教学，引起大学生对职业生涯规划的重视，帮助大学生树立正确的职业观、价值观与人生观，引导大学生积极探索适合个人职业生涯发展的路线。

◎ 参考文献

[1] 张旭东，夏徽. 基于体验式教学的教学模式构建——以职业生涯规划课程为例[J]. 教学研究，2013(1)：71-76.

[2] 乐晓蓉. 高校体验式生涯规划教学设计研究[D]. 上海：华东师范大学，2008.

三、文学与语言学研究

Literary Geographical Criticism in China

黄　惠

(江汉大学外国语学院　湖北武汉　430056)

The natural flow of love for natural beauty, if treated as burgeoning ideas of literary geography, appears early in the poems of Greek poets. In the 3rd century B. C., in the ancient Greek poet Theokritus's bucolic poems, the beautiful natural landscapes of Sicily were described. This pastoral style was followed by ancient Roman poet, Virgil in his depiction of the beauty of Italy. Later on, the pastoral style could also be found in a lot of literary works like Wordsworth's poetry and Shakespeare's plays, and the description of natural beauty and the nature became the everlasting theme in literature. Why do people write about nature in their writings? Man has observed the world—the external object for long, and his observing of the natural world into which he has devoted himself with all his heart makes him resonate with the external object—that is how the beauty and power of the nature work on his mind—the resonation is the co-work of his mind and the nature. "Ocular attentiveness was a crucial means of at least disposing the soul toward experiencing moments of otherwise unpredictable, ecstatic encounter with the divine soul of Nature."[1] The Nature Writing or the Paradigms of Nature[2] help man realize the parochialism in his mind, and through Nature Writing man begin to ponder the relationship between self and other. To conquer solitude, man need to talk to nature and Nature Writing is the way by which man could meditate. Man could do further. Lefebvre, greatly influenced by Marx's theory of value and his method for the critique of political economy, developed his well-known theories of production of social space. The scholars after him are somewhat influenced by his theories of space, like Edward Soja, his idea of "Third Space" and "Postmetroplis" in development of concepts of geography and planning, Bertrand Westphal, who in "Geocriticism—Real and Fictional Spaces," elaborates an interdisciplinary approach to understanding literature in relation to space and place. However, the works of these theorists are best read as philosophical reflections more concerned with man himself than with the relationship between man and the physical world.

In his theories of space, knowledge and power, Foucault notes the role of space from the generation of knowledge to power. Space starts "being used for acquiring new knowledge through use of spatial parameters in which knowledge has been bordered in order to be translated into the scientific knowledge."[3] Lefebvre's Spatial Triad, which are reprentational space, representation of space, and spatial practice further explains how space is produced by human activities. Third Space, from Edward Soja's *Third Space*, based on the work of a number of social scientist, most notably Henri Lefebvre, explains our concerns with how the laborers in the poor neighborhoods actually experience living and give meaning to their city. When talking about spaces as mentioned in their theories, whether it is about how space is used for the generation of knowledge and power, the production of space, or the third space, they more or less displays an influence from Marxist's perspective of society and the concerns of human society as pivot point.

The situation in China is different and man and nature are treated as a whole instead of as self and other from subject-object dichotomy perspective. In China, the studies of geography started earlier and its intellectual basis is "unity of heaven and man", an important concept in traditional Chinese culture. The founder of Daoism (Not Taoism), Laozi, said, "The ways of men are conditioned by those of earth; the ways of earth by those of heaven; the ways of heaven by those of Dao (Way); and the ways of Dao by nature." ("人法地，地法天，天法道，道法自然。") This explains an inseparable connection between Heaven, Earth, and people and respect of land-man relationship is the intellectual basis of literary geographical criticism in China. The related studies in China from the earliest stage to now have displayed this kind of consistency.

The earliest ideas related to literary geography dates back to as early as the Spring and Autumn Period in ancient China, approximately from 771 to 476 B. C. It is the earliest collection of poetry in China, *The Book of Songs*, in which the poem styles were categorized according to the kingdoms and areas where the poems were composed or created. The three types of songs are*feng*(风, "airs)", *ya*(雅, "odes"), and *song*(颂, "hymns"). The 160 *Airs* are arranged according to the state they originated from (guofeng 国风 "airs from the states"). People showed concern for the relationship between literary works and the environment it was created.

In one of the world's oldest classics, *Classic of Changes*, (also known as *I Ching*) providing inspiration to the world of religion, psychoanalysis, business, literature, and art, from which Chinese traditional soothsaying (*fengshui*) originated, the relationship between man and fate is studied. *Changes* in the book refer to the changes of one's environment and related elements in his fate. Man is part of the universe and therefore he can't separate himself from it by fighting against it. It seems changes in man's life are always unpredictable, but there are general rules that regulate the changes. To know the rules and adjust himself to the changes, man could further become harmonious with the nature and universe. This way of uncovering life suggested by *Classic of Changes* is different from that as indicated by the subject-object dichotomy—we think of ourselves as *ourselves*, objects—bestowed with sentience, perceivers of the world, stumbling our way through life burdened by circumstances over which we have no control, all the while pretending that we do. These ideas greatly affected the later studies of the relationship between man and space in China. *Fengshui*, Chinese soothsaying, a kind of spiritual geography, which borrowed heavily ideas from *I Ching*, has ever been widely practiced to orient buildings which are generally spiritually significant structures as dwellings, tombs, and other structures as well in an auspicious manner. China's traditional geographical studies intermingle with *Fengshui*, though they somewhat are different in that the former was not yet actually established as a single discipline then, but affiliated with the studies of the classics, like the studies of five classics and others, and the studies of historiography, like Sima Qian's *The Records of the Grand Historian*[4], which set up a narrative style of storytelling for later novels. They both display ancient scholars' concern about the relationship between man and geographical environment. The history of poetry especially displays this perspective. Before the Song Dynasty, there were already hundreds of poems related to the depiction of landscape and the beauty of nature, known as idyllic poems. The poets always resort to poems to express their passion for their homeland, their unquenchable love for their loves, and their unhappiness incurred by their failure in official careers. The depiction of natural scenes abounded in poems. It could obviously seen that literary works regarding man-land relationship ideas has a long history in China.

The literary criticism from geographical perspective took place almost simultaneously as literary geographical ideas burgeoned. The earliest literary criticism is related to aforementioned earliest ideas of literary geography as displayed in *The Book of Songs*. According to Zuo Zhuan, the first detailed historical annual in China, the prince Zha from Kingdom Wu made comments on the part *Air* in *The Book of Songs*. The later scholars, mostly historians like Sima Qian contributed to the development of literary geography. In the early 20th century, there were already dissertations which systematically elaborated the concepts related to literary geography which consolidate the foundation for the development of literary geographical criticism we discuss today.

In the West, Aristotle and Descartes both mention the concepts of time and space in their theories. But the concepts mostly appear in their theories as metaphysical notions they try to define, not as the ideas that help people to reflect the relationship between man and environment. The earliest studies in literature in relation to fundamental entities of time and space probably appear in Kantian philosophy. The narrative of human experience, either in the form of fiction or non-fiction, takes place in a specific time and a specific place. However, it seems that the importance of his ideas lie "both in the way he understands geography as a counterbalance to history, and in terms of the organization of knowledge."[5] That probably marked the spatial awareness of the scholars in their literary work. And this spatial awareness develops very slowly and in most cases the scholars in the related field are entangled in clarifying the concepts and arguments are always aroused. But the arguments over the concepts don't work aimlessly. Lefebvre and his contemporaries realized that people's understanding of space should not be limited to the traditional interpretation that space is just three-dimensional in universe and the definition of space in modern philosophy creates ambiguity.

The studies of space done in China more focused on the relationship between man and land, space, environment, generally known as "literature in space" and "space in literature"—literary geographical criticism.

The territory of China lies between latitudes 18° and 54° N, and longitudes 73° and 135° E. China's landscapes vary significantly across its vast width. The styles of literary works across such vast territory vary greatly since ancient times. *The Book of Songs* was a collection of poems written by people from north China. *The Verses of Chu* was mainly written by Qu Yuan, an administrative official in the court of King Huai of Kingdom Chu, a Kingdom in south China, the present Hubei Province and its surrounding areas. These two collections of poetry are different in styles. *Ashima*, a long narrative poem of the Sani people who are a tributary of the Yi ethnic group and it was spread in the Yi Autonomous County in Shilin of Yunnan Province, southwest China. It is still different from any poems from the previous two collections either in form or in structure. The studies of literature based on the natural geographical features of the areas which the writers were born in or from are related to the category of "literature in space". Other similar literary topics are also involved in the same category. It is believed that natural environment and climate greatly determined the spiritual climate of the local culture, the writers who were born in this culture have this related cultural gene or geographical gene naturally will depict their home culture in their literary works. The studies of literary activities with regard to the space and geographical locations is "literature in space." It also studies how literary works spread in space.

Another concept — "space in literature," is related to the studies of the spaces in literary works, like the studies of geographical space or figurative space presented in the novels. The category could include the forms of space as presented in novels, the manner by which the writer presents it, and the purpose of the writer in presenting these specific forms of space in the novel.

And further, it could extend to the studies of the geographical environment of the location of the writer's birth place—the cultural gene or geographical gene of the writer, the writer's concern of certain natural phenomenon and his aesthetic tendency related to constructing space.

The aesthetic judgment is reached through psychological work—aesthetic experience according to its phenomenological or representational content—we judge things to be beautiful by reasoning it out, where reasoning it out typically involves inferring from principles or applying concepts, involving both aesthetic rationality and sensibility. So literary works are the consequence of mind work—imaginative and creative movement of brain. The space in literary works is created by the writer and is the consequence out of writer's imaginativeness. It could be close to the space in real life, or more an unreal object of imagination. And it can even be an object of imagination for the writer to be strongly psychologically attached to. Space is not truly empty, whatever it is as described as a traditional three-dimensional thing or in Henry Lefebvre's development of a spatial triad. It is represented by the images in it, those of living beings, like man, animal, and birds, and inanimate things like tree, water, and air, whatever. The Yellow Crane Tower in Wuhan, one of the well-known four towers in south China, is the landmark of the city and has a history of 1, 780 years. But it was destroyed again and again in war times and the present one was built in 1985. It is an important image depicted in the poems written by famous poets in history. When the Yellow Crane Tower was still there, the description of it in poems and stories was close to it. But there was also some imagination part about it. Simply from the description of the poems written in the Tang Dynasty, one could feel its spectacularity. However, even the one which was there in 1870, when compared with the present one, was much smaller, twenty meters lower. But it has become the object that locals feel strongly attached to. As an emblem of attachment, it has been escalated to an emotional level and it appears in the folklores and local songs so frequently that it has become an integral part of the culture. This power as endowed by history has made the tower image lasting forever not only in culture and also in their mind. (See Figure 1 ~ Figure 3)

The development of literary geographical criticism in literary circle in China is different from that in the West. The Unity of Heaven-Man idea, an important primary concept in Chinese culture, has been an intellectual basis of literary geography and literary geographical criticism. It could be obviously seen from culture, religion, and literature that a respect for and concern of man-land relationship has been part of fundamental values and guidelines for people. Its vast territories and the flourished literary activities and styles provide rich soil for the development of literary geography and literary geographical criticism. Open discussion and communication worldwide will help bring in new ideas and lead to innovation.

Figure 1 Yellow Crane Tower in the poems

Figure 2 Yellow Crane Tower in 1870 Figure 3 Present Yellow Crane Tower

◎ 参考文献

[1] Gatta, J. Sacramental communion with nature: from Emerson on the Lord's Supper to Thoreau's Transcendental Picnic[J]. Religions, 2018 (9): 48.

[2] Huggan, G. Back to the future: the "new nature writing," ecological boredom, and the recall of the wild[J]. Prose Studies: History, Theory, Criticism. 2016(2): 152-171.

[3] Miloje, Grbin. Foucault and space[J]. Sociološki Pregled, 2015: 306.

[4] Guanlong. An analysis of the traditional geographic studies in China[J]. Sun Aerial Research and Development, 1990(9): 46-49.

[5] Mendieta, Eduardo Elden, Stuart. Reading kant's geography albany[J]. Albany: State University of New York Press, 2011.

小说《时时刻刻》的女性主义解读

刘　瑛

（江汉大学　湖北武汉　430056）

小说《时时刻刻》是美国作家迈克尔·坎宁安以弗吉尼亚·伍尔夫的小说《达洛维夫人》为基础进行二次创作的成果，故事叙述了三位女主人公在各自生命中度过的重要的一天。她们虽然生活在不同的年代，生活方式、社会环境都有显著的差异，但三人都有相同的渴求，希望在父权制社会中，成为拥有独立的人格和自主生活方式的女性。在小说中，读者可以从以下四个方面的设置分析作品的内涵，解读作者的女性主义思想：意象、年代、后代和伴侣。

一、意象设置：女性地位与生命本源

小说里出现的若干意象，如花、水等，不仅象征着女性在父权制社会中的从属地位，还可以解读为女性与生命本源的关联，体现了作者的女性主义思想。

小说里反复出现的各种类型的花，可以理解为这部作品中不同女性角色的映射，各种花的颜色则反映了她们不同的心理状态。花作为装饰物，还象征着女性在传统社会里的从属地位，契合男性对女性作为"房中的天使"的角色设定。

水在西方文化里，具有多重含义，既象征了世界的起始与生命的本源，又象征着生命对于自然的原始状态的回归。在小说开篇部分，弗吉尼亚·伍尔夫口袋里装满石头，走进河里，淹没在河水中，以死亡抗争世界对女性不公正的待遇，象征女性选择回到生命起源，从而获得身体与精神意义上的双重解放。1949 年的一天，劳拉·布朗打算逃离受男性支配的生活，也选择了自杀的方式。她带着药瓶，来到旅馆房间里。当她一边抚摸着腹中的孩子，一边阅读《达洛维夫人》时，她幻想着水流从床底慢慢升起，淹没了自己。这里的水兼具表象性与具象性，既象征女性反抗男权社会，寻求自我解脱的途径，也象征着承载新生命母体的河床。此时，水的具象性内涵暂时消解了其表象性意义，唤醒了劳拉的母性，让她放弃了自杀的念头。但是劳拉并没有由此放弃对自由的追求，她生下女儿后，离开了家庭，远走加拿大，完成了女性的自我解放。可以说，当初旅馆房间里出现的水的幻影，还具有一层意义，即赋予了女性打破旧习俗的制约，并开启真正意义上的新的生命的勇气，而不是像弗吉尼亚·伍尔夫或她笔下的达洛维夫人那样，通过结束自己的生命来获得解脱。劳拉抛夫弃子的做法，在许多人看来有违妇道，但这正是女性主义随着时代进步而发展的表现，体现了作者迈克尔·坎宁安对女性争取平等权利的认可。

二、年代设置：女性主义的发展与进步

通过研究作者在小说中设置的三位女主人公“打算买花”的年代及相应时期女权运动发展的轨迹，可以看到女性主义的发展和进步。

20 世纪 20 年代的弗吉尼亚始终打算自己去买花，却一直没有实现。此时，女权运动的中心已从欧洲转至美国，1920 年美国在法律层面上确保了女性享有选举权的权利。尽管女性在政治经济领域争取平等的努力取得了明显的成果，但是妇女在社会生活中的不平等地位却没有得到根本性的改善。可以说，女权运动还没有取得实际意义上的进展，无论在哪里，女性都不能大胆坚持自己的要求。同样，1949 年的劳

拉·布朗也要自己去买花，却因为身体原因，被体贴的丈夫抢了先。这一年，美国著名的女权主义家贝蒂·弗里丹生下了第一个孩子，并且从此开始一步一步从职业女性退回到家庭主妇的角色中。此时社会舆论还在不断鼓吹和塑造女性“幸福的家庭主妇”形象，声称只有在家庭生活中，女性才能获得幸福和实现自我，这便是当时社会对女性的期望和定位。1963 年，弗里丹出版了《女性的奥秘》，在书中，她将家庭比喻为“舒适的集中营”，号召妇女冲破家庭的束缚走向社会，结束对女性的性别歧视。这段时期生活在洛杉矶的劳拉一方面感受到女权运动的波澜，为家庭的束缚而万分苦恼；另一方面却连何时买花、如何摆放花这种家庭琐事都无权决定，种种情绪交织，让她焦虑不已，打算重蹈弗吉尼亚和达洛维夫人的覆辙，以死了结。

到了 2001 年，随着女性主义各个流派的出现与发展，女性独立的意识已经渗入到社会各个领域。这时的克拉丽莎可以自己决定什么时候去买花、买什么花。买花虽是小事，却能很好地体现女性主体性地位的强弱。为了给理查德准备晚会，克拉丽莎自己去买了花，自己决定如何插花、如何摆放花瓶，这一系列有条不紊的动作，暗示了克拉丽莎生活的独立性。在女性主义的视野里，她超越了小说中的另两位女主人公，真正获得了独立和自主。

三、后代设置：女性角色的变迁

由于女性的生理特征，妇女在家庭里担当着生儿育女的职责。在传统的观念里，没有生育后代的女性，其生命是不完整的。西蒙·波伏娃在《第二性》里谈到，“女性通过做母亲来实现她的生理命运，是自然赋予她的‘使命’，她的全部生理机体都为物种延续做准备”。弗吉尼亚没有生育孩子，她为此感到对不住丈夫，在留给丈夫的遗书中写道：“我不能再继续毁掉你的生活。”但是，作为一位女性主义者，弗吉尼亚在内心里并不赞同女性这种传统的角色，她认为对女性而言，最重要的是独立。姐姐带着三个孩子来拜访时，她一直在以旁观者的视角理性地观察他们。当昆汀和朱利安悄悄嘲笑安洁莉卡时，弗吉尼亚想到，“即使到了今天这个时代，男人仍在他们有力的手中掌握着死亡”；安洁莉卡给死去的画眉准备临终床时，她想到，安洁莉卡“真正希望的是大家都对她的工作表示赞赏，然后给她自由”，就像成年女性，渴望从男性的赞赏中实现自我价值一样。然而，在弗吉尼亚所处的年代，女性还没有生育自主权，这让她陷入两难的境地。她既不愿像其他女性(比如姐姐瓦妮莎)那样，受到家庭与孩子的束缚，又逃不开世俗价值观的评判，无法成为一个真正意义上的洒脱的女性主义者。因此，她只有选择死亡，来获得解脱和独立。

几十年后，随着女权运动的发展，女性开始逐渐认识到家庭对女性独立意识的约束和家庭生活中男女不平等的状态。这时期的劳拉·布朗已经生了一个男孩，肚子里还孕育着一个女孩，在传统意义上她完成了女性的使命，但她并没有因此感到欣慰，反而觉得时时刻刻受到孩子的“监视”，生活在压抑的情绪里。当她和儿子理查德一起为丈夫烤制生日蛋糕时，虽然心乱如麻，她却不能在年幼的孩子面前表现出来，只能把烤好的蛋糕丢进垃圾桶里，权当发泄情绪。她只有当离开家庭，独自待在旅馆的房间里时，才能完全放松心情。体贴的丈夫、年幼的孩子，都让劳拉一度放弃独立的愿望，打算就这样屈服一生。但最终，为了追寻真实的生命状态，她还是抛弃了一切，远走加拿大。劳拉选择独立的方式，不是自杀，而是远离家庭，主动挣脱牢笼，去追求女性的自我价值。她的行为，体现了同时期女性独立意识的进步与发展。

到了21世纪，女性的社会地位有了显著的提高，无论在家庭还是在职场，女性都在不断争取与男性相同的权利。虽然依然存在针对女性的歧视态度，整体而言，社会正在逐渐承认和接受女性的独立与自主。生活在这个时期的克拉丽莎，有着与弗吉尼亚笔下的达洛维夫人截然不同的生活态度。她不仅有一位同居十年的同性伴侣萨利，还养育着通过人工方式获得的女儿朱丽娅。克拉丽莎的家庭结构，可以看作父权制家庭的消解，体现了作者对父权制社会的否定。这对同性恋人用自己选择的方式组成家庭、生养后代。孩子不再是束缚母亲的工具，而是爱人结合的产物。养育这个孩子的目的，不是要完成女性的传统使命，而是为了挑战男权社会，以女性为主体的弱者联盟的发展需要，是要消解男性角色传统意义上的绝对强势。在同性恋家庭中长大的朱丽娅思想成熟、自信开朗，完全没有劳拉那一辈人曾有过的对男性的依赖和无条件的服从。如果说劳拉腹中的胎儿，代表女性独立意识的萌芽，那么克拉丽莎成年的女儿，可以看成是女性主义发展成熟的标志。

四、伴侣设置：父权制的消解

弗吉尼亚和劳拉都拥有传统意义上的家庭，他们的伴侣都是男性，家庭是建立在婚姻基础之上的。他们的家庭，就是父权制社会的缩影。弗吉尼亚的丈夫伦纳德无微不至地照顾患病的妻子，督促她按时吃饭吃药，甚至为了妻子的健康，把家搬到距离伦敦半小时车程的郊区里士满。但在弗吉尼亚看来，这种关心无异于禁锢，让她时时刻刻觉得受到监护。弗吉尼亚是一位激进的女性主义作家，她真正需要的是精神层面的自由和独立，偏偏丈夫不能给她，因为那时的女性被认为是男性的附属品，应该受到男性的保护，既没有独立的人格，也谈不上精神需求。伦纳德在弗吉尼亚的生活中所扮演的角色，不仅仅是丈夫，更是传统父权制力量的化身，从身体和精神上支配和束缚了女性。

劳拉的丈夫丹时刻关心着怀孕的妻子，看到妻子在休息，就把为自己庆祝生日的鲜花提前买好了。但他忽视了妻子的精神需求，根本没有注意到妻子郁郁寡欢的状态。本质上而言，妻子只是一个生育机器，丹所关注的不是劳拉这个人，而是劳拉带给他的传统的家庭结构——丈夫+妻子+子女。丈夫是家庭的核心，妻子只需要完成生儿育女的使命，就是实现了自己的价值。而劳拉心中的女性意识正在萌芽，她不甘于成为父权制家庭的点缀，她的需求已经超越了传统女性的价值观，是女性主义进步的体现。

20世纪后期出现的后现代女性主义，不再单纯强调女性的反抗和二元制社会的解构，而是较为理性地倾向于两性的和谐和女性之间的结合。克拉丽莎选择女性作为伴侣，是对传统父权制社会的挑战，同时也体现了作者坎宁安的后现代女性主义思想。克拉丽莎的家庭就是后现代女性主义追求的和谐社会结构的缩影。家中没有男性成员，以后可能也不会有(女儿朱丽娅也是同性恋)，在这里，女性的性别特质受到弱化，她们不再是需要男性庇护的弱者，父权制被消解。另一方面，弗吉尼亚和劳拉都曾有过的朦胧的同性意识，在克拉丽莎这里被唤醒，这种自我觉醒和自我回归的方式，本质上是女性主义的进步，是女性主体化、独立化和联盟化的表现，也是作者坎宁安对女性摆脱从属地位，获得自我认知和独立的肯定。

五、结语

弗吉尼亚·伍尔夫说过："必须有人死，其他人才能更珍惜生命的价值。"为了在男权社会中获得精神上的自由，她用自己和她笔下的达洛维夫人的生命换取人们对女性价值的重新审视。随着时代的进步，越来越多的女性实现了自我觉醒和自我认识，在社会生活中拥有越来越多的自主权利。客观来看，两性的差异依然存在，女性争取与男性同等权利的斗争还面临着很多挑战，但坎宁安的小说《时时刻刻》中描绘的三位女性在父权制社会中不屈不挠、坚持自我的成长轨迹给人们带来了希望。更可贵的是，创作这部小说的作家是一位男性，这意味着女性并不是在孤独地战斗。

◎ 参考文献

[1] 孔德猛，班高杰.《时时刻刻》象征性意象分析——以女性主义伦理学为视角[J]. 临沂大学学报，2016(5)：55-59.

[2] 刘冬阳. 文学改编电影中的女性主义表达——以《时时刻刻》为例[J]. 电影文学, 2018(3): 76-78.

[3] 迈克尔·坎宁安. 时时刻刻[M]. 王家湘, 译. 北京: 人民文学出版社, 2012.

[4] 吴庆宏. 弗吉尼亚·伍尔夫与女权主义[M]. 北京: 中国社会科学出版社, 2005.

[5] 谢剑萍.《时时刻刻》: 女性的自我认知与自我解放[J]. 北京电影学院学报, 2005(3:)50-52.

[6] 西蒙·波伏娃. 第二性[M]. 李强, 译, 北京: 西苑出版社, 2004.

[7] 周红燕. 女性主义的继承与发展——《时时刻刻》评析[J]. 山东行政学院学报, 2014(2): 94-96.

当代美国女性“性向越界”①群体的伦理焦虑与伦理选择

——以《去年夏天在青鱼湾》为例

李顺亮

（江汉大学外国语学院　湖北武汉　430056）

当代美国著名女性活动家、戏剧家简·钱伯斯（Jane Chambers）于1980年出版了她的戏剧代表作——《去年夏天在青鱼湾：两幕剧》（*Last Summer at Bluefish Cove: A Play in Two Acts*）。这部作品问世后受到美国戏剧评论界的好评和肯定，摘得了当年的剧评人奖。这部戏剧作品以女性向越界作家的独特视角，观照了活跃在20世纪70和80年代的美国女性向越界群体的喜怒哀乐和生活，给20世纪80年代美国“艾滋戏剧”②风行的美国剧坛带来了别样的声音。

然而，与田纳西·威廉斯的《玻璃动物园》（*The Glass Menagerie*）、

① “性向越界”系笔者创造的词汇，用以描述非异性恋的各种性取向的总称。性向越界者包括男性同性恋（gay）、女性同性恋（lesbian）、双性恋（bisexual）、跨性别者（transgender）等。相关研究和调查证实：除性取向外，性向越界者与异性恋者没有其他根本差异。

② “艾滋戏剧”（AIDS Drama），指20世纪80年代以《平常的心》（The Normal Heart）和《一如既往》（As Is）为代表的一批戏剧作品，这些作品的共同点在于：以感染艾滋病的性向越界个体为主要戏剧人物，通过描写他们罹患艾滋病后社会和亲朋好友对他们的疏远和歧视态度，控诉美国社会与政府对艾滋病病情防控的冷漠和不作为态度。

《欲望号街车》(*A Streetcar Named Desire*)和尤金·奥尼尔的《长夜漫漫路迢迢》(*Long Day's Journey into the Night*)等20世纪美国戏剧名家名作的国内外相关研究所取得的丰硕成果相比，囿于当时观念的限制，国内外研究者对《去年夏天在青鱼湾》这部在同性恋戏剧史上有重要影响的戏剧作品的研究显得相对单薄。因此，本文不揣冒昧，试对这部剧作中主要人物的伦理焦虑和伦理选择做出剖析，试图把握作者的创作意图和借由戏剧所传达的思想。

《去年夏天在青鱼湾》以细腻的笔触，刻画了一个无意中闯入女性向越界群体居住地的家庭妇女和其中一位女性向越界者的爱情故事。生活乏味无趣、为人天真单纯的家庭妇女伊娃·玛格丽丝(Eva Margolis)离家出走，无意间来到了一个长期被女性向越界群体租住的海滩——青鱼湾。女性向越界者丽莲·泽林斯基(Lilian Zalinski)误以为她是新来的性向越界者，于是邀请她来参加晚上举行的聚会、认识新朋友。在聚会上，因为青鱼湾的这些性向越界者们不愿暴露自己的真实身份，她们之间的关系让伊娃困惑，造成了很多误会。同时，她开始与丽莲陷入热恋，满怀憧憬地和丽莲生活在一起，畅想、规划着二人未来的美好生活。然而，丽莲早已查出患有癌症却选择隐瞒病情，随着丽莲身体状况的突然恶化，伊娃终于得知丽莲的身体状况。在巨大的震惊和悲痛面前，伊娃迅速成熟、坚强起来，照顾丽莲起居，成为后者的精神支柱。丽莲去世后，伊娃平静地接受事实，打算去欧洲工作，完成和丽莲未实现的人生规划。

这部戏剧着力刻画了两位性向越界者的形象——丽莲·泽林斯基和伊娃·玛格丽丝。伊娃·玛格丽丝是一位单纯、没有什么主见的普通美国女性。据她自述，伊娃自小在父母的呵护下成长，在本地接受高等教育，大学尚未毕业就结婚，和丈夫搬到一起居住，“从未离开过家人”，因此非常害怕孤单一人。她生活阅历匮乏，为人处事惯于听从亲人的安排，从未考虑过自己内心的真实想法。从高中起，她就惯于让“最好的朋友”为她决定生活中的大小事项，婚后更是将决定权完全交给了丈夫乔治，“让他料理一切”。她的丈夫乔治为人专横、控制欲强，对包括伊娃在内的美国女性有着下意识的偏见，认为看女权有关的书籍的女性都是“不易控制的”，甚至仅仅因为女秘书阅读青鱼湾居住的性向越界者——著名女性作家基蒂·柯克兰(Kitty Cochrane)鼓吹女性自我觉醒和争取平等权利的作品就把她解雇了。此外，乔治认为“女性掌控自己的身体”的观念是一种“不可饶恕的罪孽”(mortal sin)，任何鼓吹这种观念的女性都是女同性恋。

如果说他在与妻子伊娃的婚姻和夫妻生活中不顾及后者的感受，是伊娃离开乔治的直接原因，那么伊娃自我意识的觉醒、对人生意义的追寻与丈夫专横的作风、对女性和妻子的不理解产生的矛盾则是伊娃内心伦理焦虑的来源，是她离家出走的深层次原因。如上所述，伊娃成长和婚后生活的环境都由他人主宰，女性的价值和独立性在这里都无法发展，以至于伊娃无意也无暇顾及自己内心最深处的想法和真实意愿。很大程度上，伊娃所过的都是他人给她规划、选定好的生活，她从未认真思考过自己的真实需要。尽管戏剧没有直接让伊娃开口表明，但从她的台词可以看出：由于接触到女权主义者柯克兰的著作，长期按照他人意愿生活的伊娃心中萌生的自我意识开始在婚后枯燥乏味、相对孤单的生活中油然而生。(丈夫乔治工作繁忙、无心在精神上陪伴伊娃；他薪资优厚，不希望伊娃在外工作，伊娃得以拥有闲暇时间。)很自然地，她心中产生了伦理焦虑——自己究竟想要什么样的生活？想要成为什么样的人？眼前的生活看似安稳平静、衣食无忧，然而这是否真的是自己想要的生活？

为缓解心中的伦理焦虑，追寻人生意义的伊娃误打误撞来到女性向越界者们居住的青鱼湾海滩，邂逅了身染重疾的性向越界者丽莲，在和她的互动中真正形成了完整独立的自我意识，迈向了精神上的真正成熟和完善。她为后者随性而独立自主的生活态度所吸引，勇敢地向丽莲倾诉对她的倾慕之情，二人感情迅速升温。在青鱼湾短暂的几个月里，如二人所说，是她们生命中最幸福的日子。丽莲在遇见伊娃前有过丰富的恋爱史，她却依然坚称自己“从未如此幸福过”。不仅如此，在得知丽莲的病情和不久于人世的噩耗后，原本单纯脆弱、害怕孤单的伊娃勇敢地接受事实，肩负起了照顾病重爱人的伦理责任。尽管囿于当时美国法律的限制，二人从未缔结过任何正式意义的婚姻关系，伊娃还是勇敢地肩负起了照顾丽莲生活起居的伦理责任，陪伴她走过了生命中最后的时光。伊娃彻底解决了自己的伦理焦虑，变得独立、自强，获得了内心的平静。

与伊娃相比，由于疾病缠身，性向越界者丽莲·泽林斯基有着更为严重的伦理焦虑。丽莲在青鱼湾住了很长时间，少年时就觉察到自己性取向和他人的不同之处。在遇到伊娃前，她已经知晓自己身患癌症的消息，因此不愿和伊娃来往，以免坠入情网后无法自拔。这种状态让丽莲感受到了强烈的伦理焦虑：如果告诉伊娃自己已经身患绝症，伊娃很有可能会受到巨大的打击，自己很可能会错过这段感情；如果隐瞒自己的病情则显得对伊娃不公平，毕竟自己无法给予伊娃长久的陪伴和爱情。当晚，伊娃主动来到丽莲房前恳求丽莲的陪伴和友谊，在隐瞒真相和失去这段爱情的两难伦理困境中，难以抉择的丽莲无法拒绝内心的情感和伊娃的邀约，但同时也难以说服自己心安理得地欺骗伊娃，所以她才会感受到强烈的焦虑情绪。

恶化的病情极大地加剧了丽莲的伦理焦虑，为了缓解这些伦理焦虑与对人世、朋友及爱人伊娃的眷恋之情，丽莲曾试图终止和伊娃的亲密关系。在病情加重、被迫住院治疗后，病情暂时平稳的丽莲从医生朋友基蒂·柯克兰处得知自己时日无多。于是，为了让伊娃离开自己、为未来自己去世后她能继续生活下去做准备，丽莲竭力伪装成冷酷无情的样子，对伊娃百般刁难、喜新厌旧，试图缓解内心对即将离开人世、无法继续陪伴伊娃的伦理焦虑。然而，伊娃识破了丽莲为缓解伦理焦虑和痛苦的伪装，指出丽莲对伊娃看似无情、喜新厌旧的态度和她从前其他极度不稳定的亲密关系均来自于丽莲本人不敢承担伦理责任、无法接受成熟稳定关系的心理弱点和凡事争强好胜、无法接受挫折的性格特征。在二人交往的过程中，伊娃从天真懵懂走向成熟、独立，在缓解自己的伦理焦虑的同时也帮助丽莲更好地了解了自己。

《去年夏天在青鱼湾》对包括这些性向越界个体的家人在内的美国主流社会对她们的歧视和精神压迫有详细而真实的描写。例如，丽莲在劝阻伊娃向家人坦承性取向时，曾告诉她：丽莲的母亲曾经因为丽莲的性取向而威胁自杀、精神崩溃，然后断绝和她的母女关系；苏的亲兄弟禁止她看望侄子侄女；瑞塔的父亲向瑞塔教书的学校报告她的性取向，导致她丢掉工作。此外，在丽莲弥留之际，她的母亲禁止青鱼湾的性向越界者们陪她走向生命的终点，尽管她早已断绝了和丽莲的母女关系。

尽管《去年夏天在青鱼湾》对20世纪80年代家庭和社会歧视女性向越界群体的现实毫不避讳，然而其不只是一部控诉社会对性向越界群体不公正对待的戏剧作品。它以戏剧形式呈现了在80年代还少有人知晓和探索的女性向越界群体，记录了她们平凡的日常生活和真实的喜怒哀乐。戏剧以生活在青鱼湾的女性向越界群体成员为呈现对象，她们之间的关系虽然没有得到法律的承认和保障，却有着与异性恋个体间亲密关系相同的美好和问题。不仅如此，《去年夏天在青鱼湾》还以离开家庭、寻找独立自我的伊娃·玛格丽丝和身患绝症、勇敢脆弱的丽莲·泽林斯基之间萌生的爱情为主线，穿插女权主义者基蒂·柯克兰和伴侣瑞塔·桑德斯(Rita Sanders)、中年富有女性苏·麦克米兰(Sue Mcmillan)和年轻貌美的伴侣唐纳·阿特丽(Donna Atterly)等人之间的情感关系，完整呈现了80年代女性向越界群体的生活和情感状况。通过对居住在青鱼湾的这些女性向越界者们日常生活和情感经历真实细致而富有诗意的描写，简·钱伯斯向读者和观众展现了80年代美国女性向越界群体们勇敢追寻自我、珍视彼此感情、勇于承担亲密关系中相应伦理责任的美好品质。客观地讲，这些美好品质不仅是性向越界群体，同时也是包括异性恋群体在内的每一个追寻自我实现、渴望拥有美好幸福生活的人所应当具有的。这些平凡的性向越界者值得所有人的尊重和肯定，是人们可资借鉴和学习的榜样。

《去年夏天在青鱼湾》中的女性人物群像可谓是当代美国现实生活中女性向越界群体的缩影，他们感受到的伦理焦虑是美国现实社会生活中这些人群所感受到的伦理焦虑的艺术再现，他们所做的伦理选择也有很强的现实性。简·钱伯斯通过对美国社会现实的细致观察和深入把握，以强大的观察能力和高超的艺术创造力对性向越界群体中形形色色的形象进行捕捉、提炼，将这些来自现实中不同种族、民族、社会阶层和家庭背景，有着不同诉求和性格特色的个人熔铸成具有鲜明艺术特点、生动有力而让人难忘的戏剧人物。

这些人物在戏剧中做出的各类选择都有着鲜明的伦理特征，并各自具有文本诞生的那个时代的独特风格。这些伦理选择都是他们在同自己、和他人、与社会互动过程中，在当时的社会主流伦理价值观与自身具有的观念和诉求之间的激烈冲突和博弈中，因为感受到了尖锐而强烈的伦理焦虑，而不堪其折磨和驱策所做出的回应，意在缓解这些伦理焦虑。由于个体和社会、时代的局限性，这些原本意在纾解伦理焦虑的伦理选择却往往带来意想不到的后果，有的则造就了新的伦理困境，从而引发了全然不同的伦理焦虑。在这种伦理困境——伦理焦虑——伦理选择——新的伦理困境——新的伦理焦虑的伦理线索的演进过程中，他们的生活、人际关系、情感和内心世界逐步展现在读者面前。通过对他们感受到的伦理焦虑和做出的伦理选择进行分析和把握，可以更好地理解他们做出这些选择的原因和结果，并对这些伦理选择在戏剧冲突中的作用给出恰当的评价，从而领会作者在人物角色设计、情节走向和叙事策略等戏剧艺术背后所传达的伦理教诲。

尽管《去年夏天在青鱼湾》本身确有其时代上的局限性，如作品主题较为单一，仅仅探讨了美国社会上部分性向越界群体的喜怒哀乐和情感纠葛，作家也没有在作品中借角色之口直接抒发个人对美国社会和历史的观点，或是直接将角色的个人命运与更为广阔的社会现实相勾连，然而，这些作品依然以其真挚而不失克制的情感、昂扬向上的思想态度，传达着对于美国乃至世界历史、社会的观照和对滚滚向前的历史洪流中不起眼的普通人命运的关怀。这些当代美国戏剧仍具有其独特的魅力，而作为美国社会发展的一个个切片，它们所反映的那些岁月也有其不可替代的价值。

◎ 参考文献

[1] Bigsby, Christopher. A critical introduction to twentieth-century american drama[M]. New York: Cambridge University Press, 1984.

[2] Chambers, Jane. Last summer at bluefish cove[M]. New York: J. H. Press, 1982.

[3] Herring, S. The cambridge companion to American gay and lesbian literature[M]. Cambridge: Cambridge University Press, 2015.

[4] 卡伦·霍妮. 我们时代的神经症人格[M]. 冯川, 译. 南京: 译林出版社, 2015.

[5] 罗洛·梅. 焦虑的意义[M]. 朱侃如, 译. 桂林: 广西师范大学出版社, 2010.

[6] 周维培. 当代美国戏剧史(1950—1995)[M]. 南京: 南京大学出版社, 1999.

从礼貌原则的角度浅析美剧《良医》（第一季）里的会话含义①

张　悦

（江汉大学外国语学院　湖北武汉　430056）

一、引言

2017年的美剧《良医》（第一季）在播出后受到了广大观众的喜爱，获得了较高的收视率，而其中的对话也有值得我们研究学习的地方。因此，笔者收集了该剧中违反礼貌原则的对话，作为本论文在研究过程中所需的语料，进行了数据分析，然后以Leech的礼貌原则为理论基础，分析部分对话产生的会话含义，并得出相关结论。

二、会话含义和礼貌原则

为了保持会话的顺利进行，说话者和听话者在有意无意地遵循着某一原则，即合作原则。然而，在交际过程中，人们常常故意违反合作原则，从而产生特殊的会话含义。会话含义是指在特定的语境下，谈话者

① 本文是武汉市教育局教研项目“建构主义视角下大学英语翻译教学翻转课堂模式研究（2017C167）”的阶段性成果，指导教师：邬忠。

想要表达的含蓄内容和言外之意，也就是话语的语用意义(Grice，1975)。

为了对合作原则进行补充与完善，从而合理地解释为什么人们在一定场合下要故意违反合作原则，Leech(1983)提出了礼貌原则，它包括六个准则和各项次则：

(1)得体准则：尽量少让别人吃亏；尽量多使别人受益。

(2)慷慨准则：尽量少使自己受益；尽量多让自己吃亏。

(3)赞誉准则：尽量少贬低别人；尽量多赞誉别人。

(4)谦逊准则：尽量少赞誉自己；尽量多贬低自己。

(5)一致准则：尽量减少双方的分歧；尽量增加双方的一致。

(6)同情准则：尽量减少双方的反感；尽量增加双方的同情。

Leech指出，当合作原则和礼貌原则发生冲突时，人们往往会出于礼貌的考虑而牺牲合作原则。这些准则解释了人们违反合作原则的原因，也解释了为什么说话者在交际时所说的话有些很有礼貌，有些却让听话者感到不舒服。在某些情况下，违反这些准则也产生了隐含的会话含义。

三、从违反礼貌原则的角度来分析会话含义

笔者从《良医》(第一季)的字幕中所收集的语料大约有7000字。对话中的人物包括七位医生和其他角色，他们有着不同的背景和社会关系，即同事、朋友、情人和医患关系等。在这些语料中，违反礼貌原则的总次数有168次。

(一)关于违反六个准则的数据分析

笔者采用定量分析的方法，分别统计了对话中违反六条准则的频次和所占比例，如表1所示。其中，违反一致准则的次数最多，违反谦逊准则的次数最少。因为，数据中只有小部分对话发生在朋友、情人或医

患之间，而大部分对话发生在属于同事关系的几位医生之间，所以他们的对话会对表格中的数据产生重要影响。

表1　违反六个准则的数据统计

违反的准则	得体准则	慷慨准则	赞誉准则	谦逊准则	一致准则	同情准则
频次	24	34	32	6	48	24
比例	14%	20%	19%	4%	29%	14%

主治医生地位较高，经常直接反驳实习医生的观点，让他们听从自己的意见。实习医生为了留在医院，处于一种竞争状态，而正式医生由于升职、在医院的地位等原因也存在着竞争压力。因此他们在对待病人和处理事务方面有许多不一致，经常产生分歧，所以在对话中，经常通过反驳别人的观点来表明自己的观点的正确性，显示自己的能力，以便在竞争中获得更大的优势。这就是违反一致准则的次数最多的原因。

在这种紧张的工作环境下，医生们需要不断地去提高自己的医术和积累医疗经验，用良好的工作表现去证明自己的能力，并在会话中努力去表现自己，最大限度地实现其会话目的，从而实现其竞争优势。这就是违反谦逊准则的次数最少的原因。

笔者选取了部分语料，从违反礼貌原则的角度，详细地分析了这些对话的会话含义。

（二）得体准则

例1

Morgan："I was thinking of writing up the procedure, possibly submit it for publication."

Clair："I'd be happy to assist, seeing as I've done it before."

Morgan："Thanks, but I think I can —"

Melendze："I read your paper in AMSURG, Dr. Reznick. You continue to impress."

在实习期结束后，Melendze 带着的四位实习医生只能留下表现最好的两位。在这段对话发生前，实习医生 Morgan 和 Clair 被分到一组，并协助 Melendze 完成了一项手术。

Morgan 主动提出要把手术过程记录下来，然后试着提交出版。Clair 说自己之前做过这样的事，想参与这个工作，这样她也可以从中受益。得体准则表现为：尽量少让别人吃亏；尽量多使别人受益(Leech，1983)。而 Morgan 却回答说："谢谢，但我觉得我可以……"。她表明自己一个人可以完成，拒绝了 Clair 的请求，这是少让 Clair 受益的表现，违反了得体准则。

随后，Melendze 对 Morgan 之前出版的论文给予了肯定和称赞。这说明 Morgan 想独立完成手术记录，是为了在 Melendze 面前表现自己的优秀之处，她不想 Clair 分走自己一半的功劳并得到主治医生的重视。这一过程体现了 Morgan 在同事竞争关系中只顾自己利益和着重表现自己的心理。

(三)慷慨准则

例 2

Morgan："My former mentor, Sonya Kung, is head of the surgical residency program at Denver Memorial Hospital. If you want a meeting, I'll make the call."

Jared："Why?"

Morgan："You're gonna need a job after this year."

Jared："You just trying to screw with my head, or are you actually being serious?"

Morgan："The opportunity is real. <u>I'm trying to be nice. I do that when it doesn't hurt me.</u>"

这段对话中的两个人都是实习医生。Jared 因为维护女友打了一位正式医生，所以在医院遭到了排斥，面临着可能会被开除的危机。

对话中，Morgan 表明可以把 Jared 介绍到另一家医院去工作，Jared 怀疑她想让自己自乱阵脚，而 Morgan 说："我只是想做好人，在不伤害到我自己的前提下。"慷慨准则表现为：尽量少使自己受益，尽量多让自己吃亏(Leech，1983)。而 Morgan 却优先考虑自己的利益，尽量少让自己受损失，违反了慷慨准则。

她表面看起来是好意，实际上是想趁 Jared 处于困境的时候，劝说他离开这家医院，从而减少一个竞争对手，让自己在实习期后有更大的机会留下来成为正式医生。

(四)赞誉准则

例 3

Morgan："There's a two-hour wait in the E. R., and what are we doing? Treating a woman because she will fully ignored doctors' orders."

Clair："I know what a 'Parasite' looks like, and it's not Lucy."

Morgan："<u>So this is a Mom thing with you. Growing up with a whack mother means that you can identify any and all problem personalities.</u>"

对话中的两位实习医生共同负责一位名叫 Lucy 的患者。Morgan 出身显赫，一向争强好胜。而 Clair 的童年并不幸福，她的妈妈不负责任，后来去医院找她也只是为了要钱，就像"Parasite"(寄生虫，这里指依赖他人过活者)一样。

Morgan 对这个患者无视医嘱且非常重视钱的行为很不满，所以在 Clair 为患者辩解："我知道'寄生虫'什么样子，露西不是其中之一"的时候，Morgan 立马回击："所以这和你妈有关，被一个渣娘带大意味着你可以识别任何有问题的性格。"赞誉准则表现为：尽量少贬低别人；尽量多赞誉别人(Leech，1983)。Morgan 用"whack mother"嘲讽 Clair 的妈妈爱钱和不负责任的性格，违反了赞誉准则。

其言外之意是对 Clair 维护那个患者的反感和不满，并用糟糕的家庭背景去贬低和打击 Clair。

(五)谦逊准则

例 4

Clair:“My idea. Completely my idea. The ‘brilliant’ idea is 100% my brilliant idea. Why is that a problem for you?”

Melendze:“Maybe because I've known you for six months.”

Clair:“Every day we learn new things. Today, you learned I'm brilliant. The idea was brilliant. And it was mine.”

在医院实习的半年期间，Clair 的表现都是中规中矩的，鲜少想出创新性的解决方案。在某次手术的研讨会上，Clair 提出了一个非常棒的主意，可是主治医生 Melendze 却认为这是别人想出来的。

Clair 很奇怪他为什么不相信自己，Melendze 回答说：“也许因为我们相识六个月了。”然后 Clair 解释说，每天都能学到新的东西，当然会有所进步，并且反复强调：“这个想法很棒，而这想法是我的。”谦逊准则表现为：尽量少赞誉自己；尽量多贬低自己(Leech，1983)。而 Clair 在言语之中多次提到“brilliant idea”，她尽最大的努力去夸赞自己，违反了谦逊准则。

这表明 Clair 迫切希望能够改变自己在 Melendze 心中的原有印象，让他知道自己在不断努力和进步，可以成为一名优秀的医生，她渴望得到这位上级的肯定与认可。

(六)一致准则

例 5

Shaun:“We should order an MRI.”

Melendze:“We have talked about this countless times.”

Shaun:“Yes. We should order an MRI.”

Melendze："We are not ordering an MRI."

Shaun 在进入医院的外科部门后，成为主治医生 Melendze 手下的实习医生之一。Melendze 认为 Shaun 有自闭症，无法正常履行医生的职责，只会带来无尽的麻烦，所以一直不欢迎他加入自己的团队。

在这段对话中，Shaun 想要为一个小女孩预约 MRI(磁共振检查)，以进一步检查她的身体健康。可是，Melendze 认为那个小女孩的腹痛现象很常见，多次驳回了 Shaun 的请求，并直接拒绝说："我们不会预约磁共振检查的。"一致准则表现为：尽量减少双方的分歧；尽量增加双方的一致(Leech，1983)。作为上司，Melendze 不假思索地拒绝了 Shaun 的建议，这增加了双方的分歧，减少了双方的一致性，属于违反一致准则的表现。

从中可以看出 Melendze 对 Shaun 的不喜。他不愿意尊重 Shaun，更不愿意听取他的意见，只希望用漠然的态度迫使他赶紧离开医院。

(七)同情准则

例 6

Morgan："If Andrews had a son，you think he'd let him go to an important event in a cheap rental tux?"

Shaun："He said people who matter judge people based on their talent."

Morgan："Yeah，that's what he tells someone else's kid. To his own，or someone he actually respects，he tells the truth."

Shaun："Do you respect me?"

Morgan："You're smart，able to memorize a ton of information，but…no，not really."

对话中的两个人都是实习医生。虽然 Shaun 有着医术方面的天赋，但是他有自闭症，所以在医院里饱受争议。在一次重要的慈善舞会前，Andrews 建议他去租赁一套礼服，而 Morgan 认为他应该买一套名牌礼服去参加这种重要场合。

Morgan 在对话中强调，Andrews 只会对自己家的孩子和尊重的人说实话。言外之意是，Andrews 不尊重 Shaun，所以没有给他提出正确可行的建议。然后 Shaun 追问："你尊重我吗?" Morgan 表示："不，并不。"同情准则表现为：尽量减少双方的反感；尽量增加双方的同情（Leech，1983）。而 Morgan 的否定回答，流露出对 Shaun 的不尊重，这增加了双方的反感，违反了同情准则。

Morgan 在会话中不断地暗示，患有自闭症的 Shaun 无法真正地获得他人的尊重，言语之中体现了对天才实习医生 Shaun 的轻视，和打击竞争对手自信心的意图。

四、结语

礼貌原则在语言研究和日常交际中发挥着重要的作用，它的六条准则都有着各自的要求。出于自身的谈话目的，人们在对话过程中经常违反不同准则，含蓄间接地表达自己的观点。听话者结合具体的语境去分析，就可以理解说话者的真实意图，并推断出会话含义。

处于竞争环境当中的人，通过违反礼貌原则的六条准则，产生了特殊的会话含义。一方面，说话者可以突显自身的优越性，增强在工作中的竞争优势。另一方面，说话者可以表达对听话者的不满和不赞同，甚至借此打击听话者。

总之，通过将语用学的相关理论应用到影视剧的研究领域，我们可以更好地理解影视剧对话中的会话含义，并学习掌握一些会话技巧，从而在交际过程中更好地实现会话目的。

◎ 参考文献

[1] Grice H P. Logic and conversation [M]. New York: Academic Press, 1975.

[2] Leech G. Principle of pragmatics[M]. London: Longman, 1983.

[3] 何自然. 语用学概论[M]. 湖南教育出版社，1988.
[4] 孙国伟. 从合作原则和礼貌原则的视角分析《生活大爆炸》中的会话含义[D]. 济南：济南大学，2015.
[5] 张美玲. 用合作原则和礼貌原则分析20世纪90年代美国爱情电影中的情人会话含义[D]. 北京：对外经济贸易大学，2006.

非语言文化符号研究

——以《老友记》为例

叶　欣　董春枝

（江汉大学外国语学院　湖北武汉　430056）

一、非语言符号的概念

非语言符号是指不以人工创制的自然语言为语言符号，而是以其他视觉、听觉等符号为信息载体的符号系统。虽然语言是人类最重要的符号系统，但是非语言符号同样在日常传播活动中扮演着不可或缺的角色。美国口语传播学者雷蒙德·罗斯认为，在人际传播活动中，人们所得到的信息总量，只有35%是由语言符号传播的，而其余65%的信息是由非语言符号承担的。

肢体语言（body language）又称身体语言，是指经由身体的各种动作，从而代替语言而达到表情达意的沟通目的，如手势、面部表情、语气、语调等。作为一种独特的交际方式，它是人类进行非语言信息交流的重要手段，其内涵也随着文化环境、生活方式和思维习惯的不同而呈现出一定的差异。要用外语进行有效的、成功的跨文化交际，就必须学习和掌握非语言符号在不同民族文化中的交际功能。本文对于非语言符号的研究，旨在帮助外语学习者排除文化差异干扰，构建全方位的跨文化交际，促进东西方文化的交流。

二、汉英非语言符号文化内涵的差异

各个国家、各个民族甚至地区由于历史文化背景的差异，用非语言符号表达出来的语言自然也大相径庭。跨文化传播研究从具体的现象和文本出发，注重互动式体验，打破文化的陌生感，消除对异质文化的排斥，从而获得一种“美美与共”意义上的文化超越。下面从情景喜剧《老友记》中的目光语、手势、接触三个方面探讨汉英非语言符号文化内涵的差异。

1. 目光语(eye languages)

常言道:“眼睛是心灵的窗户。”也就是说，我们通过观察对方的眼睛，根据对方的眼神和目光，我们往往可以猜到对方内心真实的想法，接收更加准确、真实的信息，从而完成更加有效、准确的交流。

在美语中有这样一句话，“不要相信那些不敢直视你的眼睛的人”。在他们眼里，在一对一的交流中，直视对方的眼睛就意味着友善，诚恳，外向，自信，笃定，有安全感。在美剧《老友记》中，有这样一个场景:

(Chandler 看到咖啡厅来了一位短发美女，便上前跟这位美女搭讪)

Chandler:“My name's Chandler, did I say that?”

(Chandler 眼睛直勾勾地盯着这位美女)

Kathy:“No, you didn't. Hi, I'm Kathy.”

(美女似乎对 Chandler 幽默的搭讪颇感兴趣，认真地看着 Chandler 的眼睛)

Chandler:“Kathy with a K or C? ”

(Chandler 的目光仍然没有离开美女的眼睛，流露出仰慕的眼神)

Kathy:“With a K.”

(美女被 Chandler 的眼神吸引，用同样真诚的目光回应 Chandler)

两个人在凝视彼此的眼睛时，互生情愫。而在中国文化中，人与人交际时，一般不会直视对方的眼睛，这在晚辈对长辈、下级对上级场合中体现得尤其明显，晚辈和下级常见的姿势是颔首低胸，以表示谦卑与尊敬。

中国和美国有着不同的文化背景，因此目光语也有着十分明显的差异。关于在一对一交流的过程中，是否直视对方的眼睛，实际上也是一种目光礼节，如果我们外语语言学习者不明白这一礼节，难免会在交流的过程中带来不必要的误会和麻烦。

2. 手势（gesture）

手势是通过手和手指的动作和形态来代替语言交流和表达思想的。手势不仅是聋哑人和特殊工作者必不可少的交际工具，也是现实交往中每个人都会做的，并且很多手势都具有明显的区域和文化特征。在英汉文化中也存在一些貌合神离的手势：如表示不知道和无可奈何时，美国人摊手耸肩，中国人摇头摆手；叫别人过来时，美国人掌心向上，握拳用食指前后摆动，中国人掌心向下，手指弯曲摆动。在英语国家中，比中指是一种比较粗鲁的手势，表达了鄙视和愤怒的含义。情景喜剧《老友记》中有这样一个场景：

（Ross 跟 Rachel 吵架分手了，那天晚上，Rachel 带了个年轻帅气的男朋友回公寓，待男友走后，Rachel 向朋友炫耀自己的新男友有多优秀）

Rachel：“So nice to finally be in a fun relationship. There’s nothing boring about him.”

（Rachel 此时一手叉腰，另一只手扶住沙发）

Rachel：“What is the word for an adult who doesn’t have dinosaur toys in their bedroom? ”

（Rachel 仍然一只手叉腰，另一只手举起来盘点 Ross 的各种缺点）

Ross：“Oh!”

（Ross 摇头，做出两肘相碰的动作）

为了回应 Rachel 突如其来的讽刺，Ross 摆出他小时候发明的手势——两肘相碰，这是比中指的一种方式，为了在父母面前比较文明地表达自己的愤怒和鄙视，Ross 发明了这种手势，与比中指比起来，这种两肘相碰的手势更加解气。

3. 接触(touch)

接触主要指双方通过身体部位接触而交流信息的方法。中国人见面打招呼往往仅限于点头、挥手、握手等方式，好友重逢也不过是拉拉手或拍拍肩膀。在英语国家，同性和异性见面时都有互相拥抱和亲吻面颊的习惯，而这两个动作是中国人难以接受的。因为在中国一般只有情侣或夫妻才会这么做，在异性之间这样做更有男女授受不亲的说法。在《老友记》中有这样一个场景：

(Rachel 气不过 Ross 这么快找到新欢，带回一个高中生男朋友)

Josh："It's getting late，I gotta get to the game."

Rachel："Ok."

(Rachel 当着一屋子人的面，扯过 Josh 的袖子，捧住他的脸，主动亲吻 Josh)

Rachel：" I will miss you."

Rachel 把新交的男朋友带回来，新男友有事情要离开，在他走到门口时，Rachel 上前搂住他的脖子，当着一屋子人的面，亲吻这个新男友，还说她会想念他的。在中国文化中，人与人之间会保持一定的空间距离，无论关系多么亲密，不会在公共场合做出这么亲密的动作，更何况是一个才认识几天的异性情侣，这样的行为在中国可能会认为是非礼。

三、结语

综上所述，非语言符号在语言的传播中扮演着不可或缺的作用，本文以观众喜闻乐见的美剧《老友记》为例，在目光语、手势、接触等方面，展示了英汉文化内涵的差异。对于外语学习者来说，在进行跨文化交际时，必须要提前了解那个国家的文化内涵，而这些非语言符号又承载着差异明显的文化内涵，那么，非语言符号研究对外语学习者的重要性和必要性也就不言而喻了。

◎ 参考文献

[1] 杨华. 英汉身势语文化内涵对比分析[J]. 安徽大学学报(哲学社会科学版)，2002(6).

[2] 刘雪莲.《老友记》中人物肢体语言性别差异解读[J]. 电影文学，2012(7).

[3] 米高峰，张艺川. 影像叙事中的视觉非语言符号探究[J]. 电影文学，2015(3).

[4] 黄渊明. 肢体语言：解读人性的密码[J]. 职业，2009(8).

[5] 王冠. 美国经典情景喜剧跨文化传播的文本解析——《老友记》剧作特征的另一种视角[J]. 合肥师范学院学报，2017(1).

四、翻译与社会文化研究

百度翻译和谷歌翻译中句子翻译对比研究①

彭紫婷　杨惠芳

（江汉大学外国语学院　湖北武汉　430056）

一、引言

关于百度翻译，胡伟从简单句、含英语习语或成语的语句、特殊句式三个角度，对英译汉结果进行了分析，他建议要扩充自身语料库，把需要翻译的句子通过自身搜索引擎在互联网中进行模糊匹配，再采用新的算法来提高准确性。[1]关于谷歌翻译软件中的汉译英，包凯发现越来越多的大学生利用软件进行翻译，从而产生了便捷的写作途径。他们先把中文通过翻译软件翻译成英文，再进行校对后上交。为了探究这种写作途径的质量和谷歌翻译的译文质量，他抽取了30位本科生作为实验对象，采集了他们所写文章中的相关语料，并整理出谷歌翻译中常见的错误类型。他以机器翻译的最新技术革新为起点，论证了利用具有智能纠错功能的教学资源平台对谷歌翻译进行优化的可行性，为机器翻译错

① 湖北高校2019年省级大学生创新创业训练计划项目（批准号：S201911072078）“百度翻译与谷歌翻译的对比研究”的研究成果。指导老师为杨惠芳，课题组成员有：彭紫婷，罗心语，林姿，王婧萱，汤雨鄢。

误提供了机器纠错方案。[2] 由此可见，机器翻译仍存在不尽如人意的地方。

本文旨在对两种翻译软件从句式杂糅、句意理解、断句、漏译四个方面进行对比分析，为想利用两种软件进行初步翻译的学生提供相应建议。面对机器翻译技术，做到取长补短，将其利用价值发挥到最大。

二、句式杂糅比较

在汉译英方面，由于中文和英文之间的句式存在差异，盲目套用原句式会导致句式杂糅。汉译英中两种软件都出现少量句式杂糅，但只要句式不过于复杂就不会出现此类错误。

例如，另一颗“超级地球”GJ357d 的质量是地球的 6.1 倍，最令研究人员感兴趣，**因为它围绕恒星运行的距离使其表面的温度可能刚好适宜液态水的存在。**

百度翻译：the（大小写）mass of gj357d（大小写），another “super earth”，is 6.1 times that of the earth，which is of great interest to researchers，**because its distance around the star makes its surface temperature just suitable for the existence of liquid water**（句式杂糅）.

谷歌翻译：Another “super-Earth” GJ357d has a mass of 6.1 times that of Earth，which is of most interest to researchers because its distance around the star makes its surface temperature just right for the presence of liquid water.

原句是一个较为复杂的句子，而百度翻译和谷歌翻译都选择保留原句式，按照原句用逗号进行断句，再把几个分句译为从句，导致句式杂糅。这样得到的译文语义非常繁琐混乱，容易与原语义产生偏差。

在英译汉方面，谷歌翻译的译文出现较多的句式杂糅，一方面是断句导致的，一方面是重复翻译导致的。

A. We enter a progression of schools，then we leave our **mothers and**

fathers and our childhood homes.

百度翻译：我们进入一个升学阶段，然后离开**父母和童年的家**。

谷歌翻译：我们进入一所学校，然后离开父母，**父亲和童年的家**。

谷歌翻译将“fathers”翻译了两次，语义重复。

B. Carbon is bound in this version of the uranium mineral which held significance to Olds because he was able to enter it in the Carbon Mineral Challenge, **which is an effort by the Deep Carbon Observatory to discover as many new carbon-based minerals as possible.**

百度翻译：用肉眼也很难发现，但在扫描电子显微镜下，奥尔兹说结构变得清晰。这种铀矿物对老年人(词义理解错误)来说意义重大，因为他能够参加碳矿物挑战赛，**这是深碳观测站为发现尽可能多的新碳矿物所做的努力**。

谷歌翻译：用肉眼也很难发现，但是在扫描电子显微镜下，奥尔兹说结构变得清晰。碳绑定在此版本的铀矿中(句义理解错误)，这对奥尔德斯具有重要意义，因为他能够参加碳矿挑战赛，**这是深碳天文台努力发现的尽可能多的新的碳基矿物**。

在原文中最后半句为定语从句，谷歌翻译将动词变成形容词导致译文句式杂糅，语义过于繁琐。

三、句义理解比较

就汉译英来说，百度翻译常常因错误理解词义、糅合句义导致意思表达不完整，发生句义错误。

例如，功能锻炼结合骨折康复护理是一种综合型的护理方法，近年来已在诸多骨折患者的护理中应用，**所取得的效果较为理想**。

百度翻译：**Functional exercise combined with fracture the effect is ideal.**

谷歌翻译：Functional exercise combined with fracture rehabilitation nursing is a comprehensive nursing method that has been applied in the care of(词义解释错误)many fracture patients in recent years, and **the results achieved are relatively satisfactory.**

百度翻译将“较为理想”中的“理想”正确地译为一个形容词，表达“理想”的意思。但它将原句的三个分句糅合成一个句子，未能清晰地表达三个分句的意思，句义理解存在较大问题。

在英译汉方面，百度翻译仅存在少数错误，但谷歌翻译在五类文章中都出现明显的句义理解错误。谷歌翻译无法注意到句中单词的省略，遇到复杂句便会出现此类错误。

A. Reading makes a full man; **conference a ready man; and writing an exact man.**

百度翻译：读书使人充实；**会议使人机智；写作使人严谨。**

谷歌翻译：阅读使人充实；**会见一个准备好的人**(句意理解错误)；并写一个确切的人。

原句中后两个分句都省略了动词“makes”，百度翻译注意到了这一点，并将这个词翻译出来，翻译的意思较为贴切，但第二个分句中的“conference”译为“会谈”会更准确一些。谷歌翻译直译原句的意思，忽略动词省略导致句义不通顺，影响读者的理解。

B. The new minerals were found by Travis Olds, **a Michican Tech alumnus now studying the uranium-based minerals called uranyl compounds as a graduate student at Notre Dame.**

百度翻译：这些新矿物是由特拉维斯·奥尔兹发现的，特拉维斯·奥尔兹是密歇根理工学院的一名校友，**现在在圣母院读研究生时(句式杂糅)，正在研究一种叫作铀酰化合物的铀基矿物。**

谷歌翻译：密歇根州理工学院的校友特拉维斯·奥尔兹(Travis Olds)发现了这些新矿物，**他现在是在巴黎圣母院攻读研究生的铀基矿物(句义错误，主谓搭配不当)，名为铀酰化合物。**

百度翻译在前半句出现句式杂糅，错误较明显，大致可以理解句子的意思；但谷歌翻译对此句理解出现较大的偏差，宾语的位置出现了错误，导致整句话的意思改变。

四、断句比较

在汉译英方面，两者绝大多数情况下会保留原断句方式。谷歌翻译在少数时候会改变原断句方式，将主语补齐不会改变句义，使句型更加多样化。

例如，德国团队指出，如果全球气温较工业化前水平升高2℃，北半球中纬度的热浪、干旱和雨期这类夏季极端天气的持续时间可能会增加。

百度翻译：In the past work，you have given us full understanding and **strong support，and expressed**（现在时用成了过去时）deep respect and sincere thanks for this，so that we can create a better tomorrow！

谷歌翻译：In your previous work，you have given us **full understanding and strong support**. We express our deep respect and sincere thanks for this，and let us create a better tomorrow！

在翻译同一个中文句子，百度翻译采用逗号断句，与原文的断句方式保持一致；但是谷歌翻译采用句号断句，另起一个完整的句子。

在英译汉方面，谷歌翻译在断句方面出错较多，也较为明显；百度翻译未出现断句错误，句式结构较为清晰。

例如，**34 percent of respondents in sub-Saharan Africa said they had been a victim of online bullying.**

百度翻译：**在撒哈拉以南非洲地区，34%的受访者说他们是网络欺凌的受害者。**

谷歌翻译：**撒哈拉以南非洲地区34%的受访者表示，他们一直是在线欺凌行为的受害者。**

谷歌翻译断句错误导致整句话句义发生歧义，“他们”的指向不明确，未能清晰表达句义。

五、漏译比较

在汉译英方面，百度翻译存在少数句子漏译的现象。

例如，**英国《自然气候变化》杂志近日发表了一项气候科学报告：**德国团队指出全球气温较工业化前水平升高2℃。

百度翻译：The German team points out that the global temperature rises by 2℃.

谷歌翻译：**The British *Nature Climate Change* magazine recently published a climate science report：**The German team pointed out that global temperatures rise 2℃.

百度翻译漏译了开头的一句话，导致句义不完整。

在英译汉方面，谷歌翻译存在一些定语和宾语的漏译现象，虽然对句义的影响比较小。但百度翻译更为精准，把每个词义都翻译出来了。

A. Good luck and great success in the **coming** New Year.

百度翻译：在**即将到来**的新的一年里，祝你好运和成功。

谷歌翻译：在(**漏译 coming**)新的一年里，祝您好运和成功。

本句话在新年前面有一个定语“coming”，应该译为“即将到来的一年”，而谷歌翻译忽略了这个定语，导致整个句子的意思发生轻微的变化，百度翻译得更加准确。

B. It's all my fault，I'll try to make it up to **you**.

百度翻译：都是我的错，我会尽量补偿**你**的。

谷歌翻译：这都是我的错，我会尽量弥补(**漏译 you**)。

本句话的宾语是“you”，“我”的弥补对象是“你”。百度翻译译出了这一层关系，但是谷歌翻译并没有明确地指出宾语是谁，是什么，漏掉了“you”的翻译。虽然英语中存在宾语省略的情况，但这是一个单句，在无法结合上下文的情况下应该将其翻译出来，使语义表达完整。

六、关于两种软件的使用建议

百度翻译在汉译英中，在漏译方面存在较大的问题，特别是在新闻类文章中经常出现词汇漏译，少数情况出现句子漏译现象。在日常本土化的地道汉语词汇等翻译中，通常采用直译法，没能很好地结合中国文化进行翻译。在句式方面，通常直接按照原句式进行翻译，遇到较为复杂的长句子时，会出现句式杂糅的错误，也常因此发生句义翻译错误。在英译汉中，百度翻译对句子结构的把握较为清晰，能够做到不遗漏每一个词语，将每个词义都表达得清清楚楚，能够用中文的通俗表达翻译原文，但英语中的一些俗语、俚语的意思理解太过于直译。即便如此，百度翻译所表达的句子意思仍较为准确。

谷歌翻译在汉译英中，对原文的句式结构会进行小修改，让句型和行文更符合英文的模式，也更加多样化。但其出现较多词义、句义理解错误和少量句式杂糅，断句方面也出错较为明显。在英译汉中，由于断句和重复翻译导致较多的句式杂糅，不能根据前文的省略补齐所需的主语或谓语。

目前机器翻译还无法胜任一些质量要求较高的篇章，例如专业论文或文学作品，这些只能依靠人工翻译。[3]但是我们可以使用机器翻译来辅助翻译，后期经过人工翻译来进行调整以达到预期的目标。根据以上研究结果，我们有以下建议：面对较长的并列句式可拆分为几个句子再进行机器翻译。翻译句子时，建议汉译英使用谷歌翻译，译后的句法结构更符合英文的句法结构；英译汉使用百度翻译，它能够准确地用汉语语义表达英语语义。

◎ 参考文献

[1] 胡伟. 百度翻译英译汉质量改进策略[J]. 中国科技信息，2015(Z4)：133-134.

[2] 包凯. 谷歌翻译汉译英错误类型及纠错方法初探[J]. 中国科技翻译(4)：22-25.
[3] 崔林艳，虞金芳. 人工智能背景下机器翻译质量对比分析与前景展望[J]. 皖西学院学报，2019(35)：43-48.

时事政治文本英译的特点研究

陈　洁　董春枝

（江汉大学外国语学院　湖北武汉　430056）

一、引言

随着中国经济的发展，全世界的目光都聚焦于这片拥有九百六十万平方公里土地、十四亿人口的大国，越来越多的人渴望了解这个国家每天都在发生着什么，对整个世界格局将会有什么样的影响。因此，对中国来说，今天的外宣翻译比历史上任何一个时期都更重要，更受世人的关注。

中国政府每年一次的《政府工作报告》在中国对外文化交流中起着举足轻重的作用，它一方面是中国政府每年向全国人民汇报过去一年中国政府的工作成绩，另外一方面也是同全国人民一起展望新的一年的一个过程。同时，它还吸引着全世界的目光，外国媒体也在关注着中国的成长。

二、传播内容的特点

1. 准确性

外宣翻译中英译作为一种特殊的传播，其对准确性的要求可以说到了一种苛求的程度，因为它关乎国家的形象和软实力建设。它对准确性的要求首先表现在传播内容的真实、可靠上，即贴近中国发展的实际，把真实的中国介绍给世界；其次是表达上的正确、得体。

例1：对外报道英译“领导干部要讲政治”时，就要正确诠释“讲政治”的实际内涵：此处的“讲政治”并不是指领导干部在口头上大谈特谈政治，因此绝不能译为“Cadres should talk about politics”。外国人可能因此认为中国官员都爱玩弄权术，夸夸其谈，使我国政府官员形象受损。这句话的实质意思是指“领导干部要有政治头脑、全局观念及政治敏锐性”，所以不妨译成“Cadres should be politically aware”。

例2：中文中的“首相”或“总理”，英文一般用“prime minister”或者“premier ”表示，但是德国、奥地利等国则用“chancellor ”表示。美国的国务院为“the State Department”，而中国的国务院则应译为“The State Council”。另外，“minister ”“vice-minister ”一般通指“部长”“副部长”，但美国、英国等政府机构中则用“secretary ”和“undersecretary ”来表示。

例3：地名或国名的翻译非常讲究定冠词的使用。“海牙”不是“Hague”而是“the Hague”；刚果则应该译为“the Congo“而不是“Congo”。

2. 政治性

无论哪个国家、哪个阶级、哪个政党，他们的对外宣传都要为自己的利益服务，都存在或多或少、或明或暗的政治色彩。

例1：“中国大陆”该如何翻译？“Mainland China”？显然不是，这样翻译会引起误会，让别人误以为在mainland之外还有一个island China。因此建议将中国大陆翻译为“China's mainland”或者“the mainland of China”。

例2：将民族一词翻译为“nationality”，将少数民族翻译为“the minority nationlities”，把多民族的国家翻译为“the multi-national state”是不妥的，因为“nationality”是“国籍”的意思，它的词根是“nation”（意思是“国家”“民族”），用“nationality”表示“民族”难免让人联想“国家”，可能给不怀好意的分裂分子钻了空子，也可能引起国外受众的误解。如果把“少数民族”翻译为“ethnic group or community”就把“少”和“群”的概念译出来了，也不容易出现歧义。

例3：敏感岛屿和海域翻译。黄岩岛一定要翻译为“Huangyan Island”，而非“Panatag Shoal”，钓鱼岛一定要翻译为“Diaoyu Island”而非“Senkaku Island”。

三、用词特点

1. “数字+主旨词”缩略结构

政治文献中多见“数字+主旨词”结构，如“一带一路：The Belt and Road Initiative”“三严三实：Three stricts and three honests”“四个全面：The strategy of Four Comprehensives”“五位一体总体布局：Five-in-One Overall Layout”。这些缩略结构精练简短、内涵丰富、标新立异。翻译时，译者多采取“译+释”手法，以目的语读者为归宿，解释说明缩略语的丰富内涵，准确传达源语信息，使目的语读者更加清楚地理解译文。

2. 具有鲜明的中国特色和时代特色

随着社会的发展、时代的进步，《政府工作报告》中出现了大量具有鲜明中国特色和时代特色的词语。这些词语用来表达中国独有的概念。如：“中国特色社会主义”“精神文明建设”“城镇保障性安居工程建设”“供给侧结构性改革”等。在翻译这些特色词汇时，既要保留这些词汇的中国特色，又要通过增加背景知识或文化知识，做到面面俱到，即要符合英语表达习惯，又要使译文对国外受众产生的效果等同于原文对源语读者产生的效果。

四、结语

时事政治文本英译是外宣翻译的一种特殊形式，涉及国家利益、权益和对外关系，政策性强，政治色彩浓厚，语言风格有别于其他文本英译，英译时可参照的文本不多，强调信息的转化功能、对等功能。在翻译时事政治文本的过程中，译者既要忠实于源语的内涵与风格，又要兼顾新型政治话语中发言人的个人风格，同时还要考虑国外受众准确接受信息的需求，创新性地体现中国特色政治话语的特点。随着“一带一路”倡议逐渐从理念转化为行动，从愿景转变为现实，具有中国特色的时事政治词汇定会层出不穷，译者在翻译时要有政治敏感性，在政治语境下考量这些词使用时的特定政治背景，明确其政治内涵。这样，中国的内政外交政策才能得到传播，中国特色社会主义政治和文化才能被世界理解。通过翻译准确传播国家关键话语是当代中国又稳又快地“走出去”的一条必由之路。译者要当好政府的“喉舌”和文化的“窗口”，要讲好中国故事，让世界听懂中国话，让世界听中国讲好故事。

◎ 参考文献

[1] 舒娜，余炫朴. 外宣翻译中时事政治文本英译的特点及其政治考量[J]. 江西师范大学学报(哲学社会科学版)，2017，50(5)：138-143.

[2] 杜丽娟，陈文亮. 译者主体性在外宣翻译中的体现——以2016年《政府工作报告》英译为例[J]. 重庆三峡学院学报，2016，32(5)：72-76.

[3] 程帅. 传播学5W模式下政府对外宣传材料英译的特点研究[J]. 北方文学：下，2017(8)：228-229.

[4] 曹韵. 外宣翻译的策略研究[J]. 边疆经济与文化，2012(5)：124-125.

纺织英语的语言特征与汉译

谈政华
（江汉大学外国语学院　湖北武汉　430056）

一、引言

我国是世界上最大的纺织品服装生产和出口国，纺织行业自身经过多年的发展，竞争优势十分明显，具备世界上最完整的产业链，最高的加工配套水平，纺织品服装出口的持续稳定增长对保证我国外汇储备、国际收支平衡、人民币汇率稳定、解决社会就业及纺织业可持续发展至关重要。同时纺织业在我国也是一个劳动密集程度高和对外依存度较高的产业。

随着科学技术的进步和学科间的相互交叉，纺织学科早已突破传统的范围，发展成为一个多学科交叉的综合学科。纺织科技也日益渗透进其他学科，其成果广泛应用于国民经济各个领域。因而各纺织企业和纺织贸易行业对于既懂纺织专业知识，又通晓英语的复合型人才需求迫切。因此本文针对纺织学科专业英语的语言特征以期在纺织专业英语方面探讨翻译策略。

二、纺织英语词汇特征

1. 纺织英语包括普通词汇、半专业词汇和专业词汇

（1）普通词汇，如：carpet 地毯，毛毯；first-quality fiber 优等纤维；

disposal 处理；等等。

(2)半专业词汇，如：blending 混纺；dyeing 染色；ease care 免烫；domestics 家用织物；等等。

(3)专业词汇，如：even twill 双面斜纹；fancy 风轮；tuck 花针；barre 纬向条花；London shrinking 伦敦预缩法(织物润湿，在无张力下自然干燥)；Cotton opening 开棉；cleaning and blending 清棉和混棉；等等。

2. 纺织英语中的缩略形式也较为多见

常见缩略形式如下：DP（Durable-Press）耐久压烫，耐久定形；AQL(Acceptable quality level）验收合格标准；R. P. M.（Revolutions Per Minute)每分钟转数；CMYK 青色、品红、黄色和黑色的缩写；CUP（Cupro fibre）铜氨纤维；等等。

3. 纺织词汇中还包含隐喻词汇

(1)人体部位的隐喻化，如 neck 领口；nozzle 喷嘴；等等。

(2)抽象词语的隐喻化，如 burner 火口；flyer 锭翼；loom 织机；lint doctor blade 刮绒刀；leveling agent 均染剂；latch spoon 针舌勺；loom fly 织入的飞花；missing 不编织；pattern link 花板；plain knit 平针；resist 防染剂；saw cut 针舌槽；等等。

4. 专业术语含义有时需要变通，有的有多种表示法

以 bobbin (筒管，纱管)为例，该单词的译法，在未卷绕成纱线时译成“纱管”，在卷绕成纱线后译为“管纱”。

有的专业术语有多种表达，如：接纬剑 taker，receiver；辅助喷嘴 auxiliary jet，auxiliary nozzle，sub nozzle ；后梁 back roll，whip roll；胸梁 front rest，breast roller，breast rest；花式线 fancy，complex，novelty yarns；等等。

5. 新词汇不断涌现

新词汇举例如下：empire seam 帝国缝；slub cotton 竹节纱；handloom 手织样；organic cotton 有机棉；cheongsam 旗袍；5s (seiri, seiton, seiso, seiketsu, shitshke）整理，整顿，清扫，清洁，素养；forward shoulder seam 过肩缝；re-work 返工；support hose（弹性）护腿长袜；contour stitcher 轮廓合缝机，仿形缝纫机；mercury vapor tube 水银充气整流管；colour base 色基；doctor 印花刮刀；等等。

三、句式特征

1. 名词化现象普遍

这一现象在纺织英语中较为普遍，包括形容词的名词化、从句的名词化，以及动词的名词化。名词化可以简化句子，且经常使用名词化这种静态结构进行叙述可以达到客观叙事的目的。

（1）Measurement of breaking strength, elongation at break, fibre length variation, regularity of fibre fineness, proportion of over-length fibres, crimp frequency and moisture regain, etc. need to be made in order to evaluate the fibre quality.

需要测量断裂强度、断裂伸长率、纤维长度偏差、纤维细度均匀度、纤维倍长率、卷曲频率和回潮率等以评估纤维质量。

（2）The application of heat is usually done by passing the web between or around heated rollers, some of which may be engraved to emboss a pattern into the surface of the bonded web.

通常将纤维网从加热的辊子间通过或绕过它们来加热，某些辊子可以经雕刻，使粘合的纤维网表面轧上凹凸花纹。

2. 倒装句式频现

纺织英语中为了强调某一成分或是为了保持句子平衡，常用倒装句式。

（1）Commonly used regenerated fibres are Cupro fibres（CUP, cellulose fibres obtained by the cuprammonium process）and Viscose（CV, cellulose fibres obtained by the viscose process）.

常用再生纤维有铜氨纤维（CUP，通过铜氨法获取的纤维素纤维）和粘胶纤维（CV，由粘胶法获取的纤维素纤维）。

（2）Of major interest is the fact that cotton yarn is stronger when wet than when dry.

Among these are soybean fibres, milk fibres and Chitosan fibres.

它们之中有大豆纤维、牛奶纤维和甲壳素纤维。

（3）Commonly used complex weaves are backed weaves, leno weaves, terry weaves and corduroy, etc.

常用的复合结构有二重织物、纱罗织物、毛圈织物和灯芯绒等。

3. 定语后置的多样化

根据英国利兹大学 John swales 的统计，纺织类英语中被动态至少占 1/3。为了呈现更多的信息或是凸显重要的信息，会大量使用被动句和过去分词短语作后置定语结构。

（1）When dyes can be fixed inside the fiber, they are more fast.

染料只有附着于纤维的内部，它的牢度才高。

（2）A majority of early fabrics were probably made by a simple plain weave of interlacing of group of fibres and yarns.

早期的绝大多数织物或许就是用平纹组织把纤维和纱线交织而成的。

4. 长句居多

Water jet looms have been shown to be most economical for producing certain types of plain continuous filament fabric, especially when they are produced from hydrophobic synthetic fiber fabrics, although they are not entirely unsuitable for continuous filament yarns.

喷水织机在生产某些类型的简单织物时显示了这类织机较高的经济效益，尤其在使用其生产疏水性长丝时效益更加突出，尽管喷水织机适用于生产所有的连续长丝纱。

四、纺织专业英语翻译策略

1. 显化和隐化

在纺织英语翻译中，可以采用显化或隐化方法。显化和隐化既指语言形式上的变化，也包括意义上的显化转换，显化即在译文中增添了有助于读者理解的显化表达，或者是将原文隐含的信息明确于译文中，使译文更合乎逻辑，意义更清楚。隐化恰恰相反，翻译时将原文不必要的成分隐含在字里行间，以使译文更加符合译语习惯，更加忠实于原文，或使译文更加流畅。

（1）Selecting a product for a drapery that the manufacturer intended for use in evening apparel could result in a very dissatisfied customer.

工厂生产的用于晚装的面料，如果顾客用作窗帘，肯定会很不满意。（显化）

（2）As this is extremely difficult，if not impossible in many cases，most consumers are left with the care instructions on the label as the only guide.

在许多情况下，这样做是十分困难的，多数消费者只能依靠说明书。（显化）

（3）A blend of wool and acrylic can be home-laundered，whereas dry cleaning is recommended for pure wool.

毛腈混纺织物的洗涤方式比纯毛织物要简单，可以手洗，而纯毛织物则建议干洗。（显化）

（4）The yarn，packaged as it comes from spinning，is virtually useless.

由细纱机生产的纱线，几乎是不能立即使用的。（显化）纱线应该重新卷绕，即卷绕在一个指定的织照系统所需要的卷装上。如果译为“几乎是无用的”，就不符合实际状况。

（5）It was one of the few successes of textile trading the company was ever to make.

在纺织贸易上，这家公司很少成功，这是难得的一次。(隐化)如果译为“这是这家公司在纺织贸易方面很少的几次成功中的一个例子”则显得啰嗦，意义表达不清楚，也不符合译语习惯。采用隐化方法处理后的译文流畅且合乎译语表达习惯。

2. 直译与意译相结合

在纺织英语的翻译中，使用意译法居多，很多句子的翻译都要结合纺织专业知识进行意译，这样译文方显得地道和专业。如 artificial 直译为“人工的”，实际意思是“可以调节的，可以控制的”。artificial balance 指的是“后加工引起的平衡”，不宜译为“人工的平衡，人造的平衡”。有时在不影响意义的前提下也可直译。

(1) Some fabrics are made of yarns that have received only this carding operation prior to drawing and roving formation.

在加工某些织物用纱线的过程中，使用梳棉、并条、粗纱等工序。(意译)本句若直译则为：“有些织物使用的纱线在加工过程中，在并条及粗纱之前只进行了梳棉加工。”

(2) Graphite is the term reserved for 99 percent carbon fibers.

石墨碳纤维是一个专业术语，用来表示含碳量为99%的碳纤维。(意译)在 graphite 后并没有 carbon fibers 字样，如果直译为“石墨”，容易引起误解。因此应译为“石墨碳纤维”。

(3) Acrylic fibers are polymers produced from the polymerization of acrylonitrile which is a homopolymer or a copolymer produced from the polymerization of acrylonitrile together with up to 15% of different other monomers such as methyl methacrylate, vinyl acetate, etc.

丙烯腈纤维是一种聚合物，它是由丙烯腈聚合而成的。使用的丙烯腈采用均聚物或共聚物的方式，它是由丙烯腈与最高达15%的其他单体聚合而成的。使用的单体有甲基丙烯酸甲酯，醋酸乙烯酯等。(意译)

此句若按照原文的顺序直译则为：“丙烯腈纤维是由丙烯腈与高达

15%的诸如甲基丙烯酸甲酯、醋酸乙烯酯等聚合后形成的均聚物或共聚物聚合而形成的一种聚合物。”这样反而不好理解。

(4) The two sets of pins move in the same direction, but at different speeds.

两组梳针的运动方向相同，但速度不同。(直译)

3. 增词与注释

(1) Tensile strength of fabrics is higher than for any other commercially available fiber except for sapphire whiskers and graphite in whisker form.

(用碳纤维生产的)织物的强度，除了蓝宝石晶须和石墨晶须(织物)外，比其他任何商业用纤维的(织物)的强度均高。括号内的内容即在翻译中附加的，只有这样，才能准确反映原句的含义。

(2) Fibers tend to fuse and shrink away from the flame. 在燃烧涤纶纤维时，纤维会熔化并收缩而离开火焰。“在燃烧涤纶纤维时”是在充分理解上下文的基础上增译的，以使句子明了。

4. 查阅专业词汇防止望文生义

翻译时需要认真地查阅纺织专业词汇，以防望文生义。例如 lake 容易误译成“湖”(实为“色淀”)；battery 容易误译成“电池”(实为“纬管库”)；doubling 容易误译成“加倍”(实为“并线”)；foundation 容易误译成“基础”(实为“衬底”)。

五、结语

纺织英语有着自身鲜明的语言特征，掌握其语言特征，学会应用相应的翻译策略，并结合纺织专业知识，可以译出合乎翻译标准的文章。在纺织专业英语教学中，针对纺织专业词汇术语多为借用英语中普通词汇的特点，加强学生对英语专业词汇和专业术语的理解和结构的分析。同时根据这些规律对相关人员进行科学的、系统的训练，从而培养和提高他们分析理解复杂句子的能力和翻译能力。

◎ 参考文献

[1] 戴浩中. 科技英语句子结构[M]. 上海：上海科学技术出版社，1983.
[2] 胡壮麟. 认知隐喻学[M]. 北京：北京大学出版社，2004.
[3] 黄故. 纺织英语[M]. 北京：中国纺织出版社，2008.
[4] 柯飞. 翻译中的隐和显[J]. 外语教学与研究，2005(4).
[5] 秦荻辉. 科技英语语法[M]. 北京：外语教学与研究出版社，2007.
[6] 束定芳. 隐喻学研究[M]. 上海：上海外语教育出版社，2001.
[7] 杨红. 被动语态的翻译研究[J]. 中国科技翻译，2010(3)：58.
[8] 卓乃坚，纺织英语[M]. 上海：东华大学出版社，2007.

论语境中的英语标题汉译

——论第 21 届韩素英青年翻译奖竞赛英译汉标题翻译

谈政华

（江汉大学外国语学院　湖北武汉　430056）

一、语境概述

语境理论最先由波兰人类语言学家 Malinowski（1923）提出，他认为“话语和环境互相紧紧地纠合在一起，语言环境对于理解语言来说是必不可少的”。伦敦功能学派的 Firth（1950）继承并发展了这一观点，他将语境划分为由语言因素构成的上下文和由语言与社会环境之关系构成的情景上下文。并且 Firth 指出言语只有依靠语言环境和上下文才有真正的含义。1964 年 Firth 的学生“系统—功能”语言学派的代表人物 Halliday 提出“语域”这一术语，“语域”所反映的就是语境，该学派认为语言总是在一定的语境中发生，并在一定的语境中得以理解和解释。后来 Halliday 又提出了场景（Field）、方式（Mode）和交际者（Tenor）作为语言环境的三个组成部分的观点。Fishman（1965）提出的“语义场”概念包括地点、身份和主题，这三方面相当于使用语言的环境。美国社会语言学家 Hymes（1974）更是发展了语境理论。他提出的“交际能力”是相对 Chomsky 的“语言能力”而言的，包括说话的正确性、可接受性、适合性和常见性。他认为懂得使用语言的社会环境是掌握语言的重要标志

(侯国金，2003：12)。Crystal(1991：78)认为，语境关系到一个语篇语言的和非语言的全部背景。语言方面指一个语篇特定的邻近部分成为我们注意中心的单位，如一个词；非语言部分，即情景语境，包括使用该单位的直接情景，作者和读者共同意识到的此前说过的内容，以及恒久的信念系统，即与该语篇相关的信念和预设。语境既包括语言因素，又包括非语言因素，特别是情景因素(胡壮麟，2002：162)。

Malinowski，Firth，Halliday，Fishman，Chomsky，Hymes，Crystal等语言学家相继从各种角度对语境进行了阐述。大体可分为两类：一类是把语境解释为从具体的情景中抽象出来的、对语言活动参与者产生影响的一些因素；另一类是把语境解释为语言活动参与者所共有的背景知识，这种背景知识使听话人得以理解说话人通过某一话语所表达的意义。这两种解释虽然提法不同，但实质是一样的(何兆熊，蒋艳梅，1997：16)。

二、语境在理解和翻译中的重要性

理解话语往往要看语境，因为语境的解释力触及语言交际的任何一个层面：语音层、词汇层、语法层、语义层、语用层、修辞层、逻辑层、语篇层等。语境最基本的功能是制约功能和解释功能。语境的解释功能最明显的表现在于解释情景义和消除歧义或含混。(陈治安，文旭，1997)

裴文(2000：31)认为语境的制约功能包括：(1)显示语义，排除歧义、消除含糊、确定所指、完善省略意义；(2)延伸语义，赋予言外之意，产生相反意义、产生语境歧义、引发联想意义；(3)取舍语义，舍去原始意义、采用俗成意义。

Newmark指出，“语境在所有翻译中都是最重要的因素，其重要性大于任何法规、任何理论、任何基本词义”。翻译中的理解和表达都是在具体的语境中进行的。语义的确定、遣词造句、篇章结构以及语体形

式均离不开语境。因此，语境就构成了正确翻译的基础。(李淑琴，2001：46)

人们首先是把一个词语或一个句子放在语篇中去理解它的意义。因此可以把语境解释为通过语篇的上下文来了解某语段(utterance)的意义。由此可见，语篇本身构成了其语言成分语句或语段的环境。Saeed (1997：182)把它称为"语篇作为语境"(discourse as context)。我们应当承认语言语境仍不失为帮助人们理解语篇意义的一个重要手段(胡壮麟，2002：162)。

Gumperz (1982：212) 把一组索引词称为"语境化提示语"(contextualization cues)，其作用是"帮助说话人和听话人理解所进行的活动是什么，语义内容该如何理解，每个句子如何与上下文有关 ……"

Leech (1974/ 1981：67) 清楚地谈到语境在确定语义时的三大作用：(1)语境消除信息中的歧义和多义；(2)某些指称词的所指；(3)语境能提供被说话人和作者省略的信息。

Brown & Yule (1983) 在《话语分析》一书中设专章讨论语境在理解中的作用。

较近的论著中，已有人提出对语境特征进行语法化的研究，如 Levinson (1987：54) 认为对指称的讨论是对语段语境的语法化。

Scollon (1995：21) 说："我们解释说话者的语义，是因为我们知道语境得以构建的规则。"这句话的前提就是肯定语义对语境的依赖性。

三、语境视域下的标题汉译

近年来，大量外国文学作品被翻译介绍给了我国读者。作品的标题不是作品的点缀或装饰，它能够直接作用于作品主体，渲染主题，烘托情感。标题与作品主体之间应该是一种默契的"合作"关系和"对话"关系，互相关照，互为补充，形成呼应，各自在对方的参照中获得完整的意义(虞建华，2008：68)。

1. 标题翻译的准则

标题是文章内容的概括和浓缩，是最短的评论。标题表达主题和主题思想，同时又表达标题作者的评价和判断，或肯定、或否定、或表扬、或批评。好的译文标题合乎三大功能之标准：(1) 信息功能，揭示文章的主题和内容；(2)美感功能，简洁明快，新颖醒目；(3) 祈使功能，激发读者的阅读欲望。英文标题汉译不仅需要译者的语言、文化、艺术的综合能力、文字搭配创造性和想象力，而且更要考虑读者的审美情趣和接受能力(唐见端，2005：43)。好的文章标题翻译不仅应做到忠实、通顺且尽可能简洁地再现原文。

标题直译或意译孰优孰劣在我国译界未有定论，实际上两种译法各有长短，翻译中需视实际情况而定，扬长避短。但无论直译还是意译都应把忠实于原文内容放在首位，标题貌似独立，其实受到很多限定，像放飞的风筝，虽然游离在上，但不能任意飞翔。对标题产生制约作用的，或曰牵住风筝的，是标题的语境(虞建华，2008：68)。因此，语境因素不容忽视。

2. 第21届韩素英青年翻译奖竞赛英译汉原文标题翻译探讨

第21届英译汉原文标题 *Beyond Life*，参考译文将其译为《超越生命》。它是美国作家詹姆斯·B·卡贝尔(James Branch Cabell)于1919年出版的一部文学随笔集的书名(旧译《生活之外》)。本次参赛原文选自本书末尾部分。

下面是美国作家詹姆斯·B·卡贝尔的介绍：

James Branch Cabell (April 14, 1879—May 5, 1958) was one of the great ironists of twentieth-century fantastic literature. His works were considered escapist and fit well in the culture of the 1920s, when his works were most popular. Interest in Cabell declined in the 1930s, a decline that has been attributed in part to his failure to move out of his fantasy niche. Cabell saw art as an escape from life, but once the artist created his ideal world, he found that it was made up of the same elements that make the real one. He wrote fruitfully of the tensions between impossible dreams and the real world of (to use two of his favorite words) economics and compromise...

从上文"one of the great ironists of twentieth-century fantastic literature""escapist""his failure to move out of his fantasy niche""as an escape from life"等表述中，可以看出卡贝尔当时所处的社会环境和作者情感上的对立以及作者特立独行的心境。

再看 *Beyond Life* 英文原文，它是从原书中选取相近的两部分组成一个完整的章节("From this book I have taken the two closing sections, which form a beautiful and significant whole")，共分 11 小段。竞赛英译汉原文选取的是中间部分，即第 3~7 段。下面再把每一段的首句挑选出来分析(第 7 小段省略)：

第 3 段首句：I want my life, the only life of which I am assured, to have symmetry or...我愿此生，我唯一确知的此生，能和谐地度过……(中国翻译，2009：78)

第 4 段首句：And I want beauty in my life. I have seen beauty in a sunset and in the spring woods and in the eyes of divers women...我希望生活中有美。我曾在落日余晖、春日树林和女人的眼中看见过美……(中国翻译，2009：78)

第 5 段首句：And tenderness, too—but does that appear a mawkish thing to desiderate in life? ...我也渴望柔情——但对生活如此奢求难道不像是自作多情？……(中国翻译，2009：79)

第 6 段首句：And I very often wish that I could know the truth about just any one circumstance connected with my life...我还常常祈愿，愿我能了解关乎我生活的哪怕任何一点真相……(中国翻译，2009：79)

"life"这个词在原文第 3~6 段句首的每一句中都有出现，再结合上下文语境，可以推断出作者期望过上一种"匀称的、充满柔情的、生活中处处闪耀着美的真实生活"，而这些在他看来却如此虚无缥缈，难以企及。

基于由语言因素构成的上下文和由语言与社会环境之关系构成的情景上下文，*Beyond Life* 这一标题翻译成“理想人生”“美丽人生”或“理想生活”则更合乎原著主旨。

3. 作品汉译标题探讨

依据标题翻译的准则，我们在三个方面提出具体的标题汉译标准：(1) 切合原作的内容、反映原作主题、突出原作风格；(2)言简意赅、便于记忆；(3)符合汉语的语言规范、且适合我国观众的欣赏习惯。林纾翻译西方小说时对书名基本采取意译，林纾等先辈的翻译实践给后人带来了深刻的影响(周晔，孙致礼，2009：30)，以至于我国翻译界在翻译外国作品时经常采取此种译法。

我国翻译界长期推崇意译，这在书名、篇名的翻译中有突出的表现，直译和意译之争不在本文讨论之列。下面我们将从语境的角度探讨一些佳译或误译是如何体现或违背这些要求的。

美国作家 Fitzgerald 的小说 *The Great Gatsby* 有多种译本如《大哉盖世比》《永恒之恋》《了不起的盖茨比》《大人物盖茨比》《大亨小传 》等，金圣华认为《大哉盖世比》使人想起“盖世霸王”之类的角色，与原著主人翁 Gatsby 的形象大有出入；《永恒之恋》显得太浪漫、含糊，题意表现得不够明确；《大人物盖茨比》的译法略显呆板；《大亨小传》则表达了原著的本意，且对仗精简，可称依据语境而译的佳例。

《野性的呼唤》的姐妹篇 *White Fang*，讲一头小狼崽被带进文明世界的故事。国内有 6 个译本，3 个译名：《白牙》《雪虎》和《野性难驯》。“Fang”指动物的獠牙，《白牙》是按字面翻译的。《白色獠牙》更加忠实，但考虑到“White Fang”同时又是狗的名字，此译难以成立。《雪虎》译得很有创意，作为狗的名字很符合中国的习惯，而且北极狼的毛色确实是白的，而“虎”字多少保留了一点“獠牙”的威仪。《野性难驯》的译法比较出格，小说中的狼崽最后成了司各特法官忠实的家犬，只是在小说结尾为拯救恩主，才变得异常凶猛。但作者此时表现的是勇敢和正义的力量，而不是难驯的野性——杰克·伦敦讲的其实是“野性可驯”的故事。

根据这部小说故事改编的卡通连续剧，随心所欲将“Fang”一词音译，剧名为《白芳》，像个女孩的名字，完全置小说的语境于不顾，是误译乱译的典型例子(虞建华，2008：68)。

玛丽·波特写的 *When the Moon Follows Me* 一文，是一篇颇有几分诗意的散文。作者原以为只有大人才能领悟月光的“魅力和浪漫”，没想到她的儿子在十岁的小小年纪，就有了这惊人的发现。译者领悟到这诗意之后，该如何来翻译标题呢？《当月亮跟随我的时候》既拖泥带水，又没有一点诗意可言。考虑到汉语的习惯，译者在此应该舍弃 when，而将整个标题译成《月儿伴我行》，既简洁又富有诗意(周晔，孙致礼，2009：31)。

罗伯特·克劳斯的 *A Match Made in Maple* 是一篇抒情散文。作者家中的后院有一棵老枫树，他为自己没给大儿子搭建一个树上小屋而遗憾，后来领养了一个小儿子，给他建了个树上小屋，终于了却了一桩心愿。翻译这篇小故事，标题是一大难点。有人译作《枫树上的结缘》或《结缘枫树上》，让人感到疑惑不解。A Match Made 是有“结缘”的意思，但这样翻译又过于直白。其实，这篇小故事中有两句话，对于我们翻译标题很有参考价值：“孩子和树之间有点缘分，仿佛树为孩子而长，孩子为树而生，被它那美丽而实用的双重优点所吸引。”这样一来，标题中的 A Match Made 就好理解了，那是指孩子与枫树之间的缘分和情分。照此理解，整个标题也就可以译作《枫树情》。

郭著章提到 *Man-Shy* 的姊妹篇 *Dusty* 被译成《灰蒙蒙》。事实上其副标题是 *A Dog of the Sheep Country*，书中内容也主要是关于这条名叫 Dusty 的小狗的故事。因此该书名 Dusty 应译为《小狗达斯提》。只根据字面意义的理解，势必会造成错译、误译；另一很重要的原因在于只有通晓了全书或全文内容，译成之书名或标题才能紧扣原作中心思想，生动传神地揭示原作的内容和主旨。

翻译书名、标题名之前需通读原作，这是通过语篇的上下文来了解某语段意义的关键。

四、结语

英文标题的翻译是一个值得深入探索的研究领域，无论是意译或直译，采用归化或异化，它都应基于一个语篇语言的和非语言的全部背景。电影名、书名、文学作品名往往是作家的“点睛”之笔。倘若翻译不当，对整部作品精神内涵的传递影响很大，因此格外需要慎重对待。翻译时确定词的意义，必须通过对具体语言环境进行深入分析和研究，而后才可做出定论。离开了具体的语境，便会对作品主题把握不当，因此而导致的误译、错译都可能影响作品标题翻译的准确性，以及作品表达的精神和传递的情感。准确理解作品标题中可能包含的暗示、反讽、含蓄、调侃、借鉴等，也就能更好地传递原作品标题的妙趣，使作品标题的翻译形神兼备，恰到好处(虞建华，2008：70)。

◎ 参考文献

[1] Brown G, G Yule. Discourse analysis [M]. Cambridge: Cambridge University Press, 1983.

[2] Clark H H, T B Carlson. Context for comprehension[M]//Clark H H. Arenas of language use. Chicago: Chicago Press, 1992.

[3] Duranti A. Linguistic anthropology[M]. Cambridge: Cambridge University Press, 1997.

[4] Gumperz J J. Discourse strategies[M]. Cambridge: Cambridge University Press, 1982.

[5] Halliday M A K, Hasan R. Language, context and text[M]. Oxford University Press, 1989.

[6] Leech G. Principles of pragmatics[M]. London and New York: Longman, 1983.

[7] Saeed J L. Semantics [M]. Oxford: Blackwell, 1997.

[8] 陈治安，文旭. 试论语境的特征与功能[J]. 外国语，1997(4)：22-24.

[9] 何兆熊，蒋艳梅. 语境的动态研究[J]. 外国语，1997(6)：16-18.

[10] 侯国金. 动态语境与语境洽商[J]. 外语教学，2003(1)：23-24.

[11] 胡壮麟. 语境研究的多元化[J]. 外语教学与研究，2002 (3)：161.

[12] 李淑琴. 语境正确翻译的基础[J]. 中国翻译，2001(1)：42.

[13] 廖志勤. 英文新闻标题及其翻译策略[J]. 中国科技翻译，2006(2)：45.

[14] 裴文. 现代英语语境学[M]. 合肥：安徽大学出版社，2000.

[15] 唐见端. 英语新闻标题翻译技巧简析[J]. 新闻记者，2005(9).

[16] 虞建华. 文学作品标题的翻译：特征与误区[J]. 外国语，2008，(1)：68-74.

[17] 周晔，孙致礼. 书名、篇名的翻译[J]. 上海翻译，2009(4)：31-33.

从中日谚语互译看中日文化差异

——以"大自然"谚语为例

学生：王晨宇　吴莎莎　吴紫君　指导教师：张佳梅

（江汉大学外国语学院　湖北武汉　430056）

一、引言

通过日语专业四级真题，笔者初次接触到日本谚语「虫がいい」，最初猜想直译为"益虫"。此后借助相关辞典得知正确翻译应为"自私自利"，意译和自己的理解相差甚远，于是对中日两国谚语互译产生兴趣，试图从该角度研究中日文化差异。为了探讨中国的日语学习者在理解日语谚语方面存在的问题，笔者设计了一套调查问卷，主要涵盖了一些常用的日语谚语及其汉语翻译。

将发放的调查问卷回收后进行统计与分析，发现正确率最高的「山より大きな猪は出ぬ」也只有57.3%的人选择正确选项"夸大其辞"；正确率最低的「押しも押されもせぬ」，仅有11.0%的人选择正确选项"实力超群"，大多数人受到错误选项"无能为力"的干扰。由此笔者初步得出中国的日语学习者很容易望文生义这一结论。本文以"大自然"谚语为例，分析中日互译的差异及其产生的原因，从而避免望文生义。

二、日本谚语的汉译分析

1.「月に叢雲、花に風」与"人无千日好，花无百日红"

日语谚语「月に叢雲、花に風」，若直译成汉语，为"月遇丛云花遇风"；若采用意译，则可用汉语谚语"人无千日好，花无百日红"(人はいつも成功するわけでもないが、花はいつも咲くわけでもない)来对应。

闲云遮月，清风袭花，实在令人感慨一句"好景不长"。当日本人还在拐弯抹角地借"月"与"花"这两个意象表达隐含意义时，中国人已经一针见血地点出了"人"，我们所说的"人无千日好，花无百日红"，源自元代杨文奎的《儿女团圆》，而真正流传开来则是由于中国四大名著之一《水浒传》，其中有这样一个故事：宋江投靠有钱有势的柴进后，受到特别款待。他深夜起身欲如厕时不小心踢翻了武松的炭火盆，武松抓住他就要打，旁边的庄客连忙解释，"这位是柴大官人最相待的客官"，于是武松大叹"人无千日好，花无百日红"，对自己由上宾变为门下客的落魄唏嘘不已。

2.「明日は明日の風が吹く」与"今朝有酒今朝醉"

日语谚语「明日は明日の風が吹く」，若直译成汉语，为"明天会吹明天的风"；若采用意译，则可用汉语谚语"今朝有酒今朝醉"(今日はお酒があれば、今日は酔う)来对应。

「明日は明日の風が吹く」建议人积极向前看，表示明天的情况还会发生变化，所以没有必要现在忧虑。"今朝有酒今朝醉"出自唐代诗人罗隐的《自遣》："得即高歌失即休，多愁多恨亦悠悠。今朝有酒今朝醉，明日愁来明日愁。"这句话的含义褒贬不一，既可用作劝人莫要过于烦愁，与日谚释义一致；又可形容人不思进取、得过且过。因此，反过来看，若想原汁原味地翻译出"今朝有酒今朝醉"，还需根据语境判断能否使用「明日は明日の風が吹く」一句。

3.「女心と秋の空」与“女人心，海底针”

日语谚语「女心と秋の空」，若直译成汉语，为“女人心和秋季的天空”；若采用意译，则可用汉语谚语“女人心，海底针”(女の心は海底に沈む針のようだ)来对应。

秋季的天空变幻莫测，日语中将其与女人的心作比，正是为了凸显女性心思易变。所谓易变，不仅指性情不定、难以捉摸，还指女性在爱情中的变心。汉语有一句常见于爱情小说的俗语，“女人心，海底针”，将女人的心化为茫茫深海中一根难寻的绣花针。除了与「女心と秋の空」的第一个意思相同之外，也可以表示女性心思细腻含蓄、不善于表露。日语与汉语的这两句谚语，同中有异，异中有同，从说话方式上看，多为男性使用。

4.「花は桜木、人は武士」与“人中吕布，马中赤兔”

日语谚语「花は桜木、人は武士」，若直译成汉语，为“花是樱花，人是武士”；若采用意译，则可用汉语谚语“人中吕布，马中赤兔”(人は呂布、馬は赤兎)来对应。

樱花被尊为日本国花，它不仅仅是花卉，更作为一种精神扎根在日本民族文化的深处。武士则是日本民族文化中另一重要元素，他们不畏艰难、忠于职守、精干勇猛，崇尚舍生取义的英雄品格，对大和民族影响颇深。所以对于日本人而言，花中最优秀的是樱花，人中最优秀的是武士。中国也有句古语用来比喻出众的人才，即“人中吕布，马中赤兔”，这句话出自《三国志》裴松之注的《曹瞒传》。在《三国演义》等民间艺术中，吕布因骁勇善战而号称“飞将”，其形象常被塑造为三国第一猛将。代指好马的赤兔是吕布的坐骑，据说可日行千里、夜走八百。若将武士与吕布对应，我们不难看出中日两国都曾在过去的某一时期崇尚武力，这是“同”；再将樱花与赤兔马对照，樱花象征日本三道之一的花道，赤兔马象征中华文明中的马文化，这是“异”。

5.「河童の川流れ」与“人有失足，马有失蹄”

日语谚语「河童の川流れ」，若直译成汉语，为“河童顺水流走”；

若采用意译，则可用汉语谚语“人有失足，马有失蹄”（人でも馬でも踏み外したこともある）来对应。

河童是日本民间传说中的水怪，无论男女老少都耳熟能详，不得不说这与日本四面环海的岛国特色息息相关。据说河童形如稚子，头顶一个盛满水的盘子，身上遍布坚硬的鳞。大大小小的河川湖泊历来是传说中水神水妖云集之处，河童恰好是其中最具特色、最脍炙人口的精怪角色，这便是岛国文化的具体表现之一。连善水的河童都会被河水冲走，这一比喻在汉语中的表现则来自于姜树茂所著的《渔港之春》中“人有失足，马有失蹄，谁办事能保险不出一差二错”一句。人和马都有踩空摔倒的时候，这一道理可谓放之四海皆准。在中国，一说起马的形象，我们脑海里立刻会浮现“务实”“低调”“忠义可嘉”等词汇，这从“老马识途”“汗马功劳”等成语可见一斑，也侧面体现了中国人谦逊内敛的性格。马文化正是大陆文化的冰山一角。

三、中国谚语的日译分析

1. “太阳打西边出来”与「石が流れて木の葉が沈む」

汉语谚语“太阳打西边出来”，若直译成日语，为「日は西より出る」；若采用意译，则可用日语谚语「石が流れて木の葉が沈む」（石头顺水流走，树叶沉入水底）来对应。

世人皆知，按照自然规律，太阳东升西落，那么太阳打西边出来就意味着与常识相违背。这句话通俗易懂，又极具讽刺意味，比喻不太常出现在某人身上的特点或者事情确确实实发生了。笨重的石头本该沉在水中，却被水冲走；轻巧的树叶本该被水冲走，却沉在水中。日语谚语借用了《新语·辨惑》中“夫众口毁誉，浮石沉木”一句，这可以说是中日文化之间的一次交流碰撞。太阳之大，是中国人对“大”的崇敬；石、木之小，是日本人对“小”的珍视。

2. “一朝被蛇咬，十年怕井绳”与「羹に懲りて膾を吹く」

汉语谚语“一朝被蛇咬，十年怕井绳”，若直译成日语，为「一度蛇に噛まれると、十年間もつるべ縄が怖くなる」；若采用意译，则可用日语谚语「羹に懲りて膾を吹く」(被热汤烫伤后吃醋拌生鱼丝也要吹一吹)来对应。

从《起信论疏笔削记》《续传灯录》《五灯会元·龙门远禅师法嗣》等典籍看，佛家原有“绳蛇”的比喻，由此可见佛教文化对古代中国影响颇深。“一朝被蛇咬，十年怕井绳”比喻在某件事情上吃过苦头以后一遇见类似的事情就害怕，这句话妇孺皆知。而日语谚语「羹に懲りて膾を吹く」是由汉语成语“惩羹吹齑”化用而来，最初出自屈原《楚辞·九章·惜诵》中的“惩于羹者而吹齑兮，何不变此志也。”

3. “一年之计在于春”与「一年の計は元旦にあり」

汉语谚语“一年之计在于春”，若直译成日语，为「一年の計は春にあり」；若采用意译，则可用日语谚语「一年の計は元旦にあり」(一年之计在元旦)来对应。

这两句谚语都表示凡事要早做打算，开头就要抓紧时间。中国人说话方式直接，汉语“一年之计在于春”字字都在强调春耕播种直接关系到一年的收成好坏，是生产实践中总结出来的经验，它代表着农耕文明时期中国劳动人民的智慧。由于日本人说话方式委婉，日语「一年の計は元旦にあり」将“春”改为了“元旦”。其由来却有两说，一是引用中国古籍《月令广义》，二是出自日本战国大名毛利元就之口。从日本人对传统节日的重视程度来看，笔者认为后一说法更为可信。

4. “癞蛤蟆想吃天鹅肉”与「及ばぬ鯉の滝登り」

汉语谚语“癞蛤蟆想吃天鹅肉”，若直译成日语，为「ガマガエルが白鳥の肉を食べたがる」；若采用意译，则可用日语谚语「及ばぬ鯉の滝登り」(不可能成功的鲤鱼跃龙门)来对应。

中国有一个古老的传说，据说王母娘娘曾邀请各路神仙共开蟠桃会，蟾蜍仙也在受邀之列。它在天庭后花园偶遇美丽的鹅仙，一见倾心，而鹅仙将之状告至王母娘娘处。此事惹得王母娘娘大怒，于是将蟾蜍仙变为一只普通的癞蛤蟆，罚它下凡历劫。这就是谚语“癞蛤蟆想吃天鹅肉”的由来，后被《水浒传》套用而脍炙人口，现今用于比喻人没有自知之明，一心想谋取不可能得到的东西。表示同一意思的日语谚语则借用了中国传说“鲤鱼跃龙门”，据说鲤鱼跳过位于黄河上游名为龙门的瀑布就会变身成龙。不可能成功的鲤鱼跃龙门，癞蛤蟆想吃天鹅肉，哪件不是再怎么努力都没有希望的事呢？

5. “大水冲了龙王庙”与「秋葉山から火事」

汉语谚语“大水冲了龙王庙”，若直译成日语，为「竜王廟が冠水した」；若采用意译，则可用日语谚语「秋葉山から火事」(秋叶山起火)来对应。

“大水冲了龙王庙”出自清朝石玉昆的《三侠五义》，比喻自己人因不相识而发生了冲突。由于龙王在中国古代传说中司雨水，官府及民众便为其修建寺庙。每逢久旱不雨或久雨不止时，民众便到龙王庙烧香祈愿，以求龙王治水、风调雨顺。而日语中的秋叶山位于日本静冈县周智郡，供奉着避免火灾发生的火之迦具土大神。受中世两部神道的影响，日本人对秋叶大菩萨、火防之神的深厚信仰更是代代相传。一水一火，体现了两国人民对大自然不同的祈愿；一庙一山，都是对于两国读者各自而言更为熟悉的表达意象。

四、中日谚语互译的差异及其原因

1. 说话方式

冯明舒老师在比较研究中日影视作品中谚语使用情况时，将谚语分为两大类：第一类为说明一定道理的谚语，例如前文示例汉语“一年之计在于春”，日语「一年の計は元旦にあり」；第二类为不阐释道理、仅在某种情况下经常使用的谚语，例如前文汉语示例“女人心，海底针”，日语「女心と秋の空」。从这一角度展开调查，中国人更多使用的是第一类谚语，而日本人使用第二类谚语的频率是第一类的两倍。由此可见两国人民在说话方式上有所差异，中国人喜欢讲理来说服对方，即说话方式直接；日本人点到为止、善用具体案例，即说话方式委婉。

2. 文化背景

几百万年前，青藏高原隆起形成了中国地貌。在这片神州大地上，有幅员辽阔的高原、绵延起伏的山岭、一望无际的平原、低缓崎岖的丘陵，还有群山环抱的大小盆地。加之祖先是游牧民族这一史实，自古便由陆地组成的中国当然孕育出了大陆文化。例如前文示例“人中吕布，马中赤兔”“人有失足，马有失蹄”，马是我们游牧民族后裔亲近熟悉的动物，将它放进谚语里自然也会通俗易懂。另一方面，说到中华民族的文化，便不得不提佛教信仰。东方学大师季羡林先生曾说：“佛教作为一个外来的宗教，传入中国以后，抛开消极的方面不讲，积极的方面是无论如何也否定不了的。它几乎影响了中华文化的各个方面，给它增添了新的活力，促其发展，助其成长。”例如前文示例“一朝被蛇咬，十年怕井绳”中“绳蛇”的比喻便是出自佛家经典著作。

岛国是指领土完全由岛屿组成的国家。日本正是太平洋西岸的一个岛国，海洋渔业发达。由于包括北海道、本州、四国、九州四个大岛和其他6800多个小岛，日本也被称为“千岛之国”。由此可见，日本离不开滋养岛屿的“水”，这便是岛国文化。例如前文示例「河童の川流れ」「及ばぬ鯉の滝登り」，由于其地理位置，日本人民最为青睐的便是水中生物，这也暗示着他们在饮食习惯上对鱼类的喜爱。

3. 表达意象

中国是世界四大文明古国之一，自古便是“天圆地方”的泱泱大国。上下五千年，纵横一万里，无论是历史渊源还是国土面积，都当得起一个“大”字。大河汤汤，大山巍峨，地理的广阔造就了中国人的开阔视野。于是，我们善于吟咏苍茫大地上的雄伟景观，这便是崇“大”心理。例如前文示例“太阳打西边出来”，太阳是我们崇拜的巨物，这类表达意象正体现了中国人对宏观事物的敬仰。

日本总面积 37.8 万平方公里，仅为中国的三十分之一左右。由于其生存空间狭小，日本人处处体现出谦卑的个性，因此审美上偏爱纤细、微小的事物，这便是尚“小”意识。例如前文示例「石が流れて木の葉が沈む」，就连在谚语的表达意象中，日本人也对石头、树叶这类不起眼的小物青睐有加。他们更善于从微观角度出发，将大道理化小，渗透到平凡生活的犄角旮旯。引用儒学大师马一浮的诗句，中国“已识乾坤大”，日本“犹怜草木青”。

4. 历史典故

谚语本就是言简意赅的短语，广泛流传而被人熟知。除了人们的生活经验之外，还有许多来自于历史事件、民间传说，所以谚语镌刻着深深的国家文化印记。

中国历史源远流长，上下可跨越五千年时空之差。于是，经过岁月长河洗礼，我们的谚语便不知不觉沉淀了各朝各代、各行各业的历史典故。例如前文示例“人中吕布，马中赤兔”，中国读者一看“吕布”“赤兔”便知其意，还能与人论一番《三国演义》中的飞将英姿；再如我们分析“人无千日好，花无百日红”一句时，中国读者甚至无须抓住释义中的“宋江”“武松”等字眼，目光刚触及“水浒传”三字，一股亲切感便油然而生。但日本读者看到后一定是一头雾水，即使直译为日语也有障碍，这就是历史造就的沟壑。

日本历史大约为两千年，不及中国的二分之一。由于历史不够丰富，谚语中的典故自然也难以推敲，甚至可以说，许多日本谚语的典故来自于中国。例如前文示例「石が流れて木の葉が沈む」「羹に懲りて膾を吹く」，日本读者自不必说，稍具文学功底的中国读者也能够理解，因为我们在《新语》中找到了“浮石沉木”，在《楚辞》中学会了“惩羹吹齑”。再如「及ばぬ鯉の滝登り」，若提供直译“不可能成功的鲤鱼跃龙门”，中国读者很快就能明白这句谚语的意思，因为我们从小就听过鲤鱼跃龙门的故事，是代代相传的传说。这也是历史给予我们的恩赐。

五、结语

通过对日汉谚语互译的举例分析，笔者进一步理解了语言与文化之间的紧密联系，我们翻译的不仅是语言，更是文化。在进行中日谚语互译时，译文产生差异的原因正在于中日文化的差异，这种差异体现在说话方式、文化背景、表达意象、历史典故等多个方面。无论是直译还是意译，若想不犯望文生义之错，就必须熟知两国文化差异。

◎ 参考文献

[1] 和辻哲郎. 风土[M]. 日本：岩波书店，1979.
[2] 金中. 日汉成语谚语辞典[M]. 大连：辽宁人民出版社，1989.
[3] 曹捷平，南海. 实用日语惯用语·谚语·熟语一册通[M]. 大连：大连理工大学出版社，2008.
[4] 冯明舒. 中日影视作品中谚语使用情况比较研究——以中日8部电视剧为例[J]. 文教资料，2013.
[5] 王凌，王述坤. 透过中日成语、谚语的互译看文化差异[J]. 长春大学学报，2014(3)：339-343.
[6] 黄妙凤. 从日谚翻译看中日文化差异[J]. 科技资讯，2015(14)：239-240.

Leading Economic Modernizers of East Asia: A Comparative Study of Zhang Zhidong and Shibusawa Eiichi

梁紫苏

（江汉大学外国语学院　湖北武汉　430056）

During the process of economic modernization in China and Japan, influence of external factors, such as foreign capitalization and internal factors, such as actions taken by local governors and businessmen, have been most significant. In China, the Governor-General of Hubei and Hunan provinces and one of the members of the Self-Strengthening Movement of the late Qing period, Zhang Zhidong (张之洞, 1837—1909), can be considered a pioneer in Chinese industrialization and in particular, "the father of China's steel industry." In Japan, the businessman Shibusawa Eiichi (涩泽荣一, 1840—1931), a leader in the introduction of Western capitalism to Japan, is considered the "father of Japanese capitalism." This study explores the similarities and differences between Zhang Zhidong and Shibusawa Eiichi, as well as how they became economic modernizers in East Asia.

Ⅰ. Careers of the Economic Modernizers

A. Different countries, similar backgrounds

Looking at accounts of Zhang Zhidong and Shibusawa Eiichi, the two men were contemporaries who had similar backgrounds until the age of 30. They both began their Confucian educations in early childhood. Zhang went to a private tutor from the age of four and was apprenticed to Hu Linyi (胡林翼), who was a bosom friend of Zhang's father and a famous scholar-general in the late Qing period, while Shibusawa was taught the Chinese classics by his cousin Odaka Atsutada (or Junchu (尾高惇忠). Both Zhang and Shibusawa were married around 17 or 18 years old; both had second marriages after the deaths of their first wives; both encountered violence in their early twenties; and both began their careers around the age of 26.

Zhang Zhidong had once put down a peasant army uprising that started through the influence of the Taiping Rebellion. That same year he married lady Shi. He led the local Qingping troops (清平团练) at 22, and suppressed the Nian Army(捻军) at 25—one year before he passed the competitive imperial examination. Zhang decided to become a Qing government official by taking the final examination; he achieved excellent results, and was granted the third degree candidacy. He then served as compiler at the Hanlin Academy (翰林院编修), and at 30, was appointed Education Commissioner of Hubei province(湖北学政). Shibusawa, on the other hand, was encouraged by loyalists from the Chiba *dōjō* where he learned kendo to adopt the idea of "revere the emperor, expel the barbarians"(尊皇攘夷). He planned to overthrow the Shogunate, but served under Tokugawa Yoshinobu (徳川庆喜), the last shogun of the Edo

Shogunate. By the age of 29, Shibusawa was appointed Chief of the Tax Bureau by the new Meiji government. Here is a chart showing the careers of the two men (Sheet 1):

Sheet 1 The Careers of Zhang Zhidong and Shibusawa Eiichi

Year	Zhang Zhidong	Year	Shibusawa Eiichi
1837			
		1840	
1841	Went to a private tutor		
		1847	Learned the Chinese classics from his cousin Odaka Atsutada
1848	Apprenticed to Hu Linyi		
1854	Married Lady Shi		
		1858	Married Chiyo
1859	Led Qingping local troops		
1862	Suppressed Nian Army		
	Passed the imperial examination	1863	Planned to overthrow the Shogunate, but it was abolished
		1866	Served Tokugawa Yoshinobu
1867	Appointed Education Commissioner of Hubei province		
		1869	Appointed Chief of the Tax Bureau by the new Meiji government

B. Zhang Zhidong the governor and Shibusawa Eiichi the businessman

When the Western Powers came to Asia, Zhang Zhidong and Shibusawa Eiichi chose different careers to strengthen their respective countries. Zhang Zhidong had very long political career in the Late Qing government. Like most Chinese intellectuals at that time, Zhang prepared for the imperial examinations to win the scholarly honor of official rank. But he didn't take the exam the first time because his cognatic elder brother Zhang Zhiwan(张之万) was the examiner; he failed the second time; and passed the third time at the age of 26, 11 years after passing the provincial level examination. Zhang was appointed Education Commissioner of Hubei Province(湖北学政), but the government-financed position wasn't very easy. From Hubei to Sichuan Provinces, he made every effort to manage educational affairs and select the most talented people to serve the government. Zhang was a member of the Purist Party (清流党) for about14 years. He wasn't fond of the Self-Strengthening Movement until being promoted to Governor-General of Shanxi province in 1882. Then, he began to experiment with modernizing industry in Shanxi. Zhang was Governor-General of Hu-Guang for almost twenty years, or from 1889 to 1907. This was the highlight of his career as governor. He started the Hubei New Administration to achieve the aims of enriching China, increasing its military force, and leading the economic modernization of China.

Shibusawa Eiichi, on the other hand, was educated in the Confucian tradition from the age of 7, but did not follow an official career, even though he had this opportunity. According to cultural critic Shichihei Yamamoto(山本七平), the Shibusawa family was one of the richest peasant families in their village, which had enough money to support his sojourn in Europe, even after the shogunate's funds were cut. In 1867, Shibusawa was sent to the Paris World Exposition while serving the Tokugawa shogunate, and traveled in Europe for almost two years. During this time, he observed the social and economic systems of several Western countries until the funds for the delegation were cut because of the Meiji Restoration (1868). By the time Shibusawa returned to Japan, the shogunate had collapsed. The new Meiji government appointed Shibusawa as Chief of the Tax Bureau at the Ministry of Civil Affairs. After serving successively as Chief of the Tax Bureau and Chief of the Reform Office, Shibusawa decided to develop Japan's business and industry sector, which he thought needed the most reform. In his later years, he wrote about his reform program in *Rongo to Soroban* (The Analects and the Abacus)—a very famous book that introduces the idea of combining Confucian ethics and economics (道德经济合一说). In 1873, Shibusawa resigned the position of government official, and became a very successful businessman. He founded 500 corporations during his business career, and is given credit for building the modern economy of Japan.

Ⅱ. Contributions to the economic modernization of Japan and China

A. Industry and Modern Education

During the corresponding period in China, Zhang Zhidong was involved in railroad construction and industrial development, which laid an important foundation for the modern steel industry, modern railway industry, modern textile industry and so on. As the Governor-General of Hu-Guang, Zhang Zhidong suggested and supervised the construction of a railway between Beijing and Hankou, and between Guangdong and Hankou, which modernized communications in Wuhan. He opened coal mines, the Daye iron mines, and Hanyang steel works, which were incorporated to form the Hanyeping Iron and Coal Company, in order to promote interior railroad construction. He also founded Hubei Textiles, four companies that included weaving, spinning, filature and flax processing; the Baishazhou Paper Company; and Wuchang Leather Company. Zhang's actions inspired Zhang

Jian(张謇, 1853—1926), who was once Zhang Zhidong's assistant, and who became the most famous Chinese businessman in the early twentieth century. Shibusawa's myriad contributions to Japan's modern economy include the founding of the first modern Japanese bank based on joint stock ownership; establishment of the Japan Chamber of Commerce and Industry; support for higher education, including the first women's university; and many works of philanthropy, such as the founding of hospitals and the Japan Red Cross. Well known as the "father of Japanese capitalism," he founded many companies in late nineteenth and early twentieth Japan that are still in operation today, though some have changed their names over time. Famous companies such as the Daiichi Bank, Oji Paper, Iwaki Coal Mining, Tokyo Rope Manufacturing Company(东京制纲), Tokyo Printing, Japan Leather, Imperial Hotel, etc., were a result of Shibusawa's pioneering work.

Zhang Zhidong and Shibusawa Eiichi both contributed to modern education in their respective countries as well. Zhang, committed himself to education throughout his career to transform traditional Confucian academies into modern new schools. He founded the Jingxin Academy (经心书院) in 1869 in Wuchang during his term as Education Commissioner of Hubei. He founded the Zunjing Academy(尊经书院) in 1873 in Sichuan when he was Education Commissioner of Sichuan Province; the Lingde Academy(令德书院)in 1884 in Shanxi when he was the Governor-General of Shanxi; the Guangya Academy(广雅书院) in 1887 in Guangzhou when he was Governor-General of Guangdong and Guangxi provinces; the Lianghu Academy(两湖书院) in1890; the Foreign Languages School (方言商务学堂) in 1891, which became the Ziqiang School (自强学堂, and from which Wuhan University is descended) in 1893 in Wuhan while he was Governor-General of Hu-Guang; the Defense Preparations School (武备学堂) in 1896; the Agriculture School(农务学堂) in 1897; and Sanjiang Normal School(三江

师范学堂) in 1902. Furthermore, he also attached importance to modernization of primary school education: he set up five primary schools in Wuchang while carrying out the Hubei New Administration. Shibusawa, on the other hand, was involved in foundation of Tokyo Jogakkan(东京女学馆) in 1888; Japan Women's University in 1901; and Japan Women's Commercial High School(日本女子高等商业学校, from which Kaetsu University is descended) in 1928.

B. Philosophies

Zhang Zhidong and Shibusawa Eiichi were not only industrialists but also ideologists. Zhang Zhidong, the educationist, helped bridge transition to the modern era by combining a reformist concept of Chinese learning for the essence of reform with Western learning for practical utility. He proposed this idea of Chinese culture and Western science and technology(中体西用) in his famous work, *Encourage Learning* (《劝学篇》), which influenced decision-making by the Qing government for the next several years. Shibusawa wrote rules for establishing companies—*rikkai ryakusoku*(立会略则) when he worked for the government.

Ⅲ. Conclusion

The contemporaries Zhang Zhidong and Shibusawa Eiichi lived in different countries in East Asia, but had much in common. First of all, Zhang Zhidong and Shibusawa Eiichi both had the ambition of building their countries into strong nations. Second, both had the power to influence government decision-making. Third, both made contributions to the economic modernization of their respective countries.

◎ REFERENCES

[1] Shibusawa Eiichi denki shiryo. Shibusawa Eiichi Biographical Materials [M]. Tokyo: Shibusawa Eiichi denki kankoukai Inc, 1944—1971.

[2] Shibusawa Eiichi. Hundred Satoshis of Shibusawa: the analects, life, and management [M]. Tokyo: The Kadokawa Arts-and-sciences Publication, 2010.

[3] Wu Jianjie, Zhang Zhidong's Chronicle (Volume 1 and 2) [M]. Shanghai Jiaotong University Press, 2000.

法国留学新政策给中国学生带来的机遇与挑战①

陈　媛　章妍玘

（江汉大学外国语学院　湖北武汉　430056）

法国被誉为知识和科研大国，拥有巨大的文化和艺术影响力，国际学生因其高质量的课程、优质的师资力量，以及高含金量的文凭而选择赴法留学。在法国，除了大学校（Grandes Écoles）具有强大的国际吸引力以外，法国的公立大学也因其上乘的教学资质及高性价比的教学备受青睐。法国政府特别重视文化教育的投入，每年用于教育的经费约占国家财政收入的23%，且留学生与法国学生一样，可以享受政府给予的住房、交通、伙食等生活补助。因此，法国高校对于世界各地的留学生具有强大的吸引力，为更多的学生提供了享受优质教育的可能性。2018年11月法国总理颁布针对非欧盟留学生的新政策（以下简称新政策），大幅度提高注册费。在新政策实施以后，希望留学法国的中国学生将如何面对挑战，如何抓住机遇？

一、法国针对非欧盟学生提高注册费的背景

近十多年来，法国公立高校的注册费都由政府统一制定标准。虽然

---

① 本文系江汉大学2019年度国家、省级大学生创新训练项目成果之一。

各类公立高校的注册费略有上涨，但涨幅一直呈缓增趋势，法国公立大学向国际留学生收取的注册费用也在同等国家中一直保持最低。一视同仁的待遇，对于留学生来说是福利，但对于法国政府而言，是经济上的压力：政府几乎承担了教育的所有实际费用，而不需要为法国税收做出贡献的国际留学生所支付的费用不到实际费用的2%。此外，法国公立大学不断扩招，超出了政府的财政预算，直接导致了教学质量和学生生活水平的下降，使法国高等院校在世界范围内竞争力下降。因此人们不难把法国低廉的入学成本和低水准的教学质量画上等号。

根据法国高等教育署（Campus France）的数据统计，2017 至 2018 学年，法国高等教育阶段各类院校有 3500 多所，学生规模达 268 万，其中外国留学生 32.5 万，占比 12%。作为非英语国家中的第一留学大国，2019 年法国第三大留学国家的名次被澳大利亚取代。法国依然具有吸引国际学生的地方，但无论是在增长的数量还是增幅上都小于其他国家，增长逐渐停滞且已经有开始下降的趋势。法国将面临着失去吸引留学生的竞争力以及第四大留学国家的风险。

综合多方面的因素，注册费带来的问题促使法国政府寻找强有力的解决方案，以期在保持原本优势的同时提升教育竞争力。由此，留学新政策便孕育而生。

二、“选择法国”

面对危机，2018 年 11 月 19 日，法国总理爱德华·菲利普公布了提升法国高等教育吸引力的新战略——“选择法国”，并提出了在 2027 年实现留学生人数达到 50 万的目标。为了进一步加强留学吸引力，提高人才培养能力，除了上涨注册费以外，法国政府还出台了一系列优化方案，来提升法国在国际高校队列中的影响力。主要政策如下：

1. 增设奖助学金，实行差异收费

为了给政府的教育投入提供财政支持，法国公立大学将面向非欧盟国家留学生进行差异化学费的收取。法国其实并不是第一个实行差异化学费、注册费的欧洲国家，世界上多数国家已经采用了差异化的收费策略，来换取更多的奖学金额和更加优质的接待服务。而法国一直以来因留学生能够享受和本国学生同样的待遇而在留学市场上独树一帜。

在提升吸引力及学生接待质量的战略框架下，从 2019 学年起，首次在法国高等教育阶段注册的非欧盟或瑞士国籍的国际学生将需要支付差异化的注册费，承担至少 1/3 的实际教育成本，即本科每年 2770 欧元，硕士每年 3770 欧元。法国公立大学注册费涨幅见表 1。法国政府将继续承担实际教育成本的 2/3，虽然增幅巨大，但这份留学费用依然远低于其他留学生大国。2019 年四大热门留学目的国公立大学入学费一览表见表 2。

表 1　法国公立大学注册费涨幅

留学阶段	2018—2019 学年	2019 学年起	涨幅
本科	170 €(约合人民币 1350 元)	2 770 €(约合人民币 2.2 万)	16 倍
硕士	243 €(约合人民币 1900 元)	3 770 €(约合人民币 3 万)	15 倍
博士	380 €(约合人民币 3000 元)		9 倍

表 2　2019 年四大热门留学目的国公立大学入学费一览（以学年为单位）

留学阶段	法国	美国	英国	澳大利亚
本科	2 770 €	37 500 €	10 000 €	10 500 €
硕士	3 770 €	30 900 €	20 000 €	19 600 €
相较法国		8~13 倍	4~5 倍	4~5 倍

这一费用增长将为法国带来 40 亿欧元的收入，与此同时，奖学金数额将大幅度提升，用于奖励高质量的科研项目和优秀学生；针对成绩优异的外国留学生(主要是中国、土耳其、沙特阿拉伯等国)，法国政

府将发放 15000 份大额奖学金，数量超过目前的两倍，获奖率高达 25%，每 4 名留学生中就有 1 名可以获得奖学金或免学费的资格；奖学金中的最高奖项金额达上万欧(约 10 万元)；还有 6000 份大学补贴将以现金或免税形式发放。在相关协议和战略标准的助力下，中国学生将完全有资格申请获得这些优秀奖学金并依然有可能与欧盟学生支付相同的注册费。

2. 简化签证程序，优化签证服务

对中国学生来说，相比学费，签证率更为重要。近年来，法国留学签证政策已经得到大幅优化，4/5 的中国学生在首次申请签证时即可顺利获批。在此政策之下，法国签证率将从 75%提高到 90%，甚至更高。这将会减少拒签带来的时间和金钱的损失从而使更多的中国学生受益。从 2019 年 3 月起，法国政府开放了多项针对毕业生的利好政策：已获得法国硕士文凭并返回原籍国的外国学生可申请居留许可，重新回到法国寻找工作；毕业生(职业型学士、硕士、博士、理学硕士、法国大学校联盟硕士)可在法额外停留 12 个月；硕士和博士毕业生可获得 5 年往返签证；博士生可申请“人才护照”。

3. 提供法语培训，增加英文授课

目前，法语是世界上第五大语言。根据法语国家及地区国际组织法语语言观察所的统计，目前有 3 亿法语人口，其中有 2.35 亿人将法语作为第一语言。法国作为高等教育阶段的热门留学目的国，为了使其地位能够在非法语国家和法语国家同样迅速发展，每位国际学生都能够在赴法前或入学前接受法语语言强化培训课程。在法的中国留学生作为法语语言培训中心最主要的学生群体，可以继续充分利用这一新措施，以获得更加宽阔的学业道路。在政策的支持下，法国高校将致力于增加英文授课课程数量，以便接收更多国际学生。法国 237 所高等院校提供英语授课课程，其中包括 137 所公立院校；英文授课的课程数目也实现了五倍的增长，从 286 个增加到 2018 年的 1328 个，其中 1015 个为全英文授课，且大多集中在硕士阶段。

4. 创建认证机制，提升接待质量

近年来，为了应对不断扩张的留学生群体和使用度高度饱和的教育硬件设施，法国诸多高校不得不取消一些专业设置，并将部分小班教学的课程改为在阶梯教室大班授课，一些学生的科研项目也因经费不足无法进行。这样的教学条件既不利于学生学习，也不利于学校的科研发展，法国高校的教学质量得到质疑，赴法的留学满意度下降。

为应对这一挑战，法国政府将通过颁发特定认证来管控法国高校对国际学生的接待水平，并设立一项名为"欢迎来法国"的基金，支撑升级硬件设施，完善留学服务。一些符合接收条件的机构将被赋予资质来更好地解决学生的住宿问题；每一名国际学生将被指派一位留学监护人陪伴他们的留学过程；毕业生还能享受毕业后的跟踪服务等其他接待服务。

此外，新的资金还可以帮助法国高校更好地实施其国际化招生战略，加大对外宣传力度。

5. 开展境外办学，发起全球宣传

为了更好地在其他国家推广宣传，与当地的教育机构合作是很有必要的。法国已经明确了与当地大学合作在国外建立大学的方法。从2005年开始，在中国建立了13所中法大学，这实现了法中两国大学共同建立高品质的教学课程和培训高质量学生的愿望。

法国高校也和国内许多院校开展交流合作，推出校际合作项目和暑期探访名校等实践环节，让学生通过实地考察的形式对法国高等教育的形式和体系有一个初步的了解，为有留法意向的学生提供了更多的机会，同时也让宣传达到了实质性的效果。

三、调查结果分析

我们设计了一份调查问卷，以了解江汉大学不同专业的学生对于出国留学的想法，以及新政策对留法意向的影响。我们将问卷发送给江汉大学四年制的本科在校大学生，并收到 113 份有效结果。

在 113 名参与者中，69 名为法语专业学生，占比 61.06%；艺术设计专业学生 7 人，商科专业学生 17 人，其他专业学生 20 人，分别占比 6.19%、15.04%、17.7%。专业和年级分布情况见图 1。

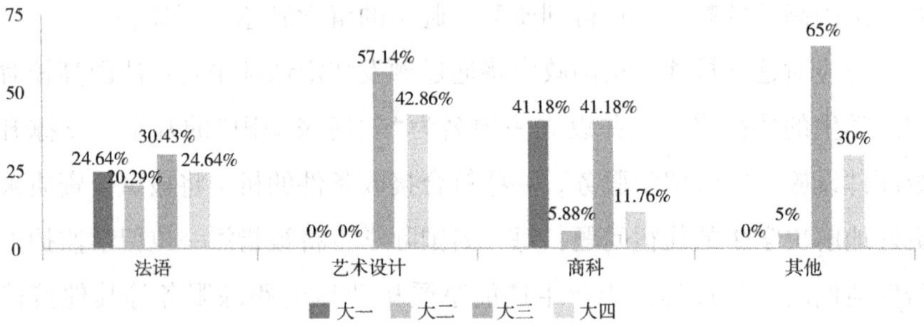

图 1　专业和年级

根据数据显示，留学法国的学生人数为 41 人且多为法语专业和艺术设计专业的学生，但艺术设计专业的学生更倾向于选择其他留学目的国，如英国、美国、澳洲、日韩等。法国作为艺术文化大国，但在留学上却没有足够的吸引力，这充分说明了开展海外宣传的重要性。（见图 2~图 4）

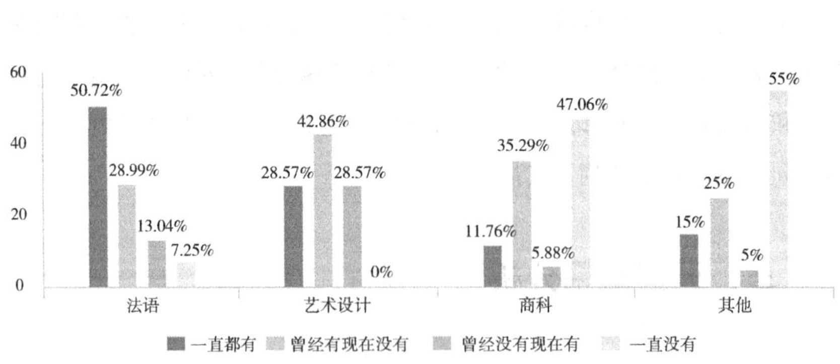

图 2　各专业留学意向

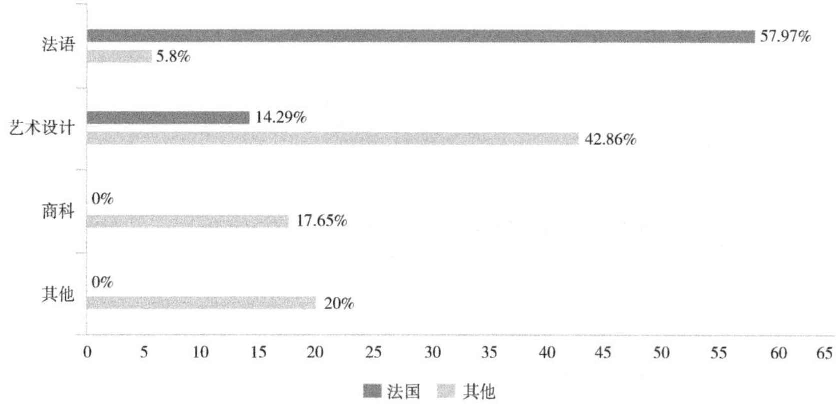

图 3　各专业留法意向数据

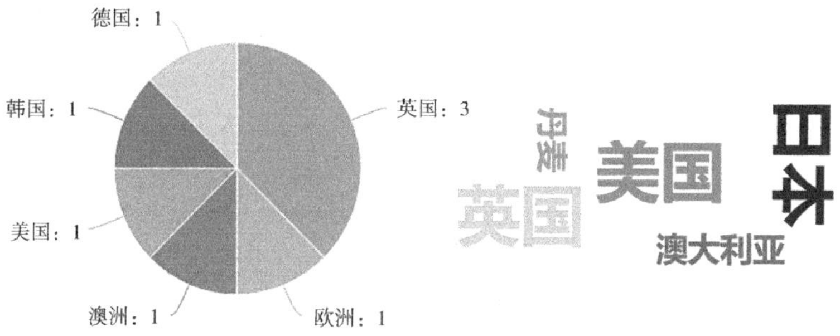

图 4　各专业对于其他国家留学意向数据

在这 41 位受访者对新政的了解程度上，65. 57%受访者并不是很了解这一新政策，34. 43%的受访者了解一些，他们的关注点大多集中在注册费上涨这一项政策，而对于奖学金的增加、签证的简化、福利政策的优化等其他方面相知甚少。他们的了解渠道多为校内老师的普及和公众号及新闻媒体的介绍，有少数受访者通过留学机构了解这一政策。(见图 5~图 7)

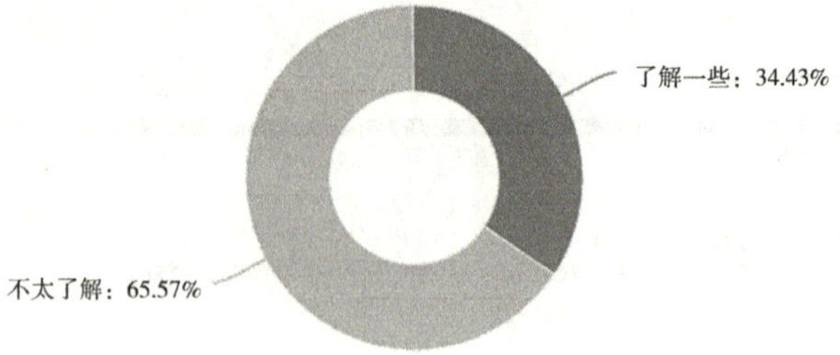

图 5　有留法意向受访者对新政策的了解程度

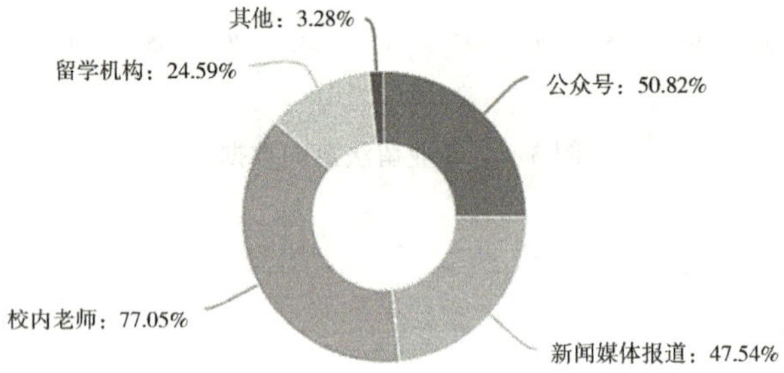

图 6　了解新政策途径

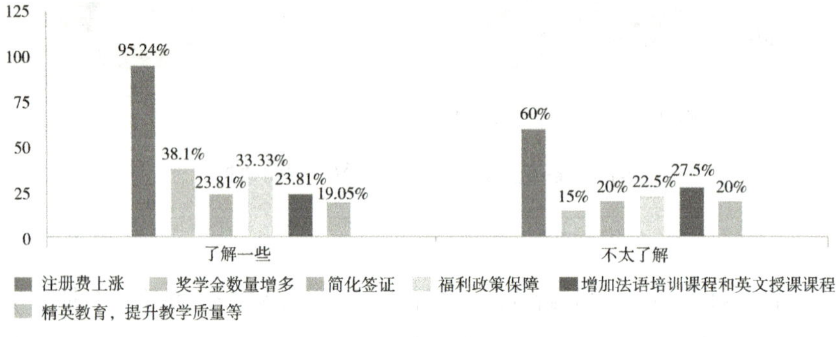

图 7　有留法意向受访者对新政策具体措施的了解程度

在我们的样本中，有 47 人的留学意向有所改变，受该项新政策而改变留学意向的有 31 人，其中影响因素最大的仍是被热议的注册费的上涨。注册费的上涨除了让很多学生放弃了这一计划之外，也使部分学生对留学法国产生了兴趣，这也印证了低廉的学费会让人对教学质量产生质疑并在一定程度上降低留学的吸引力。但新政策中的其他内容，例如法语培训课程和英文授课课程的增加以及教学质量的提升等，并没有在学生群体中得到关注。这说明中法两国高校间的合作和交流还需加强，让中国学生对法国的教育体系有更全面的认识。(见图8)

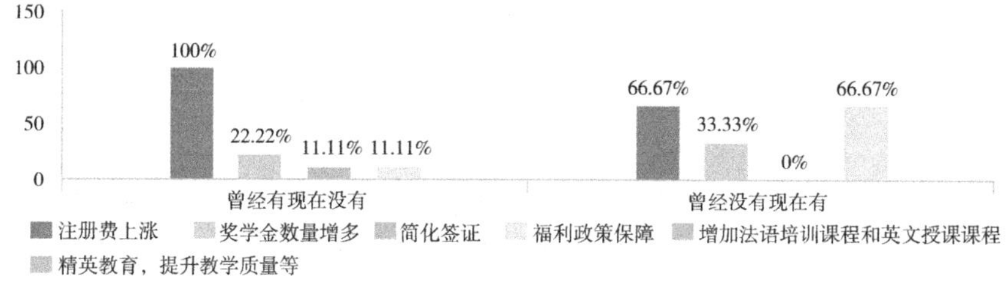

图8　新政策对留法意向的影响

82.93%选择法国的学生以提高法语水平为目的，65.85%被法国文化吸引，34.15%的学生因为学校和专业而选择法国，仅有19.51%的学生受教育优惠的影响。作为“艺术之都”和“时尚中心”，法国对于有意向留学的受访者的吸引力主要在于其悠久的历史以及浓郁的艺术氛围；当然对于法语专业的学生来说，纯法语的语言环境是最重要的因素之一，而留学费用给法国带来的留学吸引力是微乎其微的。(见图9)

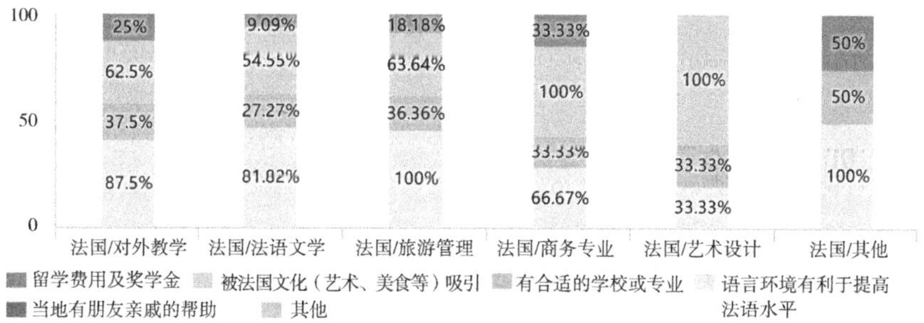

图9　针对不同专业选择留学法国的原因

而对于没有选择法国的受访者而言，语言障碍成为他们对留学法国望而却步的主要原因，除此之外学校环境和氛围是他们更为看重的因素，专业限制和环境适应性也是他们所关注的问题。可见，对于留学这个话题，学生关注的核心是教学质量而非经济问题。（见图 10、图 11）

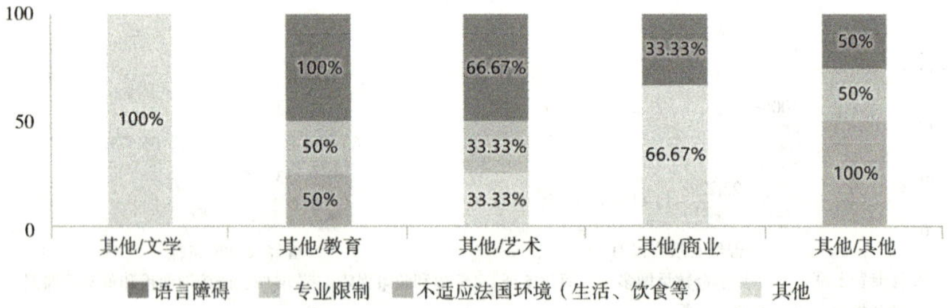

图 10　针对不同专业不选择留学法国的原因

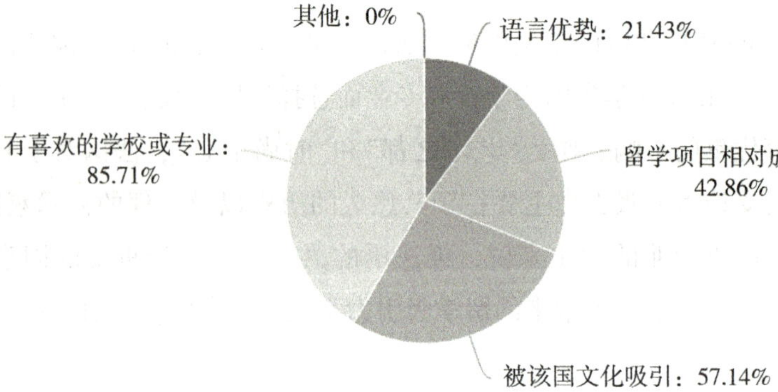

图 11　其他国家留学吸引力的体现

四、结论

通过政策解读以及调查数据的分析，法国政府出台“选择法国”战略，顺应了国际发展趋势，并抓住了有效提升留学生吸引力的关键点。注册费的上涨在国内外学生群体中引起了强烈反响，尽管在短期内不利于法国留学事业的发展，但从长远看，这种热议也存在着积极影响，不仅引起了学生群体对法国高等教育事业的关注，也提高了法国在其他热门留学高校中的存在感。

政策虽已出台，但仍重在落实。通过问卷调查，我们发现法国的教育宣传力度还有待于加强。在发挥原有优势的同时，只有不断增强专业特色和高校知名度，开展更为成熟的留学合作项目，才是在留学市场上保持"常青"的法宝。对于中国高校的学生，我们应该以更平稳的心态积极面对各国出台的留学新政策，认真分析政策中的利弊，并结合自身情况为今后的发展制定合理的规划。同时，唯有不断加强自身的能力和水平，才能在应对挑战时更加自如，在危机中把握机遇，无论形势如何风云变幻，都能泰然自若、处变不惊。

◎ 参考文献

[1] 陈集平. 浅谈法国留学新政下中法高等教育合作的新思路[J]. 教育界，2019(19)：18.

[2] 王婷婷. 法国高等教育吸引留学生的新战略探析[J]. 世界教育信息，2019(3)：17-20.

[3] CGTN 法语频道. 法国：非欧盟国家赴法留学生注册费大幅上涨，这些大学说"不"！[N]. CGTN 法语国际频道，2019-01-22.

[4] Anon. Frédérique Vidal abandonne le projet de hausse des frais d'inscription à l'université pour les doctorants étrangers [N]. France Info，2019-02-24.

[5] Louis Heidsieck. Le gouvernement veut accueillir 500, 000 étudiants étrangers à l'horizon 2027[N]. Le Figaro，2018-11-20.

孔子与耶稣对学徒教育的对比研究

胡伊雯　刘　炜

（江汉大学外国语学院　湖北武汉　430056）

孔子，公元前551年出生，中国思想家、教育家，儒家学派创始人，其思想对中国和世界都有深远的影响，是“世界十大文化名人”之一。孔子的教育内容和其开创的教育方式奠定了之后几千年来中国的教育基础。他的因材施教方法开创了中国教育史上针对性教育的先河，他的启发诱导式教学比苏格拉底的“产婆术”还早，他的教育理念和方法开创了世界教育史上激发学生学习积极性之先河。同样在世界242个国家近30亿基督徒眼中，也有这样一个人影响着他们几千年来的教育和思想。这个人便是耶稣，其约公元1年出生于伯利恒，是基督教的核心人物。耶稣在三十岁时开始传道，直到三十四岁离开，他的信徒遍布西方社会各个层次，他的教育对政治领域和西欧社会的影响是深远的。孔子和耶稣都是在人类历史上有着巨大影响的一代宗师。他们不仅先后构建和传播了深刻影响人类文化历史发展进程的思想和宗教学说，而且还通过教育指导学生、门徒的传道授业。他们在中西方教育思想上具有举足轻重的作用。他们对自己的追随者，甚至他们背后的民族的影响也是不言而喻的，这种影响贯穿历史发展的各个方面。本文主要探讨这两位教育家在学徒教育方面的异同。

首先，从本质上看，孔子与耶稣在教育教学上存在跨时空的异同之处。孔子与耶稣的教育内容主要分为两个方面，一是品行教育，二是礼仪教育。孔子以“智仁勇”为主要品行内容。“信爱望”则构成了耶稣品格教育的主要内容。孔子的品行教育主要融汇于“六艺”，即礼、乐、射、御、书、数之中，耶稣“信爱望”的品格教育具体表现在他对弟子的言传身教中。这些教育内容需要借助一定的教育方法才能很好地灌输给学生。

孔子的教育方法可以大体分为两种，一种是因材施教，另一种是反向的不屑教之。《论语·先进篇》记载，子路问子：“闻斯行诸?”子曰：“有父兄在，如之何其闻斯行之?”冉有问：“闻斯行诸?”子曰：“闻斯行之。”公西华曰：“由也问，闻斯行诸? 子曰，‘有父兄在’；求也问闻斯行诸，子曰‘闻斯行之’。赤也惑，敢问。”子曰：“求也退，故进之；由也兼人，故退之。”意思是这样的：子路，冉有，分别问孔子：“听到了就要去执行吗?”孔子回子路“不行，有父兄在世，怎么能听到了就马上实行呢!”然而，当冉有去问同一个问题时，孔子就很肯定地回答说：“听说了就要实行!”孔子截然相反的回答使得另一个弟子公西华大惑不解，公西华问孔子，孔子说：“冉有性格谦逊，办事犹豫不决，所以我鼓励他临事果断。但子路逞强好胜，办事不周全，所以我就劝他遇事多听取别人意见，三思而行。”我们从中可以看出孔子面对不同性格的学生给予不同的意见进行教导也为当今的教育事业发展奠定了良好的开端。孔子基于因材施教的观念，提出启发式教学，“不愤不启，不悱不发，举一隅不以三隅反，则不复”。他希望学生能够主动思考，举一反三。同时孔子提倡学以致用，倡导知行合一。孔子曾说：“诵《诗》三百，授之以政，不达；使于四方，不能专对。虽多亦奚以为?”理论若不付出实践再多也没用。《述而》中有言：“德之不修，学之不讲，闻义不能徙，不善不能改，是吾忧也。”也就是说，品德不去修养，学问不去讲习，听到正义的事不能去做，有错误不能改正，也就是理论和实际不能结合，这才是我们忧虑的。由此可见，读书的目的，不在于拘泥于课本，而在于实践，在于“举一反三”地灵活运用知识。只有达到“学以致其行”才能实现“先行，其言而后从之”。孔子所强调的行，不仅指对所学知识的实践履行过程，而且还包括对学习行为的训练和复习过程，如“学而时习之”“温固而知新”等。孔子鼓励学生和他之间互答互问，他更多的是采用观察和提问的方式教导学徒。《论语》中记载，孔子的教学常常运用讨论、问答的方式，这也是启发式教学的一种形式。老师先向学生提问题，由学生回答。答对了，老师给予肯定；答错了，老师给予启发式纠正，引导到正确的思路上来。他也不缺乏幽默，在很多记载中，孔子通过各种故事和真实见闻生动形象地教育弟子。有一年，孔子带着徒弟游学，由于战乱的缘故，导致百姓生计问题严重，而孔子一行人吃光了携带的粮食，他的弟子颜回和子贡找到了一点米回来。颜回就和子贡分工合作，颜回负责给孔子做饭，子贡则负责给大家熬粥。不一会儿突然掉进了一点尘土在一些米饭上，颜回觉得可惜就用手抓起来放进嘴里吃掉了。而子贡给看见了，颜回是孔子和大家嘴里的仁人廉士，不会为半斗米折腰的人，但如今却偷吃米饭，子贡就跑到师父孔子那里去了。他问孔子道：“师父，这人们说的仁义和廉洁的人，会不会因为生活中的贫穷困苦而改变自己追求的节操呢?”孔子听了这话，立马反问子贡，“你说这轻易就改变了自己节操的人还能叫做仁人和廉士吗?”子贡不服，继续问道：“那么师父，像颜回那样的人也不会改变自己的节操吗?”孔子肯定地回答道：“当然了。”子贡听了还是不服，就把他刚刚看到颜回偷吃米饭的事情告诉了孔子，孔子说，我相信颜回，他一直都是一个仁人廉士，但我也相信你，而且你还是亲眼看到的。于是孔子待颜回来了说，刚刚小憩的时候梦见了我的祖先，他们在吃饭之前来到我的梦里，想必是有原因的。我看我们还是先将这些饭用来祭奠祖先，然后再吃吧！颜回听了，连忙对孔子说，师父不可以啊，这饭不可以用来祭奠祖先，刚刚我在蒸饭的过程中有尘土掉进里面了，我觉得丢了太可惜了，就把弄脏的部分抓出来吃掉了。这脏掉的米饭怎么可以用来祭祀祖先呢！孔子听了，甚是欣慰，对大家说，很多时候我们相信自己的眼睛，以为自己亲眼看到的肯定就是事实，但现在事实证明眼睛看到的也不一定就是事实，所以我们在对一件事或一个人做判断和评价时，一定要先全面地去了解他，再对他做出判断。孔子用眼前的事实生动形象地教育弟子：眼见虽为实际发生，但也不一定是事实，需要具体了解才能判断一个人的行为好坏。孔子的不屑教之则更多地体现在学徒自身的问题上，孔子的学徒宰予，能言善辩，其人表里不一，有一次孔子发现宰予白天睡大觉，很生气，说："朽木不可雕也，粪土之墙不可杇也！"后来果然得到验证，宰予做了临淄大夫，和田常一起作乱，结果被夷其族，孔子羞于提及此人是自己的弟子。

耶稣的教育方法主体也分为两种，一是通过直接言说的训诫，比如提问或者通过真实案例进行思想教导，《路加福音》第 12 章记载："众人中有一个人对耶稣说：'请你吩咐我的兄长和我分开家业。'耶稣说：'你这个人，谁立我作你们断事的官，给你们分家业呢？'"耶稣的反问，表明他拒绝为人做财产上断事的官。虽然当时的拉比是有这个权力的，但耶稣却没有这样去做，耶稣于是对众人说："你们要谨慎自守，免去一切的贪心；因为人的生命不在乎家道丰富。"《路加福音》第 6 章第 45 节记载："善人从他心里所存的善，就发出善来；恶人从他心里所存的恶，就发出恶来。因为心里所充满的，口里就说出来。"《箴言书》第 4 章第 23 节记载："你要保守你心，胜过保守一切，因为一生的果效，是由心发出。"这些经文都向我们显明心思的重要性。心支配着人的行动，人有什么样的心思，就会衍生出什么样的行动来。耶稣的教育在这一点上与孔子更为接近，他们都倡导师生互问互答。

同时耶稣还强调可教时刻，这一点与孔子的启发式教学有些不同，孔子认为要充分发挥学生的主动性，不愤不启，不悱不发。更多地想让他们自己想通道理。而耶稣更注重自身对追随者的影响，他希望通过一次具体时间的传道教导门徒。有一次耶稣进了一个村庄，有一个女人名叫马大，把耶稣接到自己家里。马大热情好客，伺候的事多，她的妹妹马利亚却只坐在耶稣脚前听他讲道。马大被耶稣批评甚至否定，马利亚被肯定表扬。耶稣尤其注重这样的可教时刻，不允许任何事情取代或打断。同时他的做法也给了今天的教育事业一个重要的启示，要拿出时间来总结课程内容，专门和学生探讨知识的总和，在学生的记忆中留下教育痕迹才是教学最精髓的部分。耶稣也同样重视知识的重复使用从而建立起内在联系，他说，要让孩子跟随他，而且要像孩子一样拥有对语言的渴望。耶稣提到一个教导思想时反复提到“孩子”以增强语言的感染力。他的做法也是要告诉追随者，在接受知识时需要知识的重复性和相关性。就像一句名言所说，我们要一遍一遍地重复直到把事情做好。

第二种则是体验式教学，在这一点上耶稣与孔子有着很多的相同之处。耶稣不仅教导门徒该做什么，还打发他们出去体验生活并回来写报告。耶稣说，言语本身没有价值，除非伴随适当的行为。他经常以身作则，比如在雅各布井旁与撒玛利亚的妇人谈“道”，深夜又与尼哥底母谈“道”。他的行为被弟子记录成书，并且被广泛学习和传播。在这一点上我们可以看出孔子与耶稣不谋而合，尽管两者对中西方文化都有不可磨灭的影响，但孔子作为一个教育者，他的授业是不存在信仰论的。他周游列国，传道授业解惑，只对那些信奉儒家思想，主动上门请教的人传授儒家思想，若不来请教也不必主动上门推行自己的主张，即为“不扣不鸣”。但耶稣曾说，凡是有耳可听的人都应该听从他的教训。耶稣不放弃任何一个听到真理的人，即使他们不相信耶稣的教导思想，他带着门徒四处主动上门奔波传递福音。

其次，从教学目的的角度来分析耶稣与孔子对待学徒教育的不同。孔子主张的教育目的是培养“士”，而“士”的标准就是“君子”。“君子”本来是对奴隶主贵族统治者的专称。在《论语》中，君子这个词先后出现了107次之多。孔子把它发展成为具有一定道德标准的理想人格，即把“君子”当作教育的培养目标。他明确提出作为一个“君子”，一要能“吾日三省吾身，为人谋，与朋友交，传道习之”，且君子怀德且怀刑。即要有“德”。二要有“富民教民”的治国安民之术，即要有“才”。君子德才兼备，以德为主。“学而优则仕”则是孔子教育目的另一个重要方面，即学习是通向做官的途径，培养官员是教育最主要的政治目的，“仕而优则学”，与其一同出现，孔子说过，“学而时习之”，出仕是“时习之”的途径之一，也就是把所学的知识应用到从政的实践之中，但是，修身学习是无止境的，从政可以更好地修身，也可以更好地推行儒家学说，二者相辅相成。鉴于孔子的教育目的，可能很多人会觉得他是在为上流社会的统治培养人才，与他奉行的有教无类存在出入，其实不然，这两者的对象在本质上存在区别。但是我们应当充分理解孔子的做法，孔子处在由奴隶社会向封建社会过渡时期，他的思想与教育的根源被这个时代所影响，他主张中庸之道，讲求自我的控制，教育人首先懂得止、定、静、安、虑，而后才会有所得。这些情智、心理功能完成后，人们才能达到修身而后齐家治国平天下的目的。其本质和最终目的仍然走向了统治阶级。其实不难看出“学而优则仕”和《礼记》中的选贤举能是一致的。选贤举能是为营造大同社会，学而优则仕也是如此，它确定了培养统治人才这一教育目的，在教育史上有重要的意义，同时也反映了封建制兴起时的社会需要，成为当时知识分子积极学习来治理国家从而实现抱负的巨大推动力量，不可否认它带来很大程度的积极影响。

耶稣传道的根本目的是洗净人类的原罪和传播人类平等的权利思想。他主张信、望、爱。耶稣想创造一个人人平等、充满爱和宽恕的世界。但他与孔子的教育传道有着本质上的区别，一方面是生活的社会环境不同，另一方面则是个人追求不同。孔子相比而言更接近一个有欲望的个体存在，有明确的目的和思想基础。耶稣则是博爱的化身，他的思想是更为理想主义的存在。

再者，从对待学徒的态度来看，孔子和耶稣也存在异同。前面我们提到孔子的生活背景是封建时代，所以不难想象他与学生的关系在本质上秉承他所说的君君臣臣、父父子子这一良好的秩序。他与学生亲密无间，靠的是尊师爱生、团结友爱、教学相长。孔子周游列国，学生相随，除了赶车的，学生一律步行。他们在匡地被围，在陈、蔡绝粮，有的学生饿得下不了床，但始终团结在老师周围，孔子视学生如子弟，学生视孔子如父兄。弟子们对孔子也是极尊敬的。子贡说：“他人之贤者，丘陵也，犹可逾也；仲尼，日月也，无得而逾焉。”这与生活中的孔子与学生相处不拘形式，谈话比较随便，绝无高高在上、俨然不可冒犯的态度不相矛盾。《史记·孔子世家》有记载，孔子在郑国与学生失散，子贡到处寻找老师，有人告知东门外有个人“累累若丧家之犬”，子贡找到孔子后把这句话相告，孔子听后并不恼怒，笑着幽默地说：“说我‘似丧家之犬，然哉！然哉！’”可见他们师生在一起说话不受拘束，生活中比较平等。但当我们谈到孔子收学徒的态度时，可能很多人想到的是他的有教无类。但需要强调一点，有教无类，不代表人人平等，更不代表全民教育。孔子几千弟子全是男人，而把女子拒之于千里之外，孔子曾说：“唯女子与小人难养也。”对女子教育权利的剥夺，反映孔子在男女平等受教育的思想上，还有所保留。同时不可否认这是源自时代的偏见。孔子弟子樊迟(樊须)向孔子请教怎样种庄稼，孔子答道：“吾不如老农。”他又向孔子请教怎样种菜，孔子答：“吾不如老圃。”樊迟出，孔子曰：“小人哉，樊须也。”可见，首先孔子对自己的知识范围有着清楚的认识，其次在他的眼中樊迟已经成为了一个彻头彻尾的小人。孔子的观念是，上位者只要看中礼，那么人民一定会敬畏。如果上位者看中义，那么老百姓也会顺从。上位者只要重 视诚信，那么老百姓也会用真心实意的态度来对待。如果做到了以上全部，各地的百姓都会来投靠，那么就不需要自己来种庄稼了。之所以说他的教学对象是有一定局限性的，其根源在于他的思想带来的影响和束缚。再者，对孔子“有教无类”的认识，孔子并非主张“全民教育”，他只是对求学者来者不拒，最多算是民主教育。实际上在封建主义统治下，全民教育是不可能达到的。有教无类产生的政治目的即培养德才兼备的君子从政。

耶稣在对待门徒的态度上，倡导一种以身作则和人人平等的观念。耶稣心中没有明显的师生界限，他可以谦卑地作为奴仆来向追随者表示尊重和爱。这一点放在中国古代的教育中是不为人所接受的，一日为师终身为父，孔子强调克己复礼，《周礼》中对父子师生兄弟都有些明确的礼仪限制。耶稣十分尊重文化差异，其实也是尊重人权的表现，他与那些在文化上被认为离经叛道的人共进晚餐，他对这些人的接纳是完全的。但又因为耶稣有人类的肉体和思想，所以他对待所有弟子并非都是平等的。耶稣非常看重妇女，并从言语和行为上对她们仁慈关爱。根据汪琴博士《基督教与罗马私法——以人法为视角》一书的研究，耶稣基督的出现，使罗马妇女千百年来所处的低下地位受到根本性冲击。耶稣认为，男人和女人都是上帝所造，未将他们区别对待。耶稣通过自己的言传身教批判了古罗马社会中一些歧视女性的做法，承认妇女具有与男人一样的权利和尊严。在耶稣的影响下，圣保罗提出了上帝面前男女平等的新思想。耶稣和孔子都倡导仁爱，但孔子被所处的社会局限，在对待学徒的态度上相较于耶稣而言并不同样平等。

最后，探讨两者的学徒的身份对于教育的研究同样具有重要意义。孔门弟子多出身于贫寒之家。颜回、原宪、曾参等人，生活往往饥寒交迫。据说，原宪住在只有一丈见方的茅屋里，房门用蓬草编成，还残缺不全，门轴用桑条做成，窗户用破瓮做成，房间用粗布隔成两室。曾参常常是三天不煮饭，十年不制衣。孔子不重财，那些送上十条干肉做薄礼的人，他都统统收下来施以教诲。从地域方面看，鲁国有颜回等四十五人，齐国有公冶长等五人，卫国有端木赐、卜商等九人，陈国有颛孙师等三人，蔡国有秦冉等两人，宋国有司马耕一人，秦国有秦祖等五人，楚国有任不齐等三人，吴国有言偃一人……可见孔子教育超越国别的限制。天下之大，愿意主动求教儒家思想的人，都可以被教导。子路比孔子小九岁，生性粗鄙好勇，曾当面羞辱过孔子。可孔子还是设法诱导，使他拜在门下，后来成为他最亲密的弟子之一。其他弟子品行千差万别，曾皙狂妄，高柴愚笨，曾参迟钝，颛孙师偏激，公冶长曾坐过牢，颜涿聚是大盗……在品行方面，孔子也没有特别的局限。但孔子弟子中为官者居多，女子更是没有，这在一定程度上反映了当时的社会背景对求学者的约束。耶稣的追随者有众所周知的十二门徒，他们来自不同的职业和不同的社会层次，有不同的身份。他们中间有上流社会的学者，家境殷实的富商，有来自社会底层的苦工，渔夫甚至妓女，还有家庭主妇。不分性别不分年龄，只要信任耶稣，耶稣就把他们当做学徒来教导。孔子与耶稣的学徒类型不同，可以看出耶稣待人平等，就像现在在西方文化中，人们主张人人平等。孔子则受传统父系氏族社会的影响，更为重视礼仪制度和等级优劣，现在在中国，即使等级制度不再突出，人们更愿意去经营由血缘维系的关系。

孔子与耶稣在对待学徒的教育上各有见解，他们提出“仁”和“爱”的主张，对传统道德规范进行补充，在传授知识中言传身教，这是他们的相同之处。同时，他们的伦理主张都体现了人类自我意识的觉醒。但是，他们在对“仁”与“爱”的概念的规定上又有所不同，在招收学徒和与学徒的相处中也有着不同的见解。由于生活的时代和文化的影响不同，他们在教育史上所取得的成绩各有千秋，并影响着一代又一代的追随者。

◎ 参考文献

[1] 郝铁川. 孔子没有女弟子 耶稣却有女跟随者[N]. 法制日报，2017(6).

[2] 金良年. 论语译注[M]. 上海：上海古籍出版社，2004.

[3] 陈澔. 礼记[M]. 上海：上海古籍出版社，1987.

[4] 刘军宁. 孔子思想中的自由和专制[N]. 人民网·文化频道，2019(3).

[5] 麦金泰尔. 德性之后[M]. 北京：中国社会科学出版社，1995.

[6] 彭林.《周礼》史话[M]. 北京：国家图书馆出版社，2019.

[7] 司马迁. 史记(中华书局点校本)[M]. 北京：中华书局，2013.

[8] 杨伯峻. 论语译注[M]. 北京：中华书局，1980.

[9] 朱贻庭. 中国传统伦理思想史[M]. 上海：华东师范大学出版社，2009.

五、基础英语教育研究

英语学科核心素养视域下的教学评价变革

周梦婷

（江汉大学外国语学院　湖北武汉　430056）

一、国内外研究综述

我国面向核心素养的研究起步较晚，但在近年取得了较大发展，教育部于 2016 年印发《普通高中课程标准》（征求意见稿），发布了“中国学生发展核心素养”框架及内涵，针对各学科核心素养提出具体要求。在此基础上，研究者多针对如何科学合理地解读核心素养内涵，如何将核心素养提出的要求本土化，如何利用核心素养进行教学设计与课程开发实践几大问题进行探讨，不断研究和实践基于核心素养的先进教学理念，开发各类校本课程。其中所涉及的教育具体环节领域研究则需进一步细化，核心素养视域下如何将核心素养培育融入各基础教育课程实施，教学测评和考试的处理问题等尚需大量研讨。

国际上有关核心素养的研究主要基于经合组织提出的“核心素养框架”，欧盟构建的“核心素养指标”以及以美国、日本和新加坡等国为代表的“21 世纪技能框架”这三大模式，在研究领域上涉及更广。主要从基于核心素养的课程实践探索、可持续发展教育研究、课程标准、评价系统、体系构建、教师教育课程优化、教师专业发展以及学生学习环境等问题出发，旨在实现多方力量的联合，建立核心素养背景下和谐运作的教育系统。

二、核心素养与英语学科

（一）核心素养的内涵

1997年，经济合作与发展组织（OECD）率先提出“核心素养”一词，核心素养培养迅速成为全球范围内教育研究领域的重要议题。核心素养的发展表现为个体适应社会生活应当具备的关键能力、知识技能以及情感态度等。它对个人提出跨学科的终身要求，未局限于学校知识或特定工作技能，而是强调个体发挥主观能动性，从个人发展的角度出发获取知识技能，并同时发展自身获得知识技能的能力。核心素养强调个体适应不同环境的能力，个体发展适用于一切情境的普遍素养[1]。核心素养议题引领了我国新课程改革实践的方向，从而引起教育教学系统内部的一系列变革。

（二）英语学科核心素养

英语教育的目的不仅限于语言知识的习得，其目的应该是使学生通过英语认识世界，始终着眼于学生个体的终身发展。这是英语素质教育的核心内容，也是许国璋先生多年前提出的观点[2]。核心素养呼吁跨学科的交流促进学生的终身发展，作为回应，英语学科教育势必要从单纯的语言教学转变为培养学生跨文化交流能力和全面发展的学科。英语学科核心素养涵盖学生的知识技能、情感态度、文化意识、价值观等多方面的要素。综合表现为四大要素，即语言能力、文化品格、思维品质和学习能力[3]。四大要素相互作用，融合互通，统一为英语课程的总目标服务。

英语教育迎合时代的步伐，以核心素养为中心承担培养人才面向全球的能力，是2018年TESOL中国大会的主旨。在现阶段英语教育中融入全球胜任力的培养，是时代赋予英语教育工作者的使命[4]。面向全球视野，英语教师需要关注语言内容，同时发展思维过程。把世界引入课堂，将学生带入世界。核心素养的提出带来了教学目标、教学内容、教学方式、教学评价方式等一系列要素的转变，其中教学评价是制约核心素养培育的关键。在新的主导思想下，学习者需要动用更多的学习策略来创造性地表达个人观点，单一且富有极强甄别功能的教学评价方式必然受人诟病。因此，教学评价势必通过改革承担使命以呼应核心素养的要求。

三、教学评价依托核心素养

(一)英语教学评价现状

教学评价是以教学目标为依据，对教学活动的过程作出价值上的判断，并为被评价者的自我完善和有关部门的科学决策提供依据的过程[5]。教学评价要为学生、教师及课程服务，不能仅为教育管理者所用，弱化教学评价本身的功能和作用。评价模式和考核方式对教学有着明显的反拨作用，教学评价体系构建不健全，导致了学科核心素养发展难以实施的局面。当前我国英语教学评价体系主要存在以下问题：

(1)重视知识评价而忽视情感需求。传统教育观念下，知识目标的达成被看作一堂好课的重要指标，学生将教授的知识掌握了，目标也就达成了。教师应该关注学生的发展，这包括学生知识水平的发展，当然也应该囊括认知、情感、态度的发展。

(2)轻视形成性评价。形成性评价的目的是为了在教学活动中收集信息，通过阶段性测评使教师及时反思教学策略，同时也帮助学生调整学习策略。但在实践中，教师以及教育管理者都将更多的精力投入到学科的终结性考试上，没有意识到评价的发展性作用。教学评估既然是一个过程，就应该随着课程的进程不断推进，长期监控学生以及教师的变化。

(3)无视学生的个体差异。教学评价通常使用同一指标衡量完全不同的学生个体，这当然适用于全国范围内的入学考试或世界范围内的等级考试。但在核心素养的视角下，一个学生就代表一个背景，教师绝不应该一概而论，仅仅采用普遍适用的评价方法。

(二)教学评价变革方向

1. 教学评价理念的转动

英语学科标准化测试难以从根本上促进学生终身发展，只有求助于良好的教学评价，才能发挥教学评价的正能量，消除教学评价的负效应，将不良影响控制在最低范围[6]。教学评价理念是一切教师行为的指南针，关注结果的教师教学评价理念蒙蔽了教学评价的本质，使其丧失发展个体的机会。教师应转变评价理念，重点着眼于学生的学习及思维过程。例如，在课堂中进行提问，教师不能只对学生的答案进行回应，应当考察学生的思维动态、思考过程、思考的积极性以及回答的积极性，关注学生的语言表述能力。让学生意识到自己才是学习活动的主体，反思自己的认识与理解，对自己的学习成就和付出作出监控。核心素养涵盖众多内隐性要求，教师通过书面作业以及普通外部观察难以监控，这就需要教师持续观察学生，并针对每一阶段学生发展的特殊性进行及时反馈，这一过程的落实事实上也促进了核心素养评价指标的细化。

例如在教授课本阅读时，教师应关注课堂活动的内涵是否能真正刺激学生的学习过程发生。针对阅读问题，不能满足于学生对阅读内容的意义理解，通过对内容理解的提问实施评价。只有当学生通过持续学习，能从停留于英语文本的表层含义到开始关注单词所指，从关注结果到监控自身学习过程时，教师才能定义学习在发生。这样一来，教学评价理念的改善才有机会契合核心素养旨在提升学生综合素质和能力的目的。

2. 教学评价方式的多元化

多样化的评价方式要以学生个人为本位，尽量引入学生自评模式。在课程开始前，教师不妨将自己设定的过程与方法、情感态度与价值目标告知学生，使学生在学习时能够跳出教学内容中单词、句型、语法的限制，在课程开始前与教师共同制作量表，明确在课程结束后“我能做什么”。在之后的评价过程中，学生检测自己的完成情况，通过以水平为本的评级给自己划分等级，教师通过叙述性评级，对学生的表现进行书面或口头描述。

另一方面，教师掌握学生对具体知识的需求相对容易，但学习经验的积累与情感上的体验只有学生自己最清楚。因此，教师要主动给学生评价自己的机会，让学生对自己的教学进行评价，有效刺激他们专注倾听。学生作为评价过程的主要参与者，具有更高的主观能动性，通过评价教师进一步了解评判标准，知晓教师日常评价自己的思维过程。学生会从评价中获得思考，在日后学习中运用相似的策略评价、监控自己的学习活动，及时进行自我反思。

3. 教学评价文化意识考核的纳入

由于内容抽象、评价考核标准不明、教师缺乏文化意识等原因，文化意识作为英语学科核心素养的重要组成部分极易受到忽视。学习语言要了解其背后承载的文化内涵，使文化内涵助力语言学习和思维品质的培养。文化意识包含文化知识、文化理解力以及跨文化交际的意识及能力。表现为对差异的宽容，对不同文化背景成员的理解以及对自身文化价值观念和行为方式的感悟[7]。通过对学生文化意识的监控，能够使得其更好地完成文化知识积累，在尊重的基础上理解异国文化，从而逐步形成跨文化交流能力，获得综合素质的提升。

张士一的“外语情境教学理论”强调学习一种语言是学习一种对于情境的反应，教学一种语言是教学一种对于情境的反应[8]。语言应该当作情境的反应来教，教师应有意识创设情境，刻意增加高质量多途径的输入，以保证学生有效的语言输出，将文化意识纳入评价体系，在真实情境中考核学生，看他们是否具备完成语言交际任务的能力。以人教版初中英语九年级课本单元“I think that moon cakes are delicious”为例制作考核表。(见表1)

表1　单元学习考核表

考核内容	学生评价	教师评价
我能用英语描述中秋节的风俗		
我能用英语描述万圣节与圣诞节的风俗		
我能知晓中国传统节日背后的文化内涵		
我能知晓西方传统节日蕴含的价值观		
我能感受中西方文化的差异		
我能意识中外传统节日的文化都有需要扬弃的部分		

该单元的文化意识内涵突出，因此教师在考核时，应该着眼于学生对文化的敏感性，考察他们探究文化内涵的能力，借此深化学生对语言的理解和赏析能力。

四、结语

基于当前英语学科教学评价现状，通过一系列变革达到以评促教和以评促学的最终目的，从而贯彻落实“教育要培养什么样的人”的问题，才能体现教学评价通过评价现状促成改进的基本作用。核心素养作为学习结果的关键性体现，现有局限为学科知识与认知领域的考核方式难以把握。只有跟随学科核心素养课程体系，依托新的教学评价理念、方式、内容，找准实践道路，才能同新课程改革联动，促进学生个性发展和自我反思，为其终身发展提供动力。

◎ 参考文献

[1] 施久铭. 核心素养：为了培养“全面发展的人”[J]. 人民教育，2014(10)：14-15.

[2] 韩宝成，刘润清. 我国基础教育阶段英语教育回眸与思考(一)[J]. 外语教学与研究，2008，40(2)：150-154.

[3] 中华人民共和国教育部. 普通高中英语课程标准(2017 年版)[M]. 北京：人民教育出版社，2018.

[4] 刘森. 基于学科核心素养的英语教学——2018 年 TESOL 中国大会带来的思考[J]. 教师教育研究，2018(05)：56-60.

[5] 李允. 课程与教学论[M]. 北京：北京大学出版社，2015.

[6] 李如密. 教学评价教育：大有可为的教育评价新课题[J]. 教育评价与测量，2014(5).

[7] 谭文厚. 高中英语教学中文化意识核心素养的养成策略[J]. 课程教育研究，2018(25).

[8] 陈艳君，刘德军. 基于英语学科核心素养的本土英语教学理论建构研究[J]. 课程教材教法，2016，36(3)：50-57.

高中英语阅读中德育渗透研究

戈　云

（江汉大学外国语学院　湖北武汉　430056）

一、引言

党的十九大明确指出："要全面贯彻党的教育方针，落实立德树人的根本任务，发展素质教育，推进教育公平，培养德智体美全面发展的社会主义建设者和接班人。"在《普通高中英语课程标准(2017)》中，第一条基本概念指出："发展英语学科核心素养，落实立德树人的根本任务。普通高中英语课程具有重要的育人功能，旨在发展学生的语言能力、文化意识、思维品质和学习能力等英语学科核心素养。实施普通高中英语课程应以德育为魂、能力为重、基础为先、创新为上，注重在发展学生英语语言运用能力的过程中，帮助他们学习、理解和鉴赏中外优秀文化，培育中国情怀，坚定文化自信，拓展国际视野，增进国际理解，逐步提升跨文化沟通能力、思辨能力、学习能力和创新能力，形成正确的世界观、人生观和价值观。"英语学科作为有着鲜明西方色彩的学科，在学习的过程中，为了更好地了解目的语国家的语言使用习惯，学习者不可避免地接触到相关的文化，并且对相关文化习俗进行深入的学习。在高中阶段，学生的认知水平有了一定的提升，在学生最常接触的阅读教学中进行德育的渗透可以达到理想效果。

二、国内外研究现状综述：英语教育与德育的关系

(一)国外研究现状

“德育”这一概念最早来自近代西方，在19世纪中期，斯宾塞的《教育论》一书中将教育分为“智育”、“德育”和“体育”。由此，“德育”这一概念首次出现在研究者视野中。语言是指描述人类经验与对世界认识的方式，同一语言社区的成员有着共同的信仰和理念，由此产生在社区内可以通用的语言。因而，语言与文化不是互不相干的孤立的对象，它们是紧密联系在一起的。

在近几年的国外研究中，学者的关注点主要集中在儿童道德的培养方式上，用案例、文学作品或者例子来研究德育在日常教学中的实行情况和基于德育提出的最好的学校活动。在Oliver B. Bridge(2018)的论文中，他主要讨论了关于儿童道德发展的新视角，即通过真实的道德活动来发展儿童的个性。在Helen Welch(2019)的文章中，他指出通过英语文学作品来培养学生的道德。但国外研究大多基于他们本土的德育培养情况，中国研究者在参考外文文献的同时，不能盲目照搬，而是应该根据本国德育的具体情况来进行选择。

(二)国内研究现状

在国内研究中，关于德育在英语阅读教学中的渗透的文章数量并不多，这主要是由于研究者对德育的概念把握不清导致难以对该论题进行深入研究。国内的研究主要偏向于用案例来分析阅读教学中德育的渗透。在高攀(2016)的文章中，他以山东省2016年高中英语德育优秀课例观摩为例，探索高中英语阅读教学中情感和德育结合的有效途径。该文章以大量的课本案例来论说德育在教学中的渗透方式，但他将情感教育和德育的概念二分化，使得德育这一概念更加让读者迷惑。

《普通高中英语课程标准(2017)》特别强调了德育的重要性，同时也指出英语语言学习的重要性。这一导向性文件更加指明了英语教育与德育密不可分的关系，同时也为英语教师处理英语教育与德育的关系指明了方向。在加强语言学习的同时，更要注重道德的培养和塑造，坚持文化自信，以一种开放包容的心态去对待不同文化道德之间的冲突，坚定自己的立场。

英语语言作为一种西方语言，有着强烈的西方文化色彩，同时带着浓厚的西方道德评价标准。为了更好地学习和掌握目的语，学生不可避免地要浸入西方文化中。国内英语教师在教授中为了使学生能够更好地学习英语，不得不呈现一些西方的思维方式和价值观。在处理这些语言与文化背后所蕴含的道德层面的问题时，如果英语教师稍不注意，可能就会无形中将西方的一些价值理念和体系带入现今的教学中。针对国内这一现状，探讨高中英语阅读教学中的德育渗透成为一个重要的论题。

三、当前高中英语教学中德育渗透的现状

(一)高中教师自身难以处理英语教学与德育的关系

在高中英语教材中，为了追求材料的真实性和可信度，很多材料都来自原创外文，或者是在原创外文的基础上稍加改编。在这种情况下，西方文化已经不知不觉地渗透在日常的教学中。学生在学习的过程中，不自觉地认同和接受英语中包含的文化和价值观念。此外，教师大量接触英语，在潜意识中便会对语言产生高低之分。在教学中，教师通过教英语，让学生知道英语是世界上使用最广和最普遍的语言时，学生便不自觉地认为英语的地位高于其他语言。语言是带着自身的政治力量的，语言在世界上的不平等分布导致了政治力量的不平等分布(H. Douglas Brown，1997)。同时，一些西方的价值观念和价值体系并不能很好地适应中国的国情。学生在看到英语语言中所倡导的“平等民主”时便会

忽略其背后强硬的政治法治。西方文化习俗的传入也使学生忘记了属于中华民族自身的文化骄傲和文化遗产。教师如果没有足够的民族文化自信的底气，不仅不能很好地处理英语语言教学与道德的关系，而且可能使学生也丧失对自身民族文化的认同感。

(二)学校英语教育的目的性弱化了德育

即使“素质教育”的概念已经提出来很久了，但在中国当前的教育体制下，学校英语教育依然是注重基础知识的发展，而忽视道德教育的发展。对于高中生来说，高考的竞争压力更是一个沉甸甸的担子。学校教育需要追求升学率，因而教师在教的过程中更多地将重点放在核心语法和词汇上，对于每篇文章背后所蕴含的道德价值和道德观念弃之不顾。学生在学习的过程中，铆足劲去打牢基础知识，不去理会阅读文章背后的道德观念。很多时候，德育只是在专门的德育课上才进行系统的阐述和解释。但在日常的各科教学中，德育就蕴含在其中。尤其对于英语学科来说，考试只是一种检测英语学习的方式，并不是英语学习的最终目的。英语作为语言，其背后所蕴含的文化是值得挖掘和思考的。句子和语法层面的东西只能让学生认识语言，篇章背后所蕴含的理念和文化才是学会语言的关键。这种带有功利性的学校教育把学生当作了知识接受容器和考试工具而忽视了对学生非智力因素的开发，即只注意了学生对学科知识的掌握而未注意对其品德的培养和人格的塑造，这种教育给德育造成了很大冲击(吴萍莉，冯雄，2008)。

四、在高中英语阅读中渗透德育的方法

(一)在教学中挖掘文本，发现德育因素

布鲁姆将教学目标分为三大类：认知领域、情感领域、动作技能领域。教材是教师进行教学活动的主要载体。教师在制定教学目标时，必

定会制定情感目标。情感目标的制定是实现道德教育的最佳方式。

教材文本中包含着丰富的德育内容，教师要善于挖掘教材中的德育因素。在制定教学的情感目标时，教师应该深刻分析教材中蕴藏的德育因素，做好制定和规划。例如高中英语必修一第一单元"Friendship"，教师在制定目标时就要将友谊的重要性，保持友谊的方式，对朋友不能撒谎等道德层面的内容纳入目标制定。教师要充分结合高中英语阅读教学中的不同主题，挖掘教学内容所蕴涵的德育资源和育人价值，把育人目标有机渗透到教学过程中，恰当地处理语言知识教学、跨文化意识培养与德育的关系，注意将积极的情感、端正的态度和正确的价值观自然融入教学全过程，特别注重在教学各个环节培养和提升学生的思想品质，使学生在接受知识的同时，感受一次又一次的精神和思想的洗礼。

(二)在教学中培养学生，认可本族文化

在英语充斥于课堂教学的时代，学生几乎时时刻刻都被英语环境所包围着。为了提升英语语感和相应的语言知识技能，学生不仅在课堂上学习英语，在课下也常常采用英语为先的方式。例如，听歌时刻意挑选英文歌曲来训练自己，看电影时刻意挑选英文视频来锻炼自己的听力，用各类 APP 去记忆单词等。这些行为在一方面说明了学生善于利用课下时间进行英文的输入，但也充分说明了学生刻意地去过度接触西方文化而忽视本民族文化的发展。学习英语不仅仅是为了理解西方文化，学习西方先进科技，更重要的是为了讲好中国故事，推动中华文化走向世界。在高中阅读教学中，除了要培养学生的跨文化意识，还要注重宣扬本民族文化，利用合适的阅读文章去激发学生的爱国主义精神和集体主义精神，让学生认识中华文明之美。

因此，教师在英语教学中应注意培养学生的文化自觉和文化自信，倡导跨文化英语交际，使学生既能运用英语流畅地讲解西方文明，也能运用英语流畅地讲解中国文明。教师在英语教学中一定不能因为强调国际和全球视野而忽视了本土立场和本国文化。

(三)在评价中渗透德育，做到言行一致

评价是教学活动中不可或缺的一个重要环节。在我们的教学中，我们不可避免地要对学生的学习和行为进行评价。在现行的教育系统中，评价方式有很多种，例如形成性评价和总结性评价。在评价的过程中我们需要关注教师和学生两个方面，做出相应的评价来促进教学的进步。

传统的评价方式过多地关注学生的知识水平的发展，基本知识的掌握，很少将道德的发展作为衡量学生发展的一个标准。这种传统的评价方式导致学生只注重知识的发展，忽视自身道德素养的培养。我们会以学生是否掌握了某一知识点来评价学生这一节课或者这一段时间是否进行了有效学习。学生在这种教育评价体系下，只会考虑知识的掌握，而对自身的思想和行为却不在乎。学生可以用标准答案来对待教师的问题，但当面临实际问题时，却总在犹豫彷徨中走向道德的另一面。

因此，为了将德育更好地渗透于高中英语教学之中，德育教育也必须渗透于评价这一环节。教师做课堂评价时要考虑到学生的思想与言行的一致性，不仅对学生所掌握的知识进行评价，还要对他们的情感目标的实现情况进行评价，并对他们在实际行动中所表现的道德行为进行评价。

五、结语

英语语言知识素养与道德素养是英语教学研究中不可跳过的话题。在当今呼唤道德素养发展的时代，英语语言教育者有责任和义务去推动二者的平衡发展，在英语教学中渗透道德素养的教育。高中生正处于树立正确的人生观、世界观和价值观的关键时期，在高中英语阅读中渗透德育不仅可以让学生学知识，更能塑造学生正确的道德观。面对当前英语语言教育与德育的分离现状，本文提出了挖掘教材中的文本因素；在教学中培养学生认可本族文化，增强学生的文化自信和文化自觉；以及

在评价中渗透德育，做到言行一致的三点对策。

◎ 参考文献

[1] Oliver B Bridge. New perspectives on young children's moral education: developing character through a virtue ethics approach[J]. Journal of Education for Teaching, 2018, 45(2): 236-238.

[2] H Douglas Brown. 变化中的 TESOL：教师教育的挑战[M]. 上海：上海外语教育出版社，2017.

[3] 中华人民共和国教育部. 普通高中英语课程标准[M]. 北京：人民教育出版社，2018.

[4] 刘成全. 在初中英语教学中渗透德育教育的有效策略[J]. 课程教育研究，2017(41).

[5] 高攀. 高中英语阅读教学中的情感教育与德育渗透探究——山东省2016年高中英语德育优秀课例观摩感悟[J]. 英语教师，2016，16(19)：61-63.

[6] 梁健兰. 新课改下高中英语教学中的德育渗透探究[J]. 西部素质教育，2015(10)：63-65.

[7] 申平平. 德育教育视域下大学英语教学研究[J]. 兰州教育学院学报，2015(8)：131-132.

[8] 吴萍莉，冯雄. 中学英语教学中的德育渗透研究[J]. 当代教育论坛(学科教育研究)，2008(12)：77-79.

[9] 秦国芳. 初中英语教材德育因素的渗透[J]. 教学与管理(理论版)，2003(3)：78.

武汉市中考英语阅读测试对教学的启示

华宇婷
（江汉大学外国语学院　湖北武汉　430056）

《义务教育英语课程标准(2011年版)》提出构建体现英语课程的工具性和人文性双重属性的英语课程总目标，使英语课程“既有利于学生发展语言运用能力，又有利于学生发展思维能力，从而全面提高学生综合人文素养”。阅读教学的主要任务是基于语篇信息的理解与表达能力的训练，但有些教师在教学中却只重视词汇和语法知识的讲解与分析，这既违背了语言学习的规律，又阻碍了学生语言运用能力的提高和思维品质的发展。

一、中考英语阅读考查目标

《初中英语课程标准(修订版)》(以下简称《课标》)对中学生阅读理解能力的部分目标要求如下：“应具有较强的推测能力；能根据上下文信息和构词法推测出文章中生词的含义和基本信息；应具备较强的逻辑能力，能准确理解阅读中各个段落和句子之间的逻辑关系；应具备较强的归纳能力，能归纳出阅读文章的主题和中心思想，理解文章主题和故事情节并对故事的发展和可能的结局做出合理的预测；应具备基本的阅读素养，能读懂常见的阅读题材和阅读材料；应具备较强的学习能力和总结能力，根据长期的阅读积累总结基本的阅读技巧，并根据不同的阅读目的将这些技巧运用到阅读中顺利解题，完成阅读要求。”

考试评价是英语教学的重要环节之一，其对日常教学过程和结果起到监控作用。英语课程标准明确要求中考考试的内容和标准应依据英语课程目标而制定，通过考试反馈教学情况，做到教、学、评的统一。

依据《课标》要求，中考阅读测试题的设计要以能力立意，通过考查学生理解文章表层信息的能力，如主旨大意、细节信息、事情发生的顺序、猜词等；理解文章中作者的观点、态度等深层含义的能力；语篇分析能力，如能理解段落中各句子之间的逻辑关系以及句子的衔接手段等，达到考查学生语用能力、文化知识和思维品质等学科素养的目的。

二、基于能力培养与学科素养的中考英语阅读试题分析

（一）中考英语阅读语篇的筛选

为了确保考查的信度和效度，近几年武汉市的中考阅读语篇材料的选择题材丰富、体裁多样(见表 1)。以此引导教师培养学生思维品质，发展学生阅读策略，引导学生关注生活、关心时事，增加课外阅读量。

表 1　2015—2019 年武汉市中考阅读题信息一览表

	A 篇	B 篇	C 篇
2019	小广告——探索旅行	荷兰科学家设计出一种减排自行车	“我”不在意他人想法，成为推理悬疑小说家的故事
2018	小广告——长城观光	12 位中国初中生体验卖菜生活	“我”和朋友遇到雪崩，幸运逃生的故事
2017	小广告——喂鸟	5 岁小男孩开车带妹妹找妈妈	丝绸之路的故事

续表

	A篇	B篇	C篇
2016	小广告——伦敦眼观光	小男孩保护生态环境	一个学生选择支持的球队的过程中所发生的故事
2015	新闻报纸——招聘兼职	小男孩因病去世将心脏献给了他得重病的朋友	事业成功女商人找到经理，然后退居二线花更多时间陪伴家人的故事

(二)试题分析

以下通过对近几年我省中考英语阅读典型试题的分析，探讨英语阅读在考查学生阅读能力与思维品质方面的作用。

1. 考查学生理解文章表层信息的能力。考查学生运用 skimming 理解文章主旨大意，用 scanning 理解细节信息，用 guessing 猜词等阅读策略。

例 1. The best title of the passage is ____________. (2017 C 篇)

A. Stories along the Silk Road　　B. Silk Road Museum

C. Trade for Silk　　D. The West and the Far East

文章主要介绍了丝绸之路是中国和地中海国家之间的重要的商贸路线，起源于西汉时期，已经有3000多年的历史。现在中国正在建设"一带一路"，且正在变成现实。文中的第一段"The Silk Road is the name of … which is from the West and the Far East"是本文的 topic sentence，因此学生只要能找到主题句，就能推断出文章大意，选出能概括文章大意的 A 项。

例 2. We may get the advertisement above ____________. (2017 A 篇)

A. on television　　B. in the kid's cartoons

C. in the *Go Wild* newspaper　　D. in primary time

本篇是发布在 Primary times 的一则广告。根据图片最上方的内容"October half term issue Primary times"可知广告的发布位置，得出选项 D 是正确选项。

例 3. The underlined word "Merchants" in the passage probably mean ____________. (2017 C 篇)

A. foreigners　　B. businessmen

C. soldiers　　D. prisoners

本题是考查词汇题，根据文中的后面句子"They also carried and traded other things like spices, cloth, jewels and gold. Along and around these ancient paths (小路), have come many fascinating and mysterious stories."他们也携带和交易其他东西，如香料、布、珠宝和黄金。沿着这些古道，有许多迷人而神秘的故事，可知"merchants"指的是商人，故答案是 B。

2. 考查学生对文章深层含义的理解。这类试题主要考查学生通过阅读获取信息，以及加工、分析、比较、判断、评价等信息处理能力。

例 4. We learn from the passage ____________. (2016 C 篇)

A. Friends always choose different teams to support.

B. Only 32 cities in America have their own football teams.

C. Some people choose a team to support as their parents do.

D. Football teams are just popular with the people of their hometowns.

考查概括归纳题。从文章第一段"Some people choose the team of their hometown, or where they now live or the team that their parents or their friends"中我们可以了解到不同的人选择所支持的球队时选择不同。故选 C。

3. 考查语篇分析能力。语篇分析是指通过分析语篇结构、内容、逻辑关系理解语篇的能力。如通过一些语篇标记做判断。

例 5. According to the passage, Andrew ____________. (2016 B 篇)

A. Was good at going door-to-door

B. Got in no touch with the reporters

C. Usually acted like a person much older

D. Was praised by his teachers and classmate

考查推理判断题。根据倒数第三段“Andrew's teachers described him as gentle, shy and active. His classmates also admired how much he knew about local animals and plants, and the environment.”可得到答案D，说明老师和同学在知道他的事迹后对其进行了表扬，其他项也可以根据排除法排除掉。

三、中考英语阅读对教学的启示

综上所述，中考英语阅读测试并不侧重考查语言知识，而是侧重考查学生在各种题材和体裁的书面材料中获取信息，以及加工、分析、比较、判断、评价信息的处理能力。因此，教师在教学中应积极探索，改革教学方法，努力适应素养时代英语课程对教学的新要求。

1. 教师要适时改变传统英语阅读课讲解课文、分析语法、教授词汇的方法，要将阅读教学从注重知识点的学习与记忆上升到语篇整体教学中，做到从整体把握到细节把握，从表层理解到深层理解，从碎片化到结构化的转变。

2. 课前教师要从作者写了什么(what)、为什么写(why)以及怎么写(how)等方面对文本进行深度解读，并以此设计阅读任务，帮助学生达到深度阅读。

3. 读前阶段应激活学生对语篇话题心理图式，让学生通过已有的知识和经验，通过文章标题、插图等信息预测语篇大意。

4. 读中阶段应通过让学生用 skimming, scanning, guessing, inferring 等阅读策略理解文章主旨大意和细节信息，根据上下文语境猜测词义，推断作者传达的观点、态度及价值观。

5. 读后阶段要注重由理解技能转向话题表达技能的训练，要基于语篇话题进行拓展，设计说和写的语言表达活动，以读促说，以读促写。

6. 要重视和落实学生课外阅读，通过课外阅读，让学生接触大量的不同题材和体裁的语篇，丰富知识，拓宽视野，从量变到质变，发展学生阅读策略和思维品质。

◎ 参考文献

[1] 中华人民共和国教育部. 初中英语课程标准(修订版)[M]. 北京: 人民教育出版社, 2016.

[2] 张必隐. 阅读心理学[M]. 北京: 北京师范大学出版社, 2003.

[3] 程晓堂, 陈芳. 英语中考语言知识运用试题研究: 以 2009 年部分地区中考英语试题为例[J]. 基础教育课程, 2010(3).

[4] 王芳. 优化阅读课教学设计　培养学生思维能力[J]. 文学教育(下), 2018(11): 147.

[5] 石锡伍, 林雪玲. 注重基础　凸显能力　引领教学——福建省 2017—2018 年中考英语试题评析[J]. 福建基础教育研究, 2018(11).

[6] 王素. 初中英语阅读教学有效性的实践与探究——以北京地区普通学校初中英语阅读教学为例[D]. 北京: 首都师范大学, 2013.

[7] 李洪德. 图式理论与英语阅读教学[J]. 世纪桥, 2012(7).

[8] 成文. 以学生为中心的初中英语阅读有效教学研究[J]. 淮海工学院学报(社会科学版), 2011(11).

[9] 陈芳. 论初中英语阅读教学的有效性[J]. 新课程(教育学术版), 2009(11).

[10] 王佳娣. 将课外阅读纳入英语阅读课程体系的可行性分析[J]. 湖南第一师范学院学报, 2008(1).

高中英语阅读教学中学生自主学习能力培养策略

——围绕主题，构建信息主线

黄　琦　刘秀莲

（江汉大学外国语学院　湖北武汉　430056）

《普通高中英语课程标准（2017 年）》明确指出，“高中英语课程的总目标是培养具有中国情怀、国际视野和文化沟通能力的社会主义建设者和接班人”。[1]高中阅读课应以主题为引领，语篇为依托，在分析问题和解决问题的过程中，培养和提高学生的核心素养，引导学生正确看待我国文化和其他国家文化，用辩证思维看待不同文化，加深学生对周围世界的理解，同时在情感、态度和价值观等方面有所收获，实现育人目的。

学生被动接受知识，光听不实践很容易忘却。只有经过自己的思考和亲身体验才能记忆深刻。如何让学习真正地发生呢？教学是建构知识的过程，教师应重视学生主动学习知识的过程。在高中英语阅读教学中，教师应基于不同语篇，根据学生实际情况，深入解读文本语境，准确把握主题意义，有选择性地进行不同的教学设计，利用教学活动引导学生积极主动探索，根据文章主线引导学生自主学习，利用直观的可视化信息，将隐性的思维显性化，让学生把自己的思维逻辑整理出来，在课堂中教书育人。本研究将以人教版英语必修 3 第五单元 *Canada* 中的 *A Trip on “The True North”* 中的部分语篇为例，就如何在阅读教学中培养学生自主学习能力展开论述。此篇加拿大游记，基于时间、空间的主线展开，介绍两姐妹乘火车从温哥华自西向东横跨加拿大到大西洋沿岸的一趟旅游经历。本文笔者将从围绕主题创设真实情境、引导学生运用 skimming 和 scanning 技巧构建信息流和基于主线建构思维导图、升华主题这三个方面设计此次教学活动。

一、读前：围绕主题创设真实情境

Hymes(1972)认为语言规则脱离真实社会环境中的语言运用将毫无意义；语言是一种社会文化现象，语言运用的观察和理解必须依托真实的社会环境。[2]基于此理论，笔者将从以下几个方面积极创设语言体验环境，激发学生的学习热情和兴趣。

(一)导入国歌

尽管每个人的知识背景、思维习惯、观察问题的角度不同，但在文本的解读中对背景或语言使用环境的需求，有利于所有学习者构建其认知，并对文本产生深刻理解。因此，教师可以先播放加拿大国歌，让学生通过听歌曲进入真实情境。用让学生预测课堂内容的方法在学生原有图式基础上导入，紧紧围绕单元和文本话题，激活学生认知图式，激发学生兴趣，展开发散性思维。国歌指向一个主题 Canada，避免了导入活动脱离主题语境，从而让学生轻松进入文本学习，唤醒学生相关知识和经验，有利于学生在真实的情境中学习和使用语言。

(二)引导学生观察加拿大地图

主题是语篇的灵魂，围绕主题，结合真实情境提供选项，这些方法有利于培养学生的观察力、分析力和解决问题的能力，学生在解决问题的过程中学习效果最好。因此，创设与实际生活相关的新情境，激发学生用英语表达的欲望，能为学生创造语言输出的机会，帮助学生内化已掌握的语言知识。

教师围绕主题，提供真实的加拿大城市和动物等选项信息，引导学生结合选项信息读加拿大地图，让地图与实际生活相联系。学生可以在已有的学习基础上结合新知识进行思考、自主表达。教师试图将课本读前热身中的测试题与课文 Reading 部分的部分内容糅合，设计如下十个选项，直接切入主题。完成课本读前活动中的第二个问题：

If you take a trip to Canada, what do you think you might see there?

Look at the map, use what you already know and discuss Question 2 in pre-reading in pairs: What will you see in Canada?

A. Vancouver　　B. Toronto　　C. Grizzly bear

D. Beaver　　E. Calgary　　F. Michigan

G. Polar bear　　H. Maine　　I. Penguin

J. Lake Superior

借助于地图的展示，学生可以很直观地找到答案。抽象的信息变得生动而又具体，学生的记忆也变得深刻起来。

让学生自主学习，教师并不是放手不管。若只提供相关选项，学生的自主学习不会有预期的较好的产出，反而会让学生感受到新知识和新文化带来的压力。教师可以提供“脚手架”——为学生提示对话的句型，满足学生想学习新知识的“饥饿感”，缓解学生的压力。如：

A: What do you think you might see in Canada?

B: I might see Vancouver.

A: What is Vancouver?

B: It's a big city. I can see it in the southwest of Canada。

在教师提供的语言支架下，学生的积极性被调动起来，完成任务变得可行。学生仔细观察地图，在真实情境中展开英文对话，自由交流，自主学习，提高语言运用能力。对话中，学生在思维相互启发的作用下产生灵感，使思维快速发散，这也有利于其在教师的点拨下将零散的知识与主题联系，从而培养发散思维。随后，学生代表在相对宽松的条件下，展示与主题相关的对话成果，体验成功运用语言的快乐。对于学生随机的课堂生成，教师应以鼓励为主，并进行适当点拨。

接下来，教师导入课文 Warming up 部分的 Quize，展示选项中的加拿大城市、动物、领导人等真实图片，增强主题意义，激活学生认知图式，让学生在熟悉加拿大地图的基础上，进一步了解加拿大文化，在真实情境中进入阅读。在这一活动的设计中，围绕主题“Canada”铺垫必要的语言和文化背景知识，为无障碍阅读做好准备。

二、读中：引导学生运用 skimming 和 scanning 阅读技巧构建信息流

阅读素养概念强调在社会应用情境中的意义建构，认为阅读是读者在与文本、与作者、与他人、与自己的交流互动中，建构意义的过程。[3]高中英语阅读课堂不仅要引导学生学会阅读不同文体的语篇，更要通过阅读学习英语，发展独立思考、构建结构化知识的高阶思维。只有在学生利用已有知识建构新知识，对自我的学习开始观察、内省、总结、迁移，真正的学习才会发生。笔者试图以主题为基础，通过以下阅读活动，帮助学生构建信息主线。

(一)用 skimming 把握主题思想

为了培养学生的自主阅读能力，在日常阅读学习过程中，教师应“放手”，给学生足够的自主阅读时间和空间、主动思考，实现无干扰阅读，培养学生学习的专注力和独立性。[4]学生在无干扰自主阅读的情形下，自主分析和计划、自主监控和探索、自主反思和质疑、自主调节和实践、自主评价和创造，根据自己的理解自主获取、分析和概括，适度评价，实现主动积极的学习。[5]

在例文中，游记通篇围绕“Canada”这一主题，根据乘坐“The True North”在 Canada 旅游的时间线索展开。教师针对标题“A Trip on ‘The True North’”提出问题，如“What’s the meaning of True North?”及“What will the text talk about?”，以此来激发学生兴趣，让学生带着问题整体阅读语篇。在使用略读(skimming)阅读技巧之前，教师提醒学生，注意文章每段首尾句的同时关注时间顺序。此篇文章比高考阅读语篇长，教师应给学生充分的时间展开无障碍自主阅读，学生在听国歌和看地图的已有经验中，从整体上宏观把握语篇，通过分析和概括，能迅速抓住文章主题“Canada”。

(二)用 scanning 建构信息流

主线是指文章内容的呈现结构和逻辑线索的设计思路，主线的提炼应基于文本的主要内容、文本结构特点和所要探究的主题意义。[6]这篇加拿大游记，以旅游路线的时间和空间变化为明线展开，教师引导学生跟随作者的脚步开始在加拿大的长途旅行。

在查读(scanning)环节，教师让学生列出文中提及的城市和地方，并在地图中将其标出。然后，学生按照时间顺序自主探究，画出路线图。探究式学习注重对过程和概念的探究与发现方式，是学生获得结构化知识、发展分析问题和解决问题能力的主要途径。[6]教师围绕 Canada 主题，通过调动学生观察、建构文本信息，激发学生思维的灵活性和多元性，激活学生已有图式，注重语篇分析，围绕主线构建结构化知识，培养学生的阅读技能。

学生通过把握住文本主题，积极主动地进行探究学习，根据旅游类文章的时间顺序，通过旅游路线图梳理并组织信息，分层整合时间、路线、见闻和感受等相关细节信息，深入解读文本，理清文章的脉络，建构结构化知识，进一步提炼和整合加拿大国家概况，梳理出文章旅游路线这一主线。Lewis & Smith(1993)认为，当一个人为了达到一个目的或者在复杂的情形中找到可能的解决方案，在处理新的信息和储存在记忆中的信息时，将这些信息相互联系、重组或者拓展，那么高阶思维就发生了。[7]清晰的主线可以将看似无关的文字串联，让碎片化的信息点、段落和篇章产生意义上的联系，促进学生深层次阅读，整体上感知文章，内化所学，培养学生阅读的高阶思维。此时，为了观察学生自主学习效果，可以设计以下两个环节：(1)在学生完成路线图后，请两位路线图不同的学生将路线图呈现于黑板；(2)让其他学生将自己的路线图与黑板上的路线图做对比。有不同意见的学生，呈现自己的路线图并根据课本给出理由或者在路线对比后进行订正。

学生代表展示自己的路线图后，教师并不给出正确答案，不对学生的路线图进行订正，而是让学生带着疑问——“我的路线图是否正确”，自我订正或相互讨论后订正并再次回到文章展开阅读，体现学生课堂学习的自主性和主体性，促进学生逻辑思维和学习能力的发展，培养学生的自主阅读能力。根据空间主线，先到哪个城市，后到哪个城市，厘清信息间的关系。学生使用目的语交换观点，利用信息差发生思维的碰撞，在交流中深化理解，发展阅读能力，并生成批判和接受批判的勇气，并以此生成集体智慧。语言输出的过程，是学生在已有经验的基础上不断思考和选择英语表达的思维过程，他们关注于所表达内容的逻辑性和拓展性，并在表达中进一步做出决策和判断，从而强化语用意识。

如果学生画的路线图出现错误，可能是他们在阅读时观察得不够仔细，漏掉了相关信息。比如说文章中的旅游路线有 Vancouver，Rocky Mountain，Calgary，wheat-growing province 等七个点，有些学生可能只画了五个点，须再次鼓励学生进行订正。订正的过程是学生潜意识自我认知的过程和知识内化修复的过程，发现错误的过程也正是学习发生的过程。通过订正，学生可以提升自我纠错能力，并会在下一次阅读中更加仔细。学生也可以在反思中培养提高自我阅读观察能力，从而更熟悉旅游类文章的语篇结构。

三、读后：基于主线建构思维导图，升华主题

(一)构建思维导图

英语教师通过创设一系列具有关联性、综合性、实践性等特点的英

语学习活动，以促进学生学科核心素养的形成。[1]教师应从实际出发，将教育活动融入到英语教学的各个环节，实现学科育人，知行合一。

除了时间、路线这条主线，文章的暗线则是加拿大的主要地理概况(城市、人口、自然资源)、著名景点、气候以及风土人情等。教师通过让学生画思维导图让学生形成结构化知识，进一步了解加拿大文化，了解跨文化知识，吸收接纳多元文化，挖掘语篇所承载的文化价值取向，加深对主题意义的理解。笔者在此处尝试通过设置加拿大由东到西的距离等地理问题、人口问题和文章细节处填空题、打乱句子顺序重新排序题，让学生再次阅读文章。学生通过掌握词汇、句子等详细信息，在上下文情境中建立文本信息点与段落之间的联系，充分地输入信息，为创建思维导图提供信息支撑。在这一过程中，学生不断唤起原有知识，产生新知，推进思维深度，通过思维导图建立结构化知识，培养敏锐的观察力、独立的判断力和独到的洞察力，为口语输出——描述加拿大的概况做好铺垫。

(二)升华主题

深度阅读需要培养学生的批判性学习能力，分析了解作者的写作意图；了解作者的观点和态度，升华主题，培养学生运用推断、综合、评价能力，从而培养学生的文化意识感和思维品质。

英语作为国际通用语，它不仅是一个符号系统，更承载着丰富的英美国家文化。对于异文化的学习，教师应给予正确的引导。教师在引导学生深度阅读的过程中，应纵向深入挖掘语篇背后的主题内容，让学生联系自己的生活，让主题意义的挖掘服务于现实生活。教师用英文描述文本中加拿大最吸引自己的地方，积极表达自己的价值观，在热爱中国文化的同时，提高跨文化意识，认同其他各国优秀文化。随后，教师要求学生利用自己创作的加拿大文化思维导图进行语言输出。语言输出有利于学生对文本进行深层次思考，针对语篇背后的价值取向或作者态度进行推理与认证，在意义探究的过程中形成自己的价值观和立场，进行批判性思维。学生通过比较中加两国概况，形成正确的价值观、健康的审美情趣，在新语境中迁移所学内容，实现创新表达，运用语言，升华主题，育人目的得以实现。

四、结论

育人目标的实现必须依托课程核心内容。英语学科核心内容是各种以主题为引领的中外优秀人文和科学知识，多种形式的语篇和包含在语篇中的语言知识承载了这些知识。教师应以学生为主体，从育人的目的出发，落实英语学习活动观；利用英语的工具性和人文性，以主题为引领，以阅读语篇为载体，让学生有效自主阅读。学生在教师的引导下主动学习，并通过主线的建构提高高阶思维能力，实现有效探究，从而培养自主阅读、独立思考的能力。教师引导学生在自主学习、讨论、评价和鉴赏的思考和实践过程中构建新知，实现深度阅读，学习并理解语篇所承载的中外文化内涵，在热爱中国文化的同时，提高跨文化意识，认同其他各国优秀文化，树立人类命运共同体认识，达到育人目的。

◎ 参考文献

[1] 中华人民共和国教育部. 普通高中英语课程标准(2017 年版)[M]. 北京：人民教育出版社，2018.

[2] Hymes D H. On communicative competence[M]// Pride J B, Holmes J. Sociolinguistics: Selected Readings. Harmondsworth: Penguin, 1972.

[3] Fecho Bob Coombs Dawan, McAuley. Reclaiming literacy classrooms through critical dialogue [J]. Journal of Adolescent & Adult Literacy, 2012, 55(6): 476-482.

[4] 贵丽萍. 高中英语阅读教学中的自主阅读能力的培养[J]. 中小学外语(中学篇)，2019(6).

[5] 马宇艳. 大数据时代中学生英语自主学习能力策略培养[J]. 基础

教育外语教学研究，2017(10)：17-24.
[6] 王艳荣. 基于主线建构信息的学习策略在初中英语阅读教学中的运用[J]. 中小学外语(中学篇)，2019.
[7] Lewis A，Smith D. Defining higher order thinking[J]. Theory into Practice，1993，32 (3)：131-137.

多元智力理论对我国中学英语阅读教学的启示

刘丽冬

（江汉大学外国语学院　湖北武汉　430056）

近年来，我国英语基础教育取得了辉煌成就，但中学英语教育还存在某些问题，如：发展不平衡、教学观念和教学方法落后等。进入新时代后，我国的中学英语教育改革还将面临新的难题。而多德纳提出的多元智力理论，对中学英语教学改革提供了理论基础和新选择，本文主要讨论多元智力理论在我国中学英语阅读教学中的应用。

一、国内外研究现状综述

（一）国外研究现状

美国教育家、心理学家霍华德·加德纳在《智力的结构》中提出多元智力理论，他认为在多元智力理论中讨论的智力不仅仅是指智商数值，还指以一种多元、多方面的能力综合而成的包括语言智力、逻辑数理智力、音乐智力在内的能力。国外中小学在教学中非常注重多元智力理论的运用，比如在小学阶段老师会将音乐、游戏引入课堂，并带领学生进行运动和逻辑思考两种不同侧重点的能力训练。

因此在国外20世纪90年代的教育改革中多元智力理论成为教学中

的重要指导思想。由最先在幼儿园教学中的应用逐渐发展到其他教育阶段。近年来不少国际 MBA 课程也开始在教学中应用多元智力理论，以期提高学生的创新思维能力。

(二)国内研究现状

中学英语教学也涉及了多元智力理论，主要表现在以下几个方面，即通过英语教学来讨论多元智力理论的应用，以及在教学实践中提出要多元发展学生的各方面智力。比如吴书在《多元智力理论对中学英语教学的启示及其实践》一文中从启示和实践两方面分析了多元智力理论在教学模式、教学评价和师生关系上的应用。再如张培红在《多元智力理论在大学英语阅读教学中的运用》一文中从理论出发，讨论了大学英语阅读教学的现状问题，并提出了多元智力理论与大学英语阅读教学的整合策略，从八个方面分析了具体教学实践。以上研究成果都认为多元智力理论在教学运用中应将重心放在学生，同时强调教师需要因材施教，如通过丰富的课堂教学活动发展学生的多元智力，提高学生的自主学习能力和学科成绩。

二、多元智力理论及其作用

根据传统智力理论和皮亚杰的认知理论，“智力”被界定为以语言能力和数理逻辑能力为核心的、以整合的方式存在的一种能力。但 20 世纪 60 年代美国发展心理学家霍华德·加德纳对此提出了异议，他提出学界对“智力”的界定不够准确，并认为传统的智力测验方法也不够合理。在加德纳的观点中，智力是多元的，人除了言语-语言智力和逻辑-数理智力这两种基本智力以外，还有其他 6 种智力：视觉-空间智力、音乐-节奏智力、身体-运动智力、人际交往智力、自我内省智力、自然观察者智力。这 8 种智力之间的关系不是集合统一而是各自独立的，但它们在解决实际问题时相互结合，也正是因为不同人所拥有的智力组合不同，所以产生了人类之间的智力差异。

第一种智力是言语-语言智力，它指的是人们对语言的运用能力，并能灵活在各种场合用言语表达自己的想法。第二种是逻辑-数理智力，它指的是人们在逻辑关系中的理解能力，并能通过已获取信息进行推理思考的能力。这种智力也多次体现在智商测试中。第三种是视觉-空间智力，这种智力指的是人们对空间结构位置以及物体色彩的认知表达能力。在视觉空间智力的发展过程中，每个人都是从幼时开始一步步掌握对空间位置认知的能力。第四种是音乐-节奏智力，这种智力指的是人们对于音乐的感受能力，其中包含音乐的节奏感、音调和旋律等，锻炼音乐节-奏智力有利于人们右脑的开发。第五种是身体-运动智力。它指的是人们身体的协调平衡能力，在日常运动中有显著的优势。第六种是人际交往智力和自我内省智力，前者是指在与人交往时所具备的察言观色能力，具有此种智力的人往往可以有效而又恰当地给予回应。后者则指的是人们在对自身进行内部反省时的能力，这类智力能让人们更好地进行自我评价和反思。

三、多元智力理论对我国中学英语阅读教学的启示

一开始，很多国外心理学家质疑多元智力理论的科学性，加德纳也提到多元智力理论仅仅是理论构想，仍要通过更多实践研究来证明、修改和完善，甚至可能被全盘否定。然而多元智力理论在教育界掀起了一股浪潮，并很快成为当今美国和西方国家教育教学改革的理论基础之一。随着我国越来越重视基础教育改革，多元智力理论为我国中学英语教学提供了理论基础和新的发展方向。结合我国目前中学英语阅读教学现状，运用加德纳的多元智力理论，从以下三个方面讨论我国中学英语阅读教学的启示。

（一）进行阅读教学课程的改革

我国长期以来受传统智力理论的影响，学校大多专注于学生知识内容的学习，而忽视了其他方面的智力。张桂春说，多元智力理论的实质在于通过对智力的发现来拓展个体的学习内容领域和知识的表征形式，以充分地发掘出个体所隐藏的巨大潜力，最终使个体的整体智力水平得到提升。由此可知，在我国中学英语阅读教学中，为满足学生基础知识的学习并提升学生其他基础素质能力，在课程形式的设计上，不仅要考虑基础教育中所必修的课程，还要考虑将来进入社会或继续学习所需要的技能汲取。另外，学生的智力也会受到教育环境的影响，这就要求学校要有针对性和目的性地去培养学生。教师应该根据学生的智力需求，不断更新和调整英语教学课程，保证课程内容与学生的发展方向在一条线上。比如在阅读导入部分可给学生播放与主题相关的视频，由学生自己来总结视频内容。以英语人教版必修三第四单元 *Astronomy*：*the Science of the Stars* 中的阅读文章 *How Life Began on the Earth* 为例，这篇文章需要学生分别从横向和纵向来理解物种起源，教师可以在课前播放宇宙科普视频，运用分组讨论的形式引导学生分享观后感并总结内容，让学生在交流讨论中对知识进行深入理解和准确运用，从而达到提高学生阅读理解水平和阅读知识的实际运用能力的目的。

（二）树立以学生为本的教学观

从加德纳的多元智力理论出发，教学观也因此改变。学生之间的差别并不在于智力的高低，而是每个学生所具有的智力不同。“对于世界上的每一个人来说，不存在谁更聪明的问题，只存在不同的个体各自在哪些方面聪明以及怎样聪明的问题。”这为我国中学英语阅读教学提供了新的理念：以学生为本，以学生的发展为本。在这种理念的指导下，我国学校要满足每个学生的多元化发展需求，以学生为本，以开发学生的阅读潜能为目的，设置多元化的阅读教学任务，并安排与学生相契合的课程，最后有针对性地对每个学生进行教学评估。比如可以在阅读课堂上设计不同的活动来满足学生的需求，如头脑风暴、你画我猜等。由于每个学生智力的构成多样且复杂，因此在实际阅读教学中，教师可运用多元化的教学方式激发学生的智力发展。同时，应该结合学生的不同智力组合，制定个性化教学安排，保障每个学生都能在特定教学模式中发展自身智力。例如，在学习英语人教版必修二中第二单元 *Cultural Relics* 的阅读部分 *In Search of Amber Room* 前，教师可根据阅读材料提前给学生布置任务，让他们思考“Have you ever seen a piece of amber? What do you know about it?”“Look at the title and the picture of the reading passage and predict what it is about. Then skim it quickly and see if you were right”等问题。这种读前的任务可以激活学生的学习兴趣，让他们更好地进入阅读状态。这种通过开展以学生为英语教学主体的课堂阅读教学对于提升学生的英语成绩、培养学生的自主学习能力具有重要作用。以学生为主体的课堂，高度重视学生的个性思维与个人兴趣。

(三)培养学生创新能力和实践能力

在英语阅读教学中，教师对学生的培养大多停留在知识获得和能力培养的层面上。在这种教育理念下，学生容易局限于书本知识的学习，而忽视智力与实际的结合。同时，每个学生都有自己的优势，有的人在逻辑思维上能力强，而有的人则在语言上有天赋。教师需要充分利用学生的优势智力，制订适合他们的英语阅读教学方案，更要关注学生的弱势，通过设计阅读教学活动来提升能力。所有学生都是可育之才，没有智力高低之分。多元智力理论为学校培养学生的创造能力提供了理论根基，教师在教学过程中不能将阅读教学的内容重点局限于培养书面语言能力和抽象逻辑能力上。教师应进行创新，从多方面培养学生的创新能力，将教学与实际联系在一起，锻炼学生的实践能力，并时刻关注学生的体验，提倡小组合作交流学习，并逐步走向自主创新学习。

四、结语

多元智力理论拓展了智力的内涵，注重智力与现实世界的联系，充分体现了多样性和现实性的特点。在多元智力理论下，我国中学阅读教学应按照学生的兴趣和发展方向来组织进行。在课程内容安排上，教师应根据学生的身心发展特征，从学生的兴趣、需要等出发来进行设计。为了实现教学的多样性和个性化，教师还应注重师生之间的互动，合理地借鉴和吸收多元智力理论的新视角和新思路。

◎ 参考文献

[1] 霍力岩，赵清梅. 多元智力理论的评价观及其对学生发展评价的启示[J]. 比较教育研究，2005(4)：45-50.

[2] 吴书. 多元智力理论对中学英语教学的启示及其实践[D]. 福州：福建师范大学，2005.

[3] 张培红. 多元智力理论在大学英语阅读教学中的运用[J]. 金华职业技术学院学报，2014，14(3)：43-46.

[4] 霍华德·加德纳. 智力的结构[M]. 沈致隆，译. 北京：中国人民大学出版社，2008.

[5] 李玲，刘国素. 多元智力理论对中学英语课堂教学的启示[J]. 科学咨询(教育科研)，2012(6)：92.

[6] 裴新宁，张桂春. “多元智力”：教育学的关注与理解　　华东师范大学课程与教学研究所“多元智力”博士论坛综述[J]. 全球教育展望，2001(12)：19-22.

[7] 霍力岩. 多元智力理论及其对我们的启示[J]. 教育研究，2000(9)：20-23.

[8] 李晓宏. 多元智力理论及其对中国基础教育改革的启示[J]. 山西经济管理干部学院学报，2005(3)：61-63.

[9] 柳海民，孙阳春. 中国基础教育改革的理性诉求[J]. 教育学报，2005(3)：23-29.

[10] 梁文明. 谈多元智力理论给我国基础教育改革的启示[J]. 广西民族学院学报(哲学社会科学版)，2001(2)：262-264.

[11] 夏惠贤. 多元智力理论与个性化教学[M]. 上海：上海科技教育出版社，2004.

读后续写对培养高中生思维能力的策略探究

张晓娟

（江汉大学外国语学院　湖北武汉　430056）

一、引言

高中英语教学主要包括听、说、读、写四个方面，其中阅读能力和写作能力的培养是国内高中英语教学的重点，除了应对高考，读写能力的培养还能够帮助学生更准确地掌握知识和提升英语思维能力。高中阶段是学生从未成年向成年过度的重要时期，也是思维能力快速发展的重要阶段。2017 年教育部发布的新课标指出学生思维能力的发展有助于提升学生分析和解决问题的能力。对比前几年出台的课标，我们可以发现，新课标更加注重在英语教学中对学生思维能力的训练和培养。二语习得专家王初明教授在 2012 年率先提出读后续写这一新型英语学习概念，2016 年浙江省高考首次出现读后续写这一新题型，此后这一概念成为提高外语学习效率的又一有效方法。读后续写强调语言是通过“续”学会的，并称其为语言学习的“续论”。国人学英语，中式英语比哑巴英语更严重，而这正是由于我们缺乏英语思维上的理解和产出所造成的。读后续写题主要指将一篇阅读文章的后半部分截掉，保留故事情节在内的大部分内容，然后让学生进行后续故事情节和发展的续写。这种题型结合了学生对英语阅读文章的理解与产出，在读后续写中，“读”的是英文原著的标准表达，“续”的是理解上下文后，自我思考的协调和产出。正是由于这种“读”和“续”的不断输入和输出，才能在特殊语境中激起学生内在表达的动力，同时抑制母语的干扰，对学习者的英语思维能力的培养起到了关键性的作用。

二、关于读后续写的相关研究回顾

关于外语学习方法，研究者一直探讨的是什么样的学习方式能更好地培养英语学习能力和提升思维能力。显然，身处外语学习的语境，与本族语者学习交流为最佳途径。但事实上在国内，并不是每个学外语的学生都有机会进行这样的学习，中国学生的英语学习机会大多还是在课堂上。因此，王初明认为阅读外语原著和文学作品可以增强对语言的理解，是学习英语的好方法。好的文学作品不仅内容有趣，而且可以让我们熟悉地道的英文表达，对提高学生英语水平帮助很大。但是，在阅读的过程中，读者的互动是单向性的，只是读者单方面地去理解和感受作者的文章，因此这种互动的交际效率比较低，而且在阅读过程中也只存在对词语和语言表达能力的理解，缺乏及时有效的运用，从而导致英语的思维能力得不到有效提升。基于这些问题的考虑，王初明(2012)首次提出读后续写这一概念并从理论的角度对读后续写进行了研究。

读后续写的理论依据是“协同效应”。Pickering & Carrod(2004)提出互动协同模式，认为协同源于互动，是人际交流顺利进行的关键。王初明受互动协同模式的启发，将这一概念从人际互动扩展到了人与阅读材料之间的互动。当学生通过阅读前半部分故事情节去预测和续写后半段时，语言的理解性输入和思维性输出就能相互协同发生，读者和作者也能产生互动。在续写的过程中，读者不仅理解了阅读文章的相关语言知识，而且还能将学到的知识进行及时有效的运用。同时，读后续写在培养学生英语思维、提升想象力和创新能力方面都有着明显的优势。

因此，读后续写一经提出就得到了国内学者的广泛认可。学者们开始从理论层面到实证层面对“读后续写法”进行研究，研究的理论基础大都是基于“互动协同”理念。王启和王凤兰(2016)对来华的韩国留学生展开了实证研究，研究汉语二语读后续写的协同效应。结果表明，汉语二语读后续写的协同效应是十分明显的。被试者在续写任务中，可以灵活且高频率地使用原阅读文章中的词语和语言结构，并且语法合乎标准，表达地道。实验结果说明读后续写对二语习得可产生直接影响。姜琳、涂孟玮(2016)的研究将读后续写引入了外语词汇的学习，实验组和对照组的数据对读后续写的促学优势和思维能力的培养提供了明显的证据。黄贻宁(2015)将读后续写作为大学英语的教学实践课程，从思维角度看，通过续写把隐形的思维显著化，让读写紧密结合，使理解和产出更加协同交互，外语学习效率也得到了提高。凌勇(2016)以人教版高中英语教材为例，从材料的选择、思维的培养和续写的要求三个方面，讨论了读后续写训练在二语教学中的应用问题。结果表明，读后续写的训练能够提高学生的阅读能力、语言表达能力和思维逻辑的创新能力。

三、读后续写中高中生思维能力培养的策略

思维能力的发展并不是自发的，而是需要专门的有效的训练和培养。高中生的年龄一般在 15 至 18 岁之间，他们不仅能感知具体事物，还可以进行抽象的形式思维及推断。只有当学生思维能力的学习与高中课堂教学相结合，学生才能高效地投入学习当中并对学习产生浓厚的兴趣。在读后续写的活动中，学习者并不是简单被动地接受信息，而是一直积极主动地创新和探索，对知识进行理解与重组，从而培养个性化思维。因此，教师在进行读后续写的教学过程中，需要重点关注学生思维能力的培养，并不断探索培养学生思维能力的方法和策略。

(一)读后续写的情景续演

王初明(2016)在以“续”促学中提到“续”运用于理解和产出之中，续作可以分为续说、续写和续译，一共可细分为九类：听说续写、视听续写、读后续说、对比续写、读后续写、听读续写、图文续写、对比续写以及读后续译。这些方法可以根据不同学习者的特点和教学要求而作一些改变。

但以上方法并不是“续论”的全部方法。在高中英语教学中，学生善于自我表现，不仅对语言的想象和创造性感兴趣，同时也对模仿和表演有着极大地兴趣。因此在上述“续论”的方法中可以为学生搭建相应的背景和创造性的思维品台，并开展相应的情景对话，进一步衍生出“续演”。例如，在人教版高中英语必修 5 教材的第三单元 *Life in the Future* 中，教师就 Reading 部分——“李强对未来生活的描述”和学生进行探讨，模拟未来生活的情景。通过“What the life will be 1000 years later?”这一提问让学生发挥想象，尽情运用语言能力，续演出未来生活的真实场景。这个方法还可以让学生接触到他们感兴趣的英文电影和话剧。例如，在看完一半电影或话剧以后，将学生分组进行头脑风暴探讨剧中的情节发展，同时让学生扮演剧中角色，还原场景，模仿剧中人物的性格和语言特点，尽情释放自己的想象力和创造力去进行下半场的模拟表演。这种创造情景的“续演”方法让学生在英文的环境中去思考故事情节的发展，培养学生的英语思维能力，同时激发学生对英语的兴趣和热情。

(二)读后续写的英英释义

在利用读后续写培养学生思维的过程中，除了需要注重思维的深度和广度外，还有一个很重要的方面，即思维的灵活度也需要注重。在续写的过程中，除了“续”，还需要“写”，而英语写作就是需要学生运用自己平时所学、所积累的词汇、语法和表达来进行创作，只有脑子里有东西，并且让自己的思维处于灵活的状态才能对文章进行分析、理解、总结和加工，从而写出品质较高的文章。但是现实是，我们在阅读中，很容易形成惯性的阅读方法，被自己的母语思维所牵绊，造成写出的文章和阅读文章的体裁不一致。那么在实际的英语读后续写教学过程中，我们可以尝试让学生在阅读文章时，不要将文章翻译成中文，而是释义成英文，尝试用自己所理解的英文去理解原文，即只需要抓住大意，学会在阅读中用英语释义，用简单的英语表达去解释，用英英释义的方法去理解阅读文章。在写作的过程中也要避免使用母语思维，同时使用英英字典，这不仅可以扩大我们的阅读词汇量，还可以更好地培养英语思维能力。

(三)读后续写的课堂改革

因为受到中国教育体制的影响，大多数高中教师在教学过程中以传统的授课方式为主，忽视了学生在课堂中的主体地位，并且也不太注重在英语教学中培养学生的创新思维能力。大多数教师为了应付教学检查，并且急于应战高考，在高中课堂的教学中以“填鸭式”教学和“题海战术”的方式进行授课，教师不懂聆听学生在学习中的问题，也缺乏改变的欲望和意识。尤其是在国家新课改的背景下，许多教师还是以这种方式去教学，这样长期下去，学生对英语的学习失去了兴趣，不仅学不到真正的知识，能力得不到提高，同时还会丧失学习的积极性和主动性，更无法培养他们的创新力和发散性思维。

在读后续写这一新的英语学习方式下，教学不仅培养学生的阅读能力，同时也培养学生的写作能力，学生在课堂教学中也有充足的时间去阅读和思考。高中生的思维能力是通过亲身体验和互动的学习方式来提升的，如果不能保证足够多的时间，那么很难提升学生的思维能力。大多数教师在课堂上，为了保证课堂效果，使上课氛围热闹有活力，通常在提出问题以后，不等学生思考，就给出了标准答案，从而打断了学生在阅读过程中的思维活动。因此，教师在读后续写的教学过程中，必须要给学生充足的时间，让学生独立进行阅读并且对问题进行有效的思考，这样才能达到高品质的写作目标。只有通过这种方法才能让学生更好地锻炼自己的语言技能，让思维处于活跃的状态，积极主动地去阅读并进行思考。

四、结语

高中生的思维能力尚处于发展阶段，这对英语教学来说，一方面是阻碍和困难，但同时也是机遇和挑战。读后续写作为一种新的英语学习方式，将传统枯燥的阅读教学从词句表层的认知教学和浅层的答题式教学变成了学生和原文作者之间的互动和交流，不仅训练了学生运用语言的能力，提高了语言的分析综合能力，而且调动了学生的学习积极性，培养了学生的创新思维和发散性思维。教师想要通过读后续写这一新的学习方法在教学中培养学生良好的英语思维能力，就必须转变教育理念和教学方式，激发学生对英语学习的兴趣，提高语言能力和英语思维能力，进一步促进学生的全面发展。

◎ 参考文献

[1] Pickering M J, Garrod S. Toward a mechanistic psychology of dialogue [J]. The Behavioral and Brain Sciences, 2004, 27 (2): 169-190.

[2] 王启，王凤兰. 汉语二语读后续写的协同效应[J]. 现代汉语，2016(6)：794-805，873.

[3] 姜琳，涂孟玮. 读后续写对二语词汇学习的作用研究[J]. 现代外语，2016(6)：819-829，874.

[4] 王初明. 从“以写促学”到“以续促学”[J]. 外语教学与研究，2017(4)：547-556，639-640.

[5] 金建良. 例谈高中英语读后续写教学策略的四个维度[J]. 基础外

语教育，2017(4)：77-87，110.
[6] 王初明. 互动协同与外语教学[J]. 外语教学与研究，2010(4)：297-299.
[7] 黄贻宁. 读后续写：大学英语写作教学创新实践[J]. 教育评论，2015(6)：127-129.
[8] 王初明. 提高外语教学效率最重要[J]. 外国语，2015(1)：27-28.
[9] 彭红英. 英语学习者写作连贯性的实证研究[J]. 解放军外国语学院学报，2017(4)：87-92.
[10] 凌勇. 读后续写的教学策略[J]. 中小学外语教学(中学篇)，2016(5)：31-35.